손대접

Christine D. Pohl

Making Room: Recovering Hospitality as a Christian Tradition

손대접

크리스틴 폴 지음 | 정옥배 옮김

복 있는 사람

손대접

2002년 9월 23일 초판 1쇄 발행
2024년 3월 27일 초판 3쇄 발행

지은이 크리스틴 폴
옮긴이 정옥배
펴낸이 박종현

(주) 복 있는 사람
주소 서울특별시 마포구 연남동 246-21(성미산로23길 26-6)
전화 02-723-7183(편집), 7734(영업·마케팅)
팩스 02-723-7184
이메일 hismessage@naver.com
등록 1998년 1월 19일 제1-2280호

ISBN 89-90353-00-9

Making Room: Recovering Hospitality as a Christian Tradition
by Christine D. Pohl

Copyright © 1999 by Wm. B. Eerdmans Publishing Co.
Originally published in English under the title
Making Room: Recovering Hospitality as a Christian Tradition
by Christine D. Pohl
Published by Wm. B. Eerdmans Publishing Co.
255 Jefferson Ave. S. E. Grand Rapids, Michigan, 49503, U.S.A.
All rights reserved.
Translated and used by the permission of Wm. B. Eerdmans Publishing Co.,
through the arrangment of KCBS Inc., Seoul, Korea.
Korean Translation Copyright © 2002 by The Blessed People Publishing Inc., Seoul, Korea.

이 책의 한국어판 저작권은 KCBS Inc.를 통해 Wm. B. Eerdmans Publishing Co.와 독점 계약한 (주) 복 있는 사람이 소유합니다. 저작권법에 의하여 한국 내에서 보호를 받는 저작물이므로 무단전재와 복제를 금합니다.

가족과 친구와 나그네를 위해 늘 문을 열어 두셨던

나의 할아버지 할머니를 기념하며

차례

머리말　9

1부 신앙의 유산 기억하기
옛 전통 새로 보기　17
고대 자료와 성경 자료들　32
기독교 손대접의 간략한 역사　54

2부 전통을 다시 생각하라
손대접, 존엄성, 인정받는 것이 지닌 힘　81
우리 가운데 있는 나그네들　109
주변인 손대접　130

3부 실천의 회복

손대접의 연약성: 한계, 경계선, 유혹	155
손대접을 위한 장소 만들기	181
손대접의 영적 리듬	202
부록 | 손대접 공동체들	223
참고도서	231
주	235

머리말

여러 면에서 볼 때, 이 책은 세기를 초월한 대화를 통해 탄생했다. 성경본문과 고대의 기독교 저술가들, 현대의 손대접 사역에 종사하는 사람들이 손대접에 대한 지혜를 알려 주었다. 때로 내가 대화를 주재했다는 생각이 들기도 한다. 내가 모임의 세세한 부분을 챙기고, 질문을 던지고, 그 대답을 해설했기 때문이다. 하지만 대부분의 경우, 나는 귀한 손님이 되어 풍성한 대접을 받았으며, 대화 자체로 인해 충분히 양분을 공급받았다.

손대접에 대한 나의 여정은 20년 전 교회에서 난민과 가난한 사람들을 위해 일하면서 시작됐다. 그러나 그전에도 나는 장애자뿐 아니라 힘겨워하며 친구를 필요로 하는 사람들에게 특별히 마음이 끌렸다. 바쁘게 살아가느라 종종 그런 사람들을 그냥 지나쳐 버린다는 것을 알게 되면서 그들의 존재를 인식하지 못하는 것은 모두에게 손해라는 것을 느꼈다. 나의 삶이 그들의 삶과 연관되면서 나 자신이 풍성해지고 변화되는 것을 느꼈던 것이다. 당시에 나는 손대접이라는 말은 들어본 적이 없었지만, 내가 아주 중요한 어떤 일을 하고 있다는 사실은 직감적으로 알았다.

사회의 주변인들과 함께 겪은 경험으로 해서 이 책을 쓰고 싶은 마음이 들기는 했지만, 바라기는 그들의 은사와 필요들에 주의를 기울임으로써 우리 곁에 더 가까이 있는 사람들에게 좀더 민감해질 수 있었으면 좋겠다. 가족과 동료들, 동역자와 학교 친구들, 이웃과 교인들을 손대접하면서 나는 스스로 풍성해지는 것을 느낀다. 인간관계를 가장 필요로 하는 사람들을 영접하는 것은 매우 중요하다. 손대접은 또한 모든 사람들의 삶을 풍성하게 한다. 손대접의 몇 가지 어려운 점과 복잡한 점들에 주의를 기울일 때, 좀더 자신 있게 크게 주저하지 않으면서 일상적으로 사람들을 영접할 수 있을 것이다.

손대접은 그리스도인이라면 누구나 실천해야 하는 생활방식이다. 손대접의 신비, 풍성함, 어려움들은 실제로 손대접을 해보면 가장 잘 알 수 있다. 손대접과 관련해 겪은 몇 가지 힘겨웠던 경험들을 돌아보면서, 여러 가지 실패를 헤치고 나아가지 않을 수 없었던 당시 상황에 대해 깊이 감사를 드리게 된다. 그러한 시간들은 순진한 낭만주의에 빠져 있던 나를 좀더 강인하게 만들어 주었다. 또한 힘겨운 사역 속에서도 좀처럼 냉소하거나 냉담해지지 않던 신실한 동역자들에게도 똑같이 감사를 드린다.

나는 두 교회에서 오랜 시간 머물면서 교회 중심의 손대접에 대해 많은 것을 배웠다. 대도시 뉴욕에 있는 커뮤니티 성경교회(Community Bible Church)는 넓디넓은 마음으로 수백 명의 난민, 인근의 가난한 사람, 고통받는 영혼들을 맞아들였다. 다인종 교회가 별로 없던 그 시절에, 그 교회는 이미 다인종 교회로 모였으며, 보통의 뉴욕 시민들에게 네댓 개의 언어로 동시에 부르는 찬송가가 얼마나 멋진지를 보여주었다. 그 교회에 있을 때 각자 음식을 한 가지씩 준비해 와 나누어 먹던 일은 소중한 추억으로 남아 있다. 그럴 때면 내가 먹고 있는 음식이 도대체 무엇으로 만든 것인지 확실히 알 수 없었지만, 그 음식들은 대체로 맛이 좋은 편이었으며 그때 나눈 교제의 맛이란 마치 천국과도 같은 것이었다. 커뮤니티 교회에서, 나는 나그네에게 손대접하는 데는 유머감각이 필요하다는 것을 발견했다. 특히 그것은 우리 자신에 대해 웃어넘기고, 선한 노력이 의도하지 않은 결과를 가져올 때라도 하나님께서 우리와 다른 사람들을 구해 주시리라 믿으며, 이용당했음을 깨달을 때도 낙심치 않고 전진하는 능력이다.

나는 커뮤니티 성경교회 교인들과 함께 끊임없이 밀어닥치는 일거리를 처리하느라 완전히 기진맥진했던 체험을 통해, 지속적으로 사역하는 가운데서도 영성을 유지하는 것이 무엇보다 필요하다는 것을 깨달았다. 나는 커다란 국솥이 얼마나 무거울 수 있으며, 외로운 사람과 함께 식사를 나누는 일이 얼마나 귀중한 것인지를 알게 되었다. 커뮤니티 교회에서 손대접에 대해 함께 배우면서, 우리는 완전히 변화되었다.

켄터키 주 렉싱턴에 있는 브릭 바이 브릭 연합감리교회(Brick by Brick United Methodist Church)에서는, 인종적·사회경제적 차이를 뛰어넘어 서로를 받아들이는 법을 배웠다. 우리는 복음이 지닌 능력의 표현으로 인종적 화해를 위해 애씀으로써, 그저 피상적으로 우정을 나누는 수준을 넘어 존중하고 돌보며 서로를 솔직하게 드러내는 단계까지 들어갔다. 언제나 쉽지만은 않았지만, 그로 인해 형제자매뿐 아니라 나그네를 손대접하는 것에 대해서도 깊이 생각할 수 있었다.

브릭 바이 브릭 교회는 매우 다양한 곳이었기 때문에, 아주 색다른 다양한 사람들이 환영받는 분위기가 연출되었다. 그 교회에서 9주의 강좌를 통해 이 책에 나오는 자료를 최초로 평신도들에게 소개할 수 있었는데, 그 강좌는 회중만큼이나 다양했다. 우리는 모임 때마다 먼저 함께 식사를 했다. 수요일 밤마다 함께 저녁식사를 하다보니 교회 건물 밖에서 시간을 보내는 이웃아이들을 초대할 수 있는 기회가 생겼다. 그래서 우리는 함께 나누는 식탁이 얼마나 예기치 않은 축복을 주는지, 이내 경험하게 되었다. 그들은 우리와 함께 식사를 했으며 그러다가 마침내 우리 교회 교인이 되었다.

오래 전 나는 또 다른 기독교 공동체를 통해 손대접에 대해 이해하게 되었다. 나는 영국 라브리 공동체(L'Abri Fellowship)에서 서른 명 정도 되는 학생들 및 구도자들과 함께 산 적이 있다. 그곳에서 나는 가르치는 사람이 나그네에게 자기 집과 삶을 개방할 때—체면을 따지거나 완벽한 모습만 보여주려 하지 않고 대단히 신실하고 관대하게—복음을 얼마나 더 강력하게 전할 수 있는지 처음으로 배웠다. 거기 머문 많은 사람들은 그들의 손대접을 통해 그리스도인의 삶이 믿을 만하고 매력적인 것이라고 생각하게 되었다.

관대하고 친절한 손대접을 경험하면 종종 우리도 그와 같은 손대접을 실천하고 싶은 생각이 들게 된다. 나는 손대접 전통에 대해 연구하고 이 책을 쓰면서, 수많은 친절한 나그네와 멋진 친구들, 소중한 가족들을 통해 힘을 얻었다. 그들이 나눠 준 지혜는 나의 연구에 빛을 비춰 주었으며, 그들의 친절은 나의 삶을 윤택하게 해주었다.

나는 여덟 곳의 손대접 공동체를 방문했는데, 그들은 나를 자신들의 삶 가운데 받아들이고 내 질문에 매우 솔직히 답해 주었다. 그들의 사역을 면밀히 조사하고, 그들의 실패를 살펴보며, 그들의 강점들을 칭찬하는 것도 내게 허락해 주었다. 나는 50명이 넘는 손대접 전문가들과 오랜 시간 인터뷰했으며, 그 공동체에 머물고 있는 많은 손님들과도 이야기를 나눴다. 라브리 공동체(메사추세츠), 포고의 집(Annunciation House, 텍사스), 라르쉬(L'Arche, 워싱턴 D.C.), 가톨릭 워커(The Catholic Worker, 뉴욕), 선행 주식회사(Good Works Inc., 오하이오), 희년 동역자들(Jubilee Partners, 조지아), 열린 문(The Open Door, 조지아), 그리고 성요한 수도원 및 성 베네딕트 수도원(미네소타) 사람들—이름을 일일이 거명하기에는 너무 많다—에게 특별히 심심한 감사를 드린다.[1] 이 공동체들 외에도 수많은 손대접 종사자와 연구기관의 경험과 연구를 통해 도움을 받았다. 리긴스 얼 2세(Riggins R. Earl, Jr.), 조이스 할러데이(Joyce Hollyday), 로제타 로스(Rosetta Ross), 이디스 쉐퍼(Edith Schaeffer)에게 감사드린다. 고맙게도 이 많은 사람들이 자신들의 이야기와 체험과 통찰을 말해 준 덕분에 이 책은 한결 나아졌다.

루이빌 연구소/릴리 기금(Louisville Institute/Lilly Endowment)이 여러 공동체를 방문하고 인터뷰할 수 있도록 재정을 제공해 준 것에 대해 심심한 감사를 드린다. 그들이 준 풍성한 안식년 보조금 프로그램 덕분에 애즈버리(Asbury)

신학교에서 가르치는 일을 잠시 접고 좀더 포괄적으로 연구하는 일에 시간을 들일 수 있었다. 안식년 동안에는 미네소타 주 칼리지빌에 있는 교회문화연구소(Institute for Ecumenical and Cultural Research)에서 한 학기 동안 뜻깊은 시간을 가질 수 있었다. 교회연구소(Ecumenical Institute)의 학자들과 성 요한 수도원과 성 베네딕트 수도원은 손대접에 대해 생각하고 글을 쓸 만한 좋은 환경을 제공해 주었다. 루이빌 연구소와 관련을 맺게 됨으로써 도로시 베스(Dorothy Bass) 및 신앙교육과 형성을 위한 발파라이소 프로젝트/릴리 기금(Valparaiso Project on the Education and Formation of People in Faith/Lilly Endowment)과 중요한 관계를 맺게 되었고, 도로시 베스와 크레이그 딕스트라(Craig Dykstra)는 실천적 기독교를 회복하고자 애쓰고 있는 훌륭한 학자와 실천가들을 소개해 주었다.

애즈버리 신학교의 제도적·개인적 후원에 대해 심심한 감사를 드린다. 나는 그리스도인이 실천해야 할 일들에 대해 진지하게 생각하는 공동체 안에서 일하는 귀한 특권을 누리고 있다. 많은 동료들은 굳게 결속된 공동체가 아니면 할 수 없는 격려를 해주었다. 제임스 토바벤(James Thobaben)과 조엘 그린(Joel Green)은 이 책의 각 장을 주의깊게 읽고 비판적 조언을 해주었으며, 애즈버리 신학교 학생들은 '손대접의 윤리'라는 과목을 통해 중요한 의견들을 제공해 주었다. 나의 비서이자 친구인 진 설리번(Jeanne Sullivan)은 녹음한 인터뷰 내용을 받아 적는 데 엄청나게 많은 시간을 쏟아 부었다. 그녀는 난해한 녹음 내용을 해석하는 일을 탁월하게 해낸 것 외에도, 인터뷰 내용을 들으면서 자신이 어떻게 변화되었는지 언급함으로써 끊임없이 나를 격려해 주었다.

그리스도인의 도덕적 삶의 중심인 손대접에 대해 연구하면서 이전에 스승이었던 몇 분께도 크게 도움을 받았다. 특별히 스티븐 모트(Stephen C. Mott)와 존 긴네만(John P. Gunnemann)의 탁월한 학문적 조언은 큰 힘이 되었다. 친한 친구인 니콜라 호가드 크리건(Nicola Hoggard Creegan)과 지속적인 대화를 나누면서 생각을 다듬고 논의를 좀더 정확하게 할 수 있었다.

이 책 각 장을 미완의 형태로나마 발표할 수 있었던 기회가 여러 번 있었던 것에 대해 감사드린다. 특히 메노나이트 성경신학교(Associated Mennonite Biblical Seminary) 학생 및 교수들과 보낸 시간은 아주 큰 도움이 되었다. 자료에 대해 그들이 보여준 열렬한 반응과 기독교 공동체와 사회정의에 대한 그들의 민감함 때문에, 나는 더욱 풍성한 묵상을 할 수 있었다.

어드만 출판사(Wm. B. Eerdmans Publishing Company)의 편집장 존 포트(Jon Pott)에게 특별히 감사드린다. 그는 이 프로젝트에 대한 관심과 전문가다운 노련함으로 각 장을 쓸 때마다 중단했다 다시 시작하기를 수없이 반복하는 중에도 저자가 길을 잃지 않도록 도와주었다.

내가 손대접에 대해 글을 쓰기 위해 애쓰는 동안, 사랑과 손대접으로 내게 피난처를 제공해 준 사랑하는 친구와 가족들에게 깊이 감사드린다. 특히 "자연스러운" 손대접이 무엇인지를 실제 몸으로 보여준 오라버니 부부에게 감사드린다. 그들과 다섯 조카들은 예고 없이 손님들이 들이닥쳐도 마음 편히 쉬어갈 수 있도록 자리를 내주곤 한다. 그들의 그런 습관과 손대접 주제에 대해 우리가 나눈 긴 대화들, 그리고 그들이 원고를 진지하게 읽어 준 것으로 해서 이 책은 더욱 좋아졌고 내 삶 역시 풍성해질 수 있었다. 어머니도 원고를 주의깊게 편집하고 이 책을 위해 기도하시며, 이 책의 중요성에 대해 끊임없이 열심을 보여주신 것에 대해 마음으로부터 뜨거운 감사를 드린다.

손대접의 신비는, 아주 일상적인 활동 가운데 자주 하나님의 임재를 느끼게 되는 것이다. 심지어 손대접이라는 주제에 대해 글을 쓰고 있을 때조차도, 나는 거룩한 땅을 걷고 있는 것을 문득문득 깨닫곤 했다. 하나님의 섭리 안에서 우리가 손대접을 위해 자리를 내줄수록, 삶과 소망과 은혜를 위한 자리가 더 많아지는 것을 거듭 보게 되는 것이다.

1 신앙의 유산 기억하기

1. 옛 전통 새로 보기

"본래의 깊이와 잠재력을 환기시키고 회복해야 할 가치를 지닌 개념이 있다면, 그것은 바로 손대접이라는 개념이다."

헨리 나우웬[1]

"지금 하시는 사역을 나그네에 대한 손대접이라고 말할 수 있을까요?" 농촌의 노숙자들을 위한 공동체를 설립한 사역자에게 물었다.

"글쎄요, 그렇진 않은데요." 그가 대답했다.

나는 놀라서 재차 물어보았다. "그러면 지금 하시고 있는 일을 어떻게 설명할 수 있을까요?"

"저희는 궁핍한 나그네들이 가족적인 분위기에서 머물 수 있도록 해주고, 그들에게 안전한 장소를 마련해 주지요. 저는 손대접이란 가족과 친구들을 초청해 접대하는 거라고 생각하는데, 우리가 하는 건 그런 일이 아니죠." 그 사람의 대답을 들으면서, 우리 대부분은 손대접이라는 말을 들을 때면 "다과, 담소, 그리고 일반적인 아늑한 분위기"[2]라는 이미지를 떠올린다는 헨리 나우웬의 말이 생각난다.

몇 세기 전이었다면 분명 이 사람의 사역을 손대접이라고 말하는 것이 적절했으리라. 나그네를 집에 맞아들여 그들에게 먹을 것과 쉴 곳을 제공하고 보호해 주는 것이야말로 손대접의 핵심요소였다. 그가 자신이 하는 일을 손대접이라고 말하지 않은 것으로 보아, 지난 300년 동안 그 말의 용례는 상당히 많이 변화된 듯하다. 대체로 "손대접"이라는 말은 원래의 도덕적 차원을 잃어버렸으며, 그런 와중에 대부분의 그리스도인들은 손대접이라는 엄청나게 풍성하고 복합적인 전통을 더 이상 접하지 못하게 되었다.

오늘날에는 손대접을 생각할 때 나그네를 맞아들이는 것을 먼저 생각하지 않는다. 우리는 가족과 친지들이 모여서 맛있는 음식을 먹는 것, 아니면 호텔이나 식당 등 "접대산업"—나그네들이 돈이나 신용카드를 가지고 있는 한 그들에게 열려 있는—을 생각한다. 아마도 대형 교회들은 커피 마시는 시간을 조정하거나, 방문객을 맞이하거나, 아니면 주차를 도와주는 "접대위원회"를 떠올릴 것이다. 어쨌든 오늘날 손대접을 이해할 때 도덕적 요소는 아주 조금밖에 포함되지 않는 경우가 대부분이다. 손대접이란 우리가 시간이 있거나 형편이 되면 할 수 있는 멋진 과외활동이기는 하지만, 그것을 영적인 의무나 활기찬 기독교의 역동적 표현으로 보는 경우는 거의 없는 것이다.

형편이 괜찮은 사람들은 보통 개인적으로 나그네를 대접하는 사람들에게서 음식과 잠자리, 그리고 안전을 제공받지 않아도 된다. 집에서 떠나 있을 때면 식당에서 식사를 해결하고, 편안한 호텔에 투숙해 잠자리를 해결한다. 외국을 여행하거나, 폭풍우나 지진을 만나 망연자실해 있거나, 아니면 길 한복판에서 차가 문제를 일으키거나 하지 않는다면, 다른 사람의 도움이 필요한 취약한 나그네가 된다는 게 무엇인지 잘 알기가 어려울 것이다. 지극히 개인주의적이고 상업적인 사회에서 다른 사람들의 관용에 의지한다는 것은 어렵고 때로는 창피스러운 일이다. 고대에는 나그네면 누구나 다른 사람들의 손대접을 받았지만, 오늘날에는 손대접의 특징인 음식과 쉼터와 보호를 무료로 제공받아야 하는 사람들은 가진 것이 없는 어려운 사람들뿐이다.

여러 다른 나라와 우리 사회의 몇몇 독특한 공동체들에서는, 믿음의 삶에서 나오는 나그네에 대한 손대접이 여전히 소중한 도덕적 관행이며 친절하게 서로 돕고 이웃됨을 표현하는 중요한 수단이다. 물론 손대접에 의지해 기본적 필요를 해결하지 않아도 되는 사람들이라도 따뜻하게 환대받는다는 것이 얼마나 즐거운 일인지 어느 정도는 알며, 배척당하는 것이 얼마나 고통스러운 일인지도 안다. 손대접은 이전과 같은 중요성을 상당히 많이 상실하기는 했지만, 손대접과 관련된 기억과 감정들은 여전히 아주 강한 영향을 미치고 있다.

많은 고대 문명권에서 손대접은 모든 도덕을 떠받치는 기둥으로 여겨졌다. 그것은 "좋은 것"(the good)[3]을 포함했다. 고대 이스라엘 사람들은 하나님의 백성이 된다는 것은 곧 스스로가 나그네와 이방인이 되는 것으로, 그들 가운데 있는 연약한 나그네를 돌볼 책임도 갖게 되는 것이라고 이해했다. 이 땅에서 나그네로 살던 시절의 많은 시간을 다른 사람들의 손대접에 의지하셨던 예수님은, 또한 말씀과 행동을 통해 자비로운 주인 역할도 하셨다. 예수님께 의지한 사람들은 환영받고 쉼을 누렸으며 하나님 나라에 들어가리라는 약속을 받았다. 예수님은 친절을 되갚을 수 있는 가족과 친구들 외의 다른 사람들에게 잔치를 베풀고 대접할 것과, 되갚을 것이 거의 없는 가난하고 병든 사람들을 관대하게 영접할 것을 인간 주인들에게 강력히 권하셨다. 예수님은 나그네를 맞아들이는 것, 주린 자를 먹이는 것, 병든 자에게 문안하는 것이 곧 인자(the Son of Man)이신 예수님 자신에게 친절을 베푸는 행위라고 말씀하셨다.

바울은 그리스도인들에게 그리스도께서 그들을 영접하셨던 것처럼 서로 영접하라고 권면했다. 그는 초대교회 신자들에게 손대접을 "추구"할 것을 촉구했다. 실제로 초기 기독교공동체 지도자의 자격조건 가운데 하나는 손대접을 잘해야 하는 것이었다. 히브리서 저자는 독자들에게 나그네를 잘 대접할 것을 상기시켰다. 그들은 아브라함과 사라처럼 천사들을 대접할 수도 있기 때문이었다. 실제로 신자들은 나그네를 대접하는 것을 복음의 근본적인 표현으로 여겨야 했다.

성경본문에 나오는 여러 손대접 이야기 외에도 손대접에 대한 이야기는 무궁무진하게 이어진다. 초대 그리스도인 저자들은 서로 출신성분이 다른 사람들에게 집을 개방하고 식사를 나누며 함께 예배를 드림으로써, 사회적·윤리적 차이를 초월하는 것이야말로 기독교 신앙이 진리임을 증거하는 것이라고 주장했다. 4세기 교회 지도자들은 성직자들—그들은 손대접을 이용해 권세 있는 사람들의 눈에 들고 싶어할 수도 있었을 것이다—에게, 식탁에 가장 가난한 사람들을 맞아들이라고 경고했다. 그렇게 함으로써 그들은 그리스도를 손님으로 맞아들이는 것으로 여겼다. 기독교로 회심한 부유한 여성들은 기독교적 손대접의 모범을 보인 사람들로, 자기 가산을 털어 가난한 사람과 병든 사람과 순례자들에게 음식과 쉼터를 제공했다. 하지만 그들은 재산을 내놓았다는 것을 핑계삼아 팔짱끼고 앉아 있기만 한 것이 아니라, 몸을 사리지 않고 직접 사람들을 돌보았다.

기독교 손대접을 감동적이고 끈질기게 주창한 존 크리소스톰(John Chrysostom)은 몸소 자비롭고 겸손하게, 거의 무차별적으로, 언제나 열심히 손대접을 해야 한다고 강조했다. 그와 다른 4-5세기 교회 지도자들은 가정과 교회 중심의 손대접을 보완하기 위해 순례자와 가난한 사람들을 돌보는 갖가지 시설들을 만들었다. 손대접에 대한 요구와 세상으로부터의 분리라는 두 가지 이상(ideal)을 팽팽한 긴장 가운데 실천한 수도원들은, 손대접이라는 기독교 전통을 중세까지 이어갔다.

종교개혁 시대에 마틴 루터는 핍박받는 신자들이 손대접받을 때 "하나님 자신이 우리 집에 계시면서, 드시고 누우시며 쉬신다"[4]고 말했다. 종교적 난민들에게 베푸는 손대접을 "신성한" 형태의 손대접이라고 본 존 캘빈은, 그것보다 "하나님을 더 기쁘시게 하거나 하나님이 더 받으실 만한 의무는 있을 수 없다"고 말했다.[5] 캘빈은 신자들에게 나그네들이 하나님의 형상이며, 우리와 같은 육체를 가지고 있음을 볼 것을 권면했다.

교회사 대부분에 걸쳐 손대접은 인간의 육체적·사회적·영적 존재 및 관계를 포괄하는 것으로 이해되었다. 그것은 나그네의 육체적 필요인 음식과 쉼터와 보호를 제공해 주는 것을 의미하지만, 또한 그들의 가치와 인간됨을 인정하는 것이기도 하다. 거의 모든 경우, 손대접에는 함께 식사를 나누는 것이 포함된다.

역사적으로, 식탁교제는 사람들의 평등한 가치와 존엄성을 인정하는 중요한 방식이었다.

손대접은 아주 기본적인 활동이기 때문에 언제나 가족과 친지들끼리는 서로 손대접하면서 영향을 주고받아 왔다. 기독교가 독특하게 공헌한 것은, 신세를 갚을 수 없는 가난하고 궁핍한 자들에게 손대접할 것을 강조했다는 점이다. 이들에게 초점을 맞춘다고 해서 가족과 친구들을 대접하는 것이 무가치해지는 것은 아니었다. 오히려 그것은 손대접의 범위를 넓혀, 가장 취약한 사람들까지도 식탁에서 교제와 대화를 나누며 친밀한 관계를 누릴 수 있게 했다.

17세기까지의 교회사를 대략 살펴보면, 복음을 전파하는 일과 복음이 신뢰를 얻는 일, 교회 내에서 민족적·인종적 구분들을 뛰어넘는 일, 그리고 그리스도인들이 병든 자와 나그네와 순례자들을 돌보는 일에 손대접이 얼마나 중요한 역할을 했는지 알 수 있다. 실천이 말을 따라가는 경우가 아주 드물다는 것을 인정하면서도, 한편으로는 나그네를 손대접하는 일이 그리스도인의 신앙과 삶에 그처럼 중요한 역할을 했다면, 어째서 그것이 지금은 사실상 사라져 버렸는지 잠시 생각하지 않을 수 없다.

그에 대한 대답들은 여러 가지이고 아주 흥미로우며 종종 반어적이다. 궁핍한 나그네를 손대접하려는 관심에서 병원, 여행자 숙박소, 호스텔 등이 발전해 나왔고, 결국에는 익명으로 거리를 둔 채 나그네를 대하는 것이 일상화되어 버렸다. 인격적으로 얼굴을 맞대고 친절하게 사람들을 맞이하는 손대접은 주로 권력과 영향력을 얻기 위한 것이 되었다. 특히 중세시대, 손대접이 점차 궁핍한 사람들을 대상으로 하지 않고 대등하거나 신분이 더 높은 사람들만 대상으로 하던 때는 더욱 심했다. 가족이라는 개념 자체가 이전에는 대가족, 일, 종교활동 등을 포함했었으나 시간이 흐르면서 오늘날처럼 아주 고립되고 개인화되었으며, 본질적으로 작은 규모의 가정으로 바뀌었다. 교회의 구조 및 교회와 국가, 그리고 사회복지와의 관계도 세월이 흐르면서 변화되었다. 이러한 주요한 제도적 변화들은 손대접의 실천과 그 의미에 영향을 미쳤다. 18세기에 이르자, 많은 사람들은 손대접을 낡아빠진 관행이나 분주한 상업사회와는 맞지 않는, 구시대의 유물로 여기게 되었다.

결국 세월이 흐르면서, 이전부터 내려오던 손대접에 대한 이해와 이야기들은 거의 사라지게 되었다. 이 때문에 우리는 이전 세대의 그리스도인들이 존중과 인정의 문제, 사회적 차이들을 초월하는 것, 공동체를 세우는 것, 제한된 자원들을 나누는 것, 한편으로는 정체성의 경계를 유지하면서 한편으로는 나그네들을 맞아들이는 것 사이의 긴장 등의 문제들과 어떻게 씨름했는지 거의 알지 못한다. 그러나 현대교회 및 사회의 가장 심각한 몇 가지 문제를 다룰 때 그들의 경험, 그들의 빛나는 성공, 그리고 쓰라린 실패들은 우리에게 도움이 될 수 있다. 우리는 노숙자, 장애인, 이민자, 난민들을 어떻게 하면 더 잘 도와줄 수 있는지 알고자 애쓴다. 다양성과 소속감, 경계들과 공동체에 대한 질문들이 날마다 우리에게 도전을 던진다. 우리는 가족, 학교, 교회와 떨어져 소외된 젊은이들에게 좀더 인격적으로 반응하는 방법들을 찾는다. 우리는 심지어 가정과 교회 안에 있으면서도 자신이 나그네인 것처럼 느끼며, 생명과 의미를 부여하는 끈끈한 관계와 결속을 갈망하는 경우도 많다.

뿐만 아니라 그리스도인들이 가난과 복지, 소속감과 다양성, 부족함과 분배 등에 대해 논의할 때조차도 일관성 있는 신학적 틀 없이 논의가 이루어지는 경우가 많다. 그 결과 복잡한 사회 공공정책의 관심사에 대한 우리 그리스도인의 태도가, 깊이 있는 기독교적 가치관이나 헌신과는 거의 상관이 없어 보이는 경우가 종종 있다. 그런 면에서 손대접이라는 틀은, 우리의 신학을 일상생활의 관심사들과 연결시켜 주는 다리를 제공한다.

뒤를 돌아봄으로써 앞으로 나아갈 수 있는 자원을 발견한다는 것이 과연 가능할까? 손대접 전통을 회복하는 것은, 고대의 관습을 회복시킴으로 현대의 어려움에 대한 근원적이고 새로운 반응들을 발견할 수 있는 역설적인 가능성을 시사한다. "손대접을 받을 가치가 있거나 혹은 받을 가치가 없는" 가난한 사람들이 과연 있을까, 관대하게 손대접을 베풀면 사람들이 그것을 이용하지 않을까, 낯선 사람들을 돌아보는 것은 너무 위험한 일이 아닐까 하는 것들은 초기 기독교 문헌에 나올 정도로 오래된 것이면서 한편으로는 현대의 토크쇼에 등장할 정도로 최신 시사문제이기도 하다. 우리는 과거 오랜 세월 동안 손대접을 해온 사람들의 지혜와 몸부림을 통해 뭔가를 배울 수 있다.

손대접을 회복하는 것은 또 다른 이유들 때문에도 역시 중요하다. 손대접은 복음의 의미의 중심이다. 신약 신학자 크리스터 스땅달(Krister Stendahl)은 "어디서나, 언제나, 어떻게든 하나님 나라를 드러내는 것이 바로 영접"[6]이라고 고백한다. 손대접 전통 및 이것과 관련된 색다른 경험이 얼마나 풍성한 것인지 더 충분히 인식하게 되면, 믿음이 풍성해질 뿐 아니라 기독교의 관행이 하나님 나라의 기본적 가치관들과 더 잘 조화를 이루게 된다. 손대접은 복음의 많은 부분을 읽고 이해할 수 있는 렌즈이며, 우리는 그것을 통해 예수님 자신을 영접할 수도 있다.

그리스도인의 삶의 지극히 중요한 측면인 손대접을 회복하는 것은 단순히 낡은 관습을 부활시키는 것 이상의 복잡한 일이다. 손대접에 대해 고대로부터 내려오는 풍성한 이해를 배우는 것 외에도 그것이 어떻게 가정과 교회, 직장, 국가라는 제도와 조화될 수 있는지 분별해야 할 것이다. 또한 우리가 처한 특정한 환경과 문화적 가치관에서 손대접을 회복하기 위해서는, 그러한 제도 및 관련된 가치관들이 세월이 흐르면서 어떻게 변화되고 어떤 의미를 지니고 있는지 반드시 인식해야 한다.[7]

고대의 어떤 관행 모두를 무차별적으로 회복하는 것은, 가능하지도 바람직하지도 않다. 기독교 손대접 전통의 어떤 측면은 매우 곤혹스러운 것들이다. 이야기에 나타난 실패와 무시된 것, 비극들에 솔직하고 진지하게 주의를 기울일 때에만 우리는 손대접의 장점들을 이용할 수 있을 것이다.

우리는 정기적으로 손대접을 행하고 손대접의 대가들에게 배움으로써 손대접 기술에 능해질 수 있다. 손대접은 기술이며 은사다. 하지만 그것은 여러 가지 기술을 개발하고 특별한 헌신과 가치들을 키워 나가며, 특정한 환경들을 만들어 가면서 더욱 무르익는 실천적인 것이기도 하다. 우리에게는 손대접 관행에 대한 신학적·역사적 논의뿐 아니라 오늘날 나그네들을 어떤 식으로 손대접할 수 있는지 가르쳐 줄 현대의 모델들도 필요하다.

다행히, 조직적으로 손대접을 행하고 있는 많은 기독교 공동체들이 있다. 몇 가지 이유들로 해서 이 공동체들은, 깨어지고 개인주의적이며 결과 지향적인 현대사회에서 손대접이 얼마나 중요하며 본질적인지를 깨달았다. 연구를 진행하는 동안 나는 이러한 공동체 가운데 여덟 곳을 방문해 각 공동체 안에서 며칠씩 지내면서 손대접, 나그네, 손님/주인의 역할, 자원 등에 대한 그들의 이해와 경험을 인터뷰했다. 이러한 방문과 인터뷰를 통해 얻은 통찰력은, 현대의 매우 중요한 역사적 자료들을 보충해 준다.

원래는 손대접을 많이 시행하고 있는 교회 회중들과 손대접을 위해 세워진 기독교 공동체를 모두 방문하려고 했었다. 프로젝트가 진행됨에 따라 손대접을 여러 사역 중 하나로 시행하는 교회들이 있기는 하나, 손대접 사역만 전적으로 하는 공동체만큼 효과적으로 문제들을 표면화시킬 정도로 규칙적이고 강도 높게 손대접하는 교회는 거의 없다는 사실을 분명하게 알게 되었다. 이 때문에 나는 여러 부류의 나그네들에게 실질적으로 오랫동안 손대접해 온 공동체들을 연구하기로 결정하고, 현대의 기독교 손대접에 대해 가능한 한 풍부한 통찰을 얻기 위해 각각 로마 가톨릭, 주류 개신교, 복음주의 전통을 따르는 몇 곳의 공동체들을 선정했다. 미국의 흑인들과 남미계 그리스도인들이 손대접을 매우 중요하게 여긴다는 사실을 알고 다양한 인종/민족들에게도 지혜를 구했다. 또한 영접하는 나그네들의 부류에 따라 손대접의 형태가 달라질 것을 고려해 난민, 노숙자, 학생과 구도자, 장애자들을 주 대상으로 사역하는 공동체들을 택했다.[8]

현대교회는 하나님 나라의 모습을 어렴풋이 볼 수 있고 하나님 나라의 약속이 구현되는 진정한 그리스도인의 삶의 모델을 간절히 찾는다. 세상은 말과 개념만이 아니라, 실제로 손대접하는 삶의 모습이 과연 어떤 것인지 보여주는 생생한 예를 필요로 한다. 60년 전, 피터 마우린(Peter Maurin)은 "우리에게는 이상주의가 실천에 옮겨질 때 어떤 모습인지를 보여주는 손대접의 집이 필요하다"[9]고 썼다. 손대접 공동체들은 신실한 삶을 살 때 겪게 되는 곤궁함과 희생, 기쁨과 능력을 일상적으로 체험한다. 나와 인터뷰한 많은 사람들은 손대접 공동체 안에 사는 것이 그들이 해본 일 가운데 가장 힘들고도 가장 좋은 것이라고 말했다.

나그네에게 손대접하는 공동체는 "서로 모순되는 기쁨과 고통, 위기와 평화가 뒤얽혀 있는 장소"[10]다. 손대접에서 피어나는 우정은 누가 귀중한 존재이며 "함께 있으면 좋은" 사람들인지,[11] 누가 "다른 사람들을 위해 생명을 내놓을 수"[12] 있는지에 대한 현대의 메시지와는 반대된다. 또한 그 공동체들은 "사랑은 가능한 것이며, 세상은 억압하는 자와 억압받는 자의 투쟁장이 아니며, 계층과 인종 전쟁도 불가피한 것이 아니다"[13]라는 희망의 표시이기도 하다. 이런 손대접 공동체들이 간직하고 있는 희망이라는 선물은, 손님과 주인을, 때로는 일반사회를 기름지게 하고 도전하며 변화시킨다.

실제로 모든 교인들이 생활방식을 바꿔 공동체 생활을 하지는 않을 것이다. 그러나 이같이 의도적으로 강도 높게 손대접하는 공동체들로부터, 전통적 구조를 지닌 가정과 교회에 적용할 만한 많은 것을 배울 수 있다. 이런 공동체들은 나그네들에게 손대접하면서 겪게 되는 어색함, 위험, 많은 요구사항들을 대처하는 방법들을 찾아냈다. 그들은 손대접이라는 고대의 관행을 오늘날 포스트모던 사회에서 잘 실천할 수 있게 해주는 구조들을 개발했다. 그중 어느 것을 꼭 집어내 기독교적 손대접의 본이라고 말할 수는 없지만, 그 단체들은 오랫동안 유지되어 오면서 활기차게 사역하고 있기 때문에 다른 사람들에게 실제로 모범이 되는 경우가 많다.

이처럼 손대접을 하는 사람들은 또한 손대접에 대해 가르치는 선생이 된다. 이러한 공동체 중 대부분은 궁핍한 나그네들을 영접할 뿐 아니라, 또한 그들의 사역과 공동생활을 배우려는 방문객/나그네들을 영접한다. 인턴십, 단기간의 자원봉사 기회, 잠깐의 방문 등을 통해 손대접은 풍성해지기도 하고 복잡해지기도 한다. 심한 정신장애를 가진 사람이 새로운 인턴을 영접할 때나, 이전에 노숙자였던 젊은이가 자원봉사자들을 위한 저녁식사를 준비할 때, 손님과 주인의 역할은 통합되고 재형성된다.

내가 방문했던 거의 모든 공동체들은 처음에는 개인, 가족, 혹은 몇몇 친구들이 주위의 궁핍한 나그네들에게 자신들의 집과 삶을 개방하면서 소박하고 미미한 모습으로 시작되었다. 그런 상황에서 점점 더 손대접을 많이 하게 되었고, 사람들은 손대접을 행하면서 손대접이 무엇인지를 배웠다. 종종 그들은 성경본문을 찾아보면서 동기와 방향을 부여받기도 했다. 어떤 공동체들은 수도원의 손대접 전통에서 통찰을 얻기도 했다. 손대접에 종사하는 많은 사람들은 대문 앞 부랑자들에게 먹을 것을 주던 할머니나 아니면 외로운 아이들, 순회 설교자들을 위해 언제나 충분한 음식과 방을 마련해 두던 가족들이 자신들의 본이 되었다고 말했다.

손대접의 전통을 오랫동안 이어 온 현대의 공동체들은 베네딕트 수도원과 관련되어 있다. 1,500년 동안 베네딕트의 생활지침이 되어온 「베네딕트 규율」(*the Rule of Benedict*)을 보면, 나그네에 대한 손대접은 수도원의 정체성과 실천의 기본이다. 또한 놀랄 만큼 많은 공동체들이 도로시 데이(Dorothy Day), 피터 마우린, 가톨릭 워커 운동 등을 통해 손대접이 무엇인지를 이해했다. 가톨릭 워커의 손대접에 대한 이해는 1930년대 피터 마우린이 아일랜드의 수도원 전통에 따라 손대접을 회복하고, 개인적으로 다른 사람을 보살피며 책임을 다하는 것이 그리스도인의 삶과 인간의 복지에 필수적이라고 확신함으로써 발전되었다. 가톨릭 워커의 이야기는 한 사람의 노력이 많은 공동체의 삶에 얼마나 중대한 영향을 미칠 수 있는지 보여준다. 장 바니에와 라르쉬 공동체는 수도원 전통과 가톨릭 워커에서 강한 영향을 받았다. 따라서 바니에가 라르쉬에서 얻은 통찰은 다른 사람들이 손대접을 회복하는 데 중대한 자원이 되었다. 다른 몇몇 공동체들은 손대접을 성경의 전통과 더 밀접하게 연결시킨다.

선악을 행하는 인간의 능력을 오랫동안 연구해 온 윤리학자 필립 할리(Philip Hallie)는 "잔인함의 반대는 그저 잔인한 관계에서 자유하는 것이 아니라, 손대접이다"[14]라고 결론을 내렸다. 내가 연구한 공동체들은, 종종 특정한 나그네들을 야박하게 대하고 그들의 필요에 무관심한 오늘날의 환경 속에서도 그런 사람들에게 손대접을 베푼다. 이런 공동체들은 사회의 무정함과 나그네들이 갖고 있는 엄청난 필요에 압도되기보다는, 나그네 영접을 "파괴성에 반대하는 작은 몸짓"[15]으로 이해한다. 손대접을 하는 사람들은 낭만적이거나 냉소적인 경우가 좀처럼 없다. 그들은 종종 그들 자신의 연약함과 실패에 대해, 손대접이 주는 기쁨뿐만 아니라 어려움에 대해서도 놀라울 만큼 솔직하다.

이러한 현대의 공동체와 고대의 공동체들을 살펴보면 중요한 공통점이 있다. 손대접을 할 때는 거의 언제나 함께 식사를 하게 된다. 지속적으로 손대접을 하려면 물질에 대한 욕구를 줄이고 검소한 생활방식을 영위해야 한다. 손대접을 가장 잘할 수 있는 환경은 개인적 공간과 공적 공간이 겹쳐지는 곳이다. 손대접은 개인적이고도 친밀한 가정의 특징과 변화에 대한 교회의 기대가 교차할 때 잘 이루어진다. 손대접 종사자들은, 손대접은 신성한 관행으로서 하나님께서 손님/주인의 관계에 특별하게 임재하신다고 본다. 손대접을 하면 서로 축복을 주고받게 된다. 손대접하는 사람들은 그들이 주는 것보다 받는 것이 더 많다고 고백한다. 열렬히 기도하며 혼자 묵상하는 시간을 갖는 사람들만이 손대접에 요구되는 것을 충족시킬 수 있다는 것은 거의 모든 사람들의 한결같은 주장이다.

대부분 사람들은 손대접할 때, 일반적으로 이미 유대가 형성되어 있고 상당한 공동기반을 가지고 있는 사람들을 영접한다. 손대접은 가족과 친구, 친지들 간의 관계를 형성하고 강화시킨다. 그것은 일상생활에서 누리는 기쁨 가운데 하나다. 하지만 이러한 가장 기본적인 형태의 손대접조차도 현대의 가치관, 생활방식, 우리가 모두 나그네―심지어 우리와 관계를 맺고 있는 사람들에게조차―라는 느낌을 촉진시키는 제도적 장치 등에 가로막혀 제대로 이루어지지 않는다.

엄밀한 의미에서 나그네들은, 세상에서 안전하게 거할 수 있도록 해주는 기본적인 관계에서 떨어져 나온 사람들이다. 가장 취약한 나그네들은 가정, 공동체, 교회, 직장, 국가에서 분리된 사람들이다. 이런 상황은 노숙자와 난민들 상태에서 가장 분명하게 볼 수 있다. 다른 사람들 역시 정도는 덜해도 분리와 배제를 경험한다.

나그네를 대접할 때 우리는 어떻게든 그들을 우리와 연관돼 있는 장소―우리에게 의미와 가치가 있는 공간―로 영접한다. 그것은 우리의 집인 경우도 많지만, 교회, 단체, 민족, 그리고 갖가지 다른 제도들인 경우도 있다. 손대접할 때 나그네는 안전하고 인격적이며 쾌적한 장소, 존중과 용납과 우정을 나누는 장소로 영접받는다. 잠시나마 나그네는, 생명을 부여하고 생명을 유지시켜 주는 관계 속으로 들어오게 된다. 그러한 환대는 상대방의 말을 귀기울여 들어 주고, 서로의 삶과 인생에 대해 이야기를 나누는 것이다. 그렇게 하기 위해서는 마음을 열고 자신의 삶을 다른 사람에게 투명하게 드러내며, 시간과 자원을 아낌없이 나누어 줄 수 있어야 한다.

손대접하는 사람들 대부분은 손대접이 상당히 큰 노력을 요하지만, 또한 자신을 매우 풍성하게 해준다는 사실을 안다. 나그네의 필요를 일방적으로 채워주기만 하는 경우는 드물다. 손대접 관계에서 주인은 종종 깊은 축복을 경험한다. 손대접은 하나님의 더 큰 손대접에 참여하며 그것을 반영하는 것이다. 따라서 손대접은 신적인 것, 거룩한 땅과 연관을 맺고 있다.

손대접은 육체적·영적·사회적 양식을 공급해 줌으로써 생명을 부여하는 일이다. 그것은 많은 열매를 맺으며 풍성하다.[16] 실제로 보살피는 행위에 뿌리박고 있으면서 풍성한 의미를 부여하는 전통에 의해 형성돼 온 기독교의 손대접은, 한편으로 중요한 신학적 개념이기도 하다. 그것이 분명한 개념이 될 것인가 하는 것은, 실제로 그것이 어떻게 표현되는가 하는 것과 밀접한 연관이 있다.

현재 일부 학자와 목회자들 사이에는 손대접과 "다른 사람들"을 영접하는 것에 대한 추상적인 신학적 성찰이 인기이다. 이런 논의를 할 때, 줄 것이라고는 거의 없어 보이는 사람들을 위해 우리의 삶과 가족과 교회와 공동체 안에 물리적인 자리를 마련하는 것에 대해서도 논의하는 것이 대단히 중요하다. 손대접에 대해 호의적인 태도를 갖고 있거나 심지어 원칙적으로 손대접에 헌신한다 해도, 그것은 실제로 나그네들에게 손대접하는 것만큼 도전을 주거나 우리를 변화시키지 못한다. 이론적인 손대접에는, 평범하고 골치가 아프기는 하지만 풍성하고도 심오한 실천적인 점은 결여되어 있는 것이다.

손대접에는 언제나 위험과 실패의 가능성이 포함돼 있다. 하지만 손대접을 소홀히 하는 것은 더욱 위험하고 손실도 많은 일이다. 도로시 데이는 가톨릭 워커 손대접의 집에서 수년간 일하던 시절을 되돌아보면서 이렇게 말했다. "실수들은 과거에도 있었고, 현재에도 있으며, 앞으로도 있을 것이다…. 그러나 가장 큰 실수는 이생에서 너무 신중을 기하고 안주하는 나머지 도덕적인 실패자가 되고 마는 것이다."[17] 필립 할리는 제2차 세계대전 당시 수많은 유대인들을 손대접했던 프랑스의 한 개신교 단체에 대해 연구하고 나서 이렇게 결론을 내렸다. "행위는 말보다 위대한 미덕들을 훨씬 더 잘 표현한다…. 말은 나그네를 위한 동정이라는 신비의 문만 나서면 무기력하게 흐느적거린다."[18]

풍성하고 생명을 주는 손대접을 회복하기 위해서는 훌륭한 이야기, 지혜로운 스승, 하기 힘든 질문들이 필요하다. 이 책 2장에서부터 우리는 고대와 현대의 손대접을 행하는 사람들의 이야기를 듣고, 역사를 탐구하며 이야기를 곰곰이 묵상해 볼 것이다. 손대접을 기억하고 재고해 보며 회복하려고 애쓸 때 중요한 질문들이 생겨날 것이다.

성경 이야기에서 그리고 하나님의 자녀들인 우리의 삶 속에서 손대접의 위치는 어디인가? 궁핍한 손님이면서 동시에 관대한 주인이셨던 예수님은 왜 우리가 손대접을 하지 않을 수 없도록 하시는가? 고대교회는 기독교 손대접의 독특한 형태에 대해 무엇을 가르치는가? 교회가 생겨난 처음 몇 세기 동안 손대접은 무엇을 의미했는가? 거기에는 누가 포함되었는가?

고대교회에서 손대접이 아주 중요했다면, 후에 가서는 무엇 때문에 그리고 어떻게 손대접이 사라져 버렸는가? 손대접이 활기차게 시행되었을 때 어디에서 이루어졌는가? 어떤 배경과 사회적 변화들 때문에 손대접이라는 개인적·교회적 관행이 손상되어 버렸는가? 손대접에 대한 관심 때문에 교회와 분리된 전문기관들이 생겨났을 때 어떤 일이 일어났는가?

손대접을 잠재적으로 파괴적이고 반문화적으로 만드는 것은 무엇인가? 손대접은 인간의 존엄성 및 사람들을 존중하는 것과 어떻게 관련돼 있는가? 모든 손님 안에서 예수님을 본다는 것은 무슨 의미인가? 궁핍한 사람들에게 자존심을 상하게 하는 손대접의 형태가 있는가? 함께 음식을 먹는 것이 왜 그토록 중요한가? 손대접의 실패는 어떠한가? 사람들이 받아들여지지 못하거나 환영받지 못할 때 그 결과들은 무엇인가?

모든 나그네에게 손대접이 필요한가? 무엇 때문에 나그네가 되는 것인가? 우리는 모두 어느 정도 나그네가 아닌가? 나그네를 영접하는 것이 중요하다면 어떻게 하면 위험을 줄일 수 있는가? 어떻게 하면 낯선 느낌을 조금이라도 극복할 수 있는가? 과거에는 손대접하는 일이 더 쉬웠는가? 오늘날에는 어떤 사람을 영접해야 하는가?

나그네가 되어 본 경험은, 선하고 자비로운 주인이 되기 위해 어째서 결정적으로 중요한가? 손대접과 우리 자신을 이방인이나 나그네로 보는 것과 재산 및 재물에 대한 우리의 태도와는 어떤 관계가 있는가? 손대접과 권세는 어떻게 연관되어 있는가?

어째서 손대접은 그렇게 쉽게 왜곡되는가? 그것을 연약하게 만드는 것은 무엇인가? 손대접을 하나의 수단으로, 혹은 자신의 유익을 위해 이용할 때 손대접이 손상되는 이유는 무엇인가? 손대접을 위한 자원은 언제나 충분한가? 우리에게 오는 사람을 누구나 받아들이는가? 일반적으로 나그네를 영접할 때 적절한 경계나 한계들이 있는가?

우리의 삶, 가정, 교회, 조직과 기관들, 공동체에서 손대접을 위한 자리를 어떻게 만들 수 있는가? 손대접을 잘하는 곳의 특징은 무엇인가? 우리는 현재 처한 상황에서 고대의 관행을 회복하는 창의적인 방법들을 찾을 수 있는가?

오늘날 손대접을 회복하기 위해 겪어야 하는 도전과 어려움들은 무엇인가? 환대를 나타내는 것은 무엇이며, 손대접을 표현하는 동작들은 어떤 것들인가? 어떻게 하면 선한 주인이 될 수 있는가? 손대접은 어떻게 배울 수 있는가? 우리는 어떻게 손대접을 뒷받침하고 양성해, 활기차고 생명을 부여하는 사역으로 만들 수 있는가?

2. 고대 자료와 성경 자료들

"잔치를 베풀 때에는 가난한 사람들과 지체에 장애가 있는 사람들과 다리 저는 사람들과 눈먼 사람들을 불러라. 그리하면 네가 복될 것이다. 그들이 네게 갚을 수 없기 때문이다."

누가복음 14:13-14(표준새번역)

하나님의 초대손님 명단에는 가난하고 상처입은 사람들이 당황스러울 정도로 많이 포함돼 있다. 그들은 어느 모임에 가든 받을 것만 있지 줄 것이라고는 거의 없는 듯이 보이는 사람들이다. 기독교 손대접만의 특징은, 영접하는 사람에게 유리하거나 이득이 있을까 하는 데는 관심을 두지 않고 "지극히 작은 자"[1]를 관대하게 영접한다는 것이다. 그런 손대접은 환영받을 자격이 없는 사람들을 환영하고, 외로운 사람에게 집을 제공하며, 주린 자를 위해 잔칫상을 마련하는 하나님의 더 큰 손대접을 반영한다.

하나님이 자비롭고 관대한 주인이시라는 이미지는 성경 전체에 나와 있다. 하나님은 주리고 종종 배은망덕한 백성을 위해 광야에서 날마다 만나와 메추라기를 보내 주신다. 하나님은 덥고 건조한 땅에서 피난처를 제공하시고 생수를 통해 원기를 회복시키신다. 이스라엘을 언약백성이라고 하는 것은 곧 나그네, 이방인, 하나님의 땅에 거하는 자라는 의미이다. 하나님께 영접과 공급을 받음과 동시에 그들 역시 이방인과 나그네들을 잘 대해 주어야 하는 것이다.

신약 저자들은 예수님을 어린아이와 창녀, 세리와 죄인들을 영접하시는 인자한 주인으로 묘사한다. 예수님이 그런 사람들을 영접하시자 일반적으로 자신들이 어딜 가나 환영받는 손님들이라고 생각해 온 사람들은 놀라고 불쾌해하기도 했다. 하지만 성육신하신 하나님이신 예수님은 또한 취약한 손님이며 궁핍한 나그네로, "자기 땅"에 오셨으나 종종 환영받지 못한 분으로(요 1:11)도 묘사된다. 예수님은 지상에 사시면서 집 없는 유아, 난민 어린아이, 머리 둘 곳 없는 어른, 멸시받는 기결수가 된다는 것이 무엇인지 경험하셨다.

예수님은 이처럼 손님과 주인의 역할을 겸하여 맡으셨기 때문에 손대접은 그리스도인들이 외면하기 어려운 주제다. 예수님은 영접하시며 또한 영접을 받으실 필요가 있는 분이다. 예수님은 당신의 제자들이 손대접을 받고 또 제공할 것을 요구하신다. 기독교적 손대접은 언제나 예수께서 자신에게 오는 모든 사람을 희생적으로 영접하셨던 것을 배경으로 하고 있다.

초기 저자들의 기독교 손대접 정의

고대사회는 대부분 손대접을 기본적인 도덕적 관행으로 여겼다. 그것은 인간의 복지를 위해 필요했으며 취약한 나그네를 보호하는 데 꼭 필요했다. 손대접은 나그네들이 적어도 최소한의 식량과 보호를 받고, 더 큰 공동체와 연결되도록 해주었다. 그것은 또한 가족, 친구, 이웃들 간에 도덕적·사회적 결속을 풍성하게 해주면서, 공동체의 일상적 관계들을 유지시켜 주었다.

손대접에 대한 기독교 특유의 견해는 교회가 생겨난 후 몇 세기 동안 발전되었다. 부분적으로는 손대접을 하나님, 언약, 축복과 연관시키는 히브리적 이해의 연장선상에서 발전되었다. 또 한편으로는 그것을 상대방에게서 어떤 이득과 유익을 받을 수 있는지와 연관시키는 헬라적 사고방식과는 대조적으로, 기독교는 보답할 만한 가능성이 가장 적은 가장 연약한 사람들에게 손대접을 베풀었다. 4세기 저자들은 기독교적 손대접의 범위에 대해 분명하게 진술했다.

콘스탄틴(Constantine) 아들의 가정교사였던 락탄티우스(Lactantius)는 기독교적 손대접을 전통적인 손대접과 명백하게 대조시켰다. 락탄티우스는 철학자들에게나 그리스도인들에게나 손대접이 "주된 미덕"임을 인식하고, 손대접을 이익과 결부시키는 철학자들을 비판했다. 그는 키케로(Cicero) 및 다른 사람들이 "저명한 사람들의 집은 저명한 손님들에게 열려 있어야 한다"고 촉구했음을 주목했다. 락탄티우스는 "'어울리는' 사람들에게만 관대함"을 베풀어야 한다는 주장을 거부하면서, 그 대신 "공정한 사람의 집은 저명한 사람이 아니라 비천하고 영락한 사람들에게 열려 있어야 한다. 저명한 사람들과 권세 있는 사람들에게는 부족한 것이 있을 리 없기 때문이다"라고 주장했다.[2]

자선과 손대접에 대한 헬라인과 로마인들의 견해는 베푸는 사람과 받는 사람 간에 서로 공식적 의무가 있음을 강조했다.[3] 받는 사람이 감사의 반응을 보이는 것이 관계를 지속시키는 열쇠였으며, 받는 사람에게 무엇이 필요한가 하는 것보다는 과연 그가 손대접을 받기에 손색이 없고 미덕을 갖춘 사람인지가 강조되었기 때문이다. 그런 관계들은 베푸는 사람에게 유익이 되는 것으로 여겨졌다. 락탄티우스의 말에 따르면, 그러한 손대접은 "야심적인" 것이며 "이득"을 위해 베푸는 것이었다.[4]

존 크리소스톰도 락탄티우스처럼 기독교적 손대접은 달라야 한다고 생각했다. 크리소스톰은 그리스도인들이 신분이 높은 사람들을 대접함으로써 세상적 유익들을 얻을 수도 있다는 것은 인정했으나, 그런 관행을 비판했다.

> 그대가 위대하고 저명한 어떤 사람을 대접한다면, 그대가 하는 일은 순수한 의미의 자비가 아니다. 헛된 영광을 얻거나 은총을 되돌려받거나 그런 손님을 모셨다는 것 때문에 많은 사람들에게 평판이 높아짐으로써, 당신 자신이 그보다 몇 배 많은 이득을 챙기는 것이다.[5]

그리스도인들은 뭔가를 제공할 수 있는 사람을 대접함으로써 손대접을 통해 유익을 얻는 대신, 겉으로 보기에 만나도 아무런 유익도 주지 못할 듯한 사람들을 의도적으로 영접했다.

크리소스톰, 락탄티우스, 제롬(Jerome), 그외 다른 초대교회 지도자들은 손대접이 지위의 장벽들을 뛰어넘으며, 존중하고 인정받는 문제를 해결하는 중대한 배경이 된다고 생각했다. 기독교적 손대접은 모든 사람들을 평등하게 영접함으로써 사회의 계층화를 역류하는 치유책이 되어야 했다. 그리스도인들은 사회적 지위가 높은 사람이라고 해서 특별히 더 인정하고 공경해서는 안되었다. 사실상, 부족한 것이라고는 거의 없는 사람들을 대접하는 것은 결코 손대접이 아니었다.

제롬은 성직자들에게 "가난한 사람과 나그네들이 당신의 검소한 식탁과 친해지도록 하라. 그러면 그들과 함께 그리스도께서 당신들의 손님이 되실 것이다"라고 도전했다. 그는 권세 있는 사람들을 불러 상다리가 부러지도록 대접하고 싶어할 수도 있을―심지어 가난한 사람들을 위해 뭔가 얻기 위해서라 해도―그리스도인 지도자들에게, 그들이 십자가에 달리신 주님, 가난 가운데 나그네들이 받는 떡으로 살아가신 그 주님의 종임을 기억하라고 경고했다. 제롬은 야심을 품고 높은 사람을 대접하느라 거룩함을 훼손당하느니, 차라리 필요한 것을 공급해 달라고 그리스도께 직접 간구하는 편이 나을 것이라고 주장했다.[6]

손대접은 보통 친구와 가족들에게나 베푸는 친절을 나그네들에게도 베푸는 것을 의미했다. 하지만 그 대상은 궁핍한 나그네, "비천하고 영락한 자들", 첫눈에 보기에도 내줄 것이 거의 없어 보이는 사람들이었다. 그들에게 베푸는 손대접은 주인의 세상적 지위를 더 높여 줄 수 있는 저명한 손님들에게 베푸는 "야심적인" 손대접과는 분명히 다른 것이었다. 본성적으로나 인간관계 때문에나 사람들은 친척이나 이웃이나 친구에게는 잘 대해 주게 마련이다. "그러나 나그네와 알지 못하는 사람을 잘 대해 주는 사람은 참으로 칭찬받을 만하다. 그는 오직 친절함으로 그렇게 하였기 때문이다." 락탄티우스는 나그네를 대접하는 것은 궁극적으로 정의와 동등한 것이라고 여겼다. "정의의 본질이 우리가 사랑하는 친척들에게 베푸는 것처럼 친절하게 나그네를 대접하는 것이 아니라면 과연 무엇이란 말인가."[7]

궁핍한 사람들을 손대접할 것을 강조한다고 해서 가족과 친구들을 손대접하지 말라는 뜻은 아니라고 락탄티우스는 주의깊게 설명한다. 그러한 손대접은 이 세상에서는 당연한 것이다. 하지만 아무런 보답도 할 수 없는 사람들을 영접하는 것은 "우리의 참되고 의로운 일", 하나님과 연관된 일이다.[8]

이익을 얻는 데 관심 두지 않고 손대접하는 것은 타산적인 삶에 익숙해져 있는 사람들에게는 상당히 큰 희생으로 보일 것이다. 그러나 4-5세기의 이 저자들이 보기에 손대접은 하나님의 경제법칙 안에서 매우 타당한 것이었다. 관대한 주인은 이득을 구하지 않았지만, 손대접을 통해 그 자신이 축복받는 것을 알았을 것이다. 그는 궁핍한 사람에게 손대접을 행함으로 그리스도를 섬긴 것이다. 그리고 이 맥락에서 인간의 작은 보살핌과 엄청나게 풍성한 신적 손대접의 차이가 강조되었다.

> "너희는 나를 너희 숙소로 영접하였고, 나는 너를 내 아버지의 나라로 영접할 것이다. 너는 나의 굶주림을 채워 주었고, 나는 너의 죄들을 제해 버린다. …너는 나그네인 나를 보았고, 나는 너를 하늘의 시민으로 삼는다. 너는 내게 떡을 주었고, 나는 너에게 네가 유업으로 받고 소유할 나라 전체를 준다"고 그분은 말씀하셨다.[9]

어거스틴(Augustine) 역시 그런 친절한 행동이 서로의 필요를 채워 준다고 강조했다. 주는 자나 받는 자나 모두가 하나님 앞에 곤궁하며, 하나님은 어떤 사람의 재물도 필요치 않으시지만, "가난함 가운데 굶주리셨다. 그분이 말씀하셨

다. '내가 굶주렸을 때, 네가 나에게 고기를 주었다.'"¹⁰

예수님의 가르침

두 신약 본문(눅 14장, 마 25장)은 관습적인 손대접과 기독교적인 손대접을 구분한다. 누가복음 14:12-14에 나오는 예수님의 가르침은 초대에 대해 분명하게 말씀한다.

> 네가 점심이나 만찬을 베풀 때에, 네 친구나 네 형제나 네 친척이나 부유한 이웃 사람들을 부르지 말아라. 그렇게 하면 그들도 너를 도로 초대하여 네게 되갚아, 네 은공이 없어질 것이다. 잔치를 베풀 때에는, 가난한 사람들과 지체에 장애가 있는 사람들과 다리 저는 사람들과 눈먼 사람들을 불러라. 그리하면 네가 복될 것이다. 그들이 네게 갚을 수 없기 때문이다. 의인들이 부활할 때에, 하나님께서 네게 갚아 주실 것이다(표준새번역).¹¹

보통 주인들은 친구와 친척과 부한 이웃들을 그들의 잔치에 초청했다. 그렇게 함으로써 관계를 돈독히 하고 사회적 경계(boundary)를 강화했으며, 손님들로부터 보답받을 것을 기대했던 것이다. 그와 대조적으로, 하나님 나라의 손대접을 기대하는 주인들은 가난한 사람, 장애가 있는 사람, 다리 저는 사람, 눈먼 사람 등 남에게 더 의지할 수밖에 없으며 사회 변두리에서 살아가는 사람들을 영접했다. 그런 주인들은 즉시 이득을 얻으리라고는 기대하지 않았지만, 궁극에 가서는 부활 때 하나님의 갚음을 경험할 것이다.

누가복음 14:15-24에 나오는 비유는 예수께서 이 세상 주인에게 한 교훈들(12-14절)의 배경이다. 하나님 나라의 잔치에서 동일한 네 부류의 사람들—가난한 사람, 장애가 있는 사람, 다리 저는 사람, 눈먼 사람—이 축하잔치에 들어온다. 원래 초대를 받은 손님들이 초대를 거절했을 때, 하나님은 모든 사람을 영접하시는 분이심이 밝혀진다. 너무 바빠 초대의 중요성을 인식하지 못해 주인의 초대를 거절한 사람들만 제외하고는, 못 들어가는 사람은 아무도 없을 것이다. 하나님께서 하나님 나라 잔치에 모든 사람들을 맞아들이시는 것처럼, 세상의 주인들도 궁핍하고 은혜 갚을 능력이 없는 사람들을 불러 대접해야 한다. 하나님의 경제법칙에 의하면, 그렇게 될 때 모두 축복을 경험할 것이다. 하나님의 손대접이 지닌 특성은 이 세상에서 취해야 할 적절한 행동이 무엇인지 정해 준다.

예수님은 가까운 이웃들만 손대접의 대상으로 보는 우리의 시각에 도전하시며, 가장 멀리 하고 싶은 사람들까지도 포함시킬 것을 강조하신다. 가난한 사람과 연약한 사람들은 다른 사람들에게 폐를 끼치며 보답할 능력도 없다. 그러나 우리가 그들을 영접하는 것은 하나님의 영접하심을 기대하고 반영하는 것이다.

예수님은 마태복음 25:31-46에서 마지막 심판에 대해 말씀하시면서 손대접의 중요성을 더욱 강조하신다. 목자가 양과 염소를 가르듯이 인자는 민족들을 가르실 것이다. 오른편에 있는 양들에게 임금이신 예수님은 이렇게 말씀하실 것이다.

"내 아버지께 복 받을 자들이여 나아와 창세로부터 너희를 위하여 예비된 나라를 상속하라. 내가 주릴 때에 너희가 먹을 것을 주었고 목마를 때에 마시게 하였고 나그네 되었을 때에 영접하였고…. 이에 의인들이 대답하여 가로되 주여 우리가 어느 때에 주의 주리신 것을 보고 공궤하였으며 목마르신 것을 보고 마시게 하였나이까. 어느 때에 나그네 되신 것을 보고 영접하였으며…. 임금이 대답하여 가라사대 내가 진실로 너희에게 이르노니 너희가 여기 내 형제 중에 지극히 작은 자 하나에게 한 것이 곧 내게 한 것이니라."

나그네를 영접하고 곤궁한 사람들의 필요를 채워 준 사람들은 예수님 자신을 영접한 것이며, 하나님 나라로 영접을 받는다. 하나님 나라에 들어오라는 하나님의 초청은 이생에서 그리스도인이 행한 손대접과 연관돼 있다. 이 본문은 예수님을 "지극히 작은 자"와 근본적으로 동일화하며, 인간에 대한 손대접을 예수님을 위한 보살핌과 직접적으로 강력하게 연관시킨다.

이것은 기독교의 손대접 전통 전체에 가장 중요한 본문이다. "내가 나그네 되었을 때에 영접하였고"라는 말씀은, 고대의 모든 본문들에 반영되어 있다. 현대의 손대접 종사자들은 다른 어떤 본문보다 이 본문을 더 자주 참조한다.[12] 우리가 사역을 행한 것 혹은 사역을 행하지 않는 것이 예수님 자신에게 영향을 미친다면, 나그네를 영접하는 행동이나 누군가를 춥고 배고픈 채 문밖에 세워 두는 행동은 대단한 의미를 지니게 된다. 도로시 데이는 가난한 사람들을 손대접하는 자신의 삶에서 이 본문이 지니고 있는 의미를 이렇게 설명했다.

> 거기 그분이 계신다, 노숙자로. 오늘날 교회는 그분을 모셔들일 것인가. 그분을 먹이고, 그분에게 옷 입히며, 그분에게 잠자리를 제공할 것인가. 내 생애 마지막 날까지 나 자신이 그 질문을 했으면 좋겠다. 절대로 그 질문을 잊지 않게 해달라고, 나는 하나님께 기도하고 기도한 적이 있다.[13]

손대접 종사자들은 국을 타려고 길게 늘어서 있는 사람들 안에서 예수님을 보았고, 그들의 더러운 옷과 상한 심령을 통해 "비참한 모습으로 변장하신"[14] 예수님을 보았다고 종종 말한다. 예수님의 모습이 나타났다고 해서 궁핍한 가운데 거기 서 있는 사람의 모습이 가려지는 것은 아니지만, 오히려 그리스도인들은 그 때문에 최대한 정중하게 그 사람을 영접하게 된다.

성경본문 자체는 누가 심판을 받는지, 그리고 보살핌을 받거나 무시당한 사람들이 누구인지에 대해 분명하게 말씀하지 않는다. 마태복음 본문에 나오는 "지극히 작은 자"가 궁핍한 모든 사람을 말하든, 기독교 선교사와 사도들을 말하든,

고난받는 모든 그리스도인을 말하든, 본문은 종종 바로 앞뒤의 문맥보다는 더 넓은 의미로 해석되고 적용되어 왔다. 그것을 다른 성경본문들과 함께 살펴보면 궁핍한 사람들을 보살필 책임에 대한 특정한 진술이 되기도 하고, 예수님이 궁핍한 자들과 동일하게 되셨다는 일반적 진술이 되기도 한다. 이웃에 대한 책임 범위를 더욱 넓게 보여주는 선한 사마리아인의 비유와(눅 10:29-37) 원수까지 사랑하라는 예수님의 가르침은(마 5:39-44, 눅 6:27-31), 기독교의 실천에서 "지극히 작은 자"가 누구인지를 더욱 폭넓게 이해하도록 해주었다. 먼저 "믿음의 가정들"에 대해 책임을 다해야 하고, 도움이 필요한 모든 사람에게까지 책임 범위를 넓혀야 한다(갈 6:10). "지극히 작은 자"가 누구든 간에, 그들은 인간의 보살핌을 필요로 하는 사람들이다.

존 웨슬리는 마태복음 25:31-46에 모호한 점들이 있다는 것은 인정하지만, 그렇다고 궁핍한 사람들을 돕는 일을 중단해야 하는 것은 아니라고 생각했다. "사람들이 영원한 불 속으로 떨어지고 있다면, 그들의 육체를 먹이고 옷입히는 것이 무슨 소용이 있는가?"라고 말하는 사람들에게 웨슬리는 이렇게 답했다. "그들이 결국에 가서 구원을 받든지 받지 못하든지, 당신은 주린 자를 먹이고 헐벗은 자에게 옷을 입히라는 분명한 명령을 받았다. 그들의 운명이 어떻게 되든 그들을 도울 수 있으면서 돕지 않는다면, 당신은 영원한 불 속으로 사라지게 되고 말 것이다."[15] 그는 책임의 범위를 줄이거나 그 본문말씀의 의미를 약화시키려는 모든 노력에 강하게 반대했다.

손대접 전통 전체는 마태복음 25:31-46과 누가복음 14:12-14의 말씀을 상기하면서 손대접의 정의와 범위를 넓혀 갔다. 그 본문들은 하나님이 궁핍하고 불우한 사람들을 영접하실 뿐 아니라 사실은 이 사람들 안에서 하나님 자신이 영접받았음을 시사함으로써, 그리스도인들에게 가장 무시될 만한 사람들을 포함시킬 것을 역설한다.

손대접 이야기들

예수님의 이런 중요한 가르침들과 더불어 성경 이야기들은 손대접을 이해하고 손대접에 헌신하는 데 큰 영향을 미쳤다. 많은 손대접 이야기들은 신비하고 놀라운 요소들을 포함하고 있는데, 이는 종종 하나님께서 너무나 예기치 않은 방식으로 임재하시기 때문이다. 궁핍한 나그네가 천사였음이 밝혀지기도 하고, 거지가 변장한 예수님이 되기도 한다. 먹을 것이 부족할 때 기적적으로 충분하게 채워지기도 하고, 심지어 있는 것을 서로 나누었을 때 풍성하게 남는 경우까지 있다. 많은 이야기들은 성경에 뿌리를 두고 있지만, 종종 상황에 맞게 변형되어 반복되기도 한다. 현대의 손대접 종사자들도 나름의 체험을 가지고 있다. 기적적 방법으로 음식의 양이 늘어났거나 필요한 순간에 음식이 나타났다든지, 불시에 찾아온 어떤 사람이 바로 그날 필요한 기술을 가지고 있었다든지, 위험스러운 상황이었지만 축복으로 가득 차게 되었다는 이야기 등.

구약에 나오는 몇몇 이야기는 손대접 전통의 기초가 되며, 그 이야기에는 역사 내내 반복되는 중대한 주제와 긴장들이 포함되어 있다. 창세기 18장에 나오는 아브라함과 사라와 세 명의 방문객 이야기는 그중에서도 가장 중요한 것으로, 끊임없이 하나님의 백성을 가르치고 동기를 부여하는 역할을 한다. 히브리서 저자는 13장에서 그 이야기를 특별히 언급한다. "손님 대접하기를 잊지 말라. 이로써 부지중에 천사들을 대접한 이들이 있었느니라"(2절).

창세기 기사에서, 아브라함은 한낮에 그의 장막 밖에 앉아 있을 때 신비롭게 나타난 방문객 세 명을 정성껏 영접했다. 그는 예고 없이 들이닥친 이 손님들을 공손하고 정중히 대했으며, 그들에게 발 씻을 물을 주고 휴식을 취하게 했다. 아브라함은 재빨리 아내 사라와 종과 함께, 그들을 위해 풍성한 식사를 준비했다.

아브라함은 근동의 집주인이라면 누구나 그러하듯 자기 손님들을 영접했던 것이다. 창세기 18:1에 보면 독자들은 여호와께서 아브라함에게 나타나셨다는 것을 읽을 수 있지만, 아브라함은 이것이 신적인 만남이라는 것을 나중에 가서야 깨닫게 되었던 듯하다. 하나님께서 그 안에 임재하셨던 이 세 명의 손님들은 아브라함과 사라에게 노년에 아들을 낳을 것이라고 약속했다. 또한 그들은 소돔과 고모라의 멸망도 경고했다. 아브라함은 나그네를 대접하는 가운데 그 두 가지 메시지를 받고, 나그네의 신원에 대해서도 알게 되었던 것이다.

손대접에 대한 성경의 전통을 형성하는 이 첫번째 이야기는 나그네를 영접하는 것에 대해 분명하게 긍정적으로 말씀하고 있다. 그것은 손대접을 하나님의 임재, 약속, 그리고 축복과 연관시킨다. 그러나 그 바로 다음에 나오는 이야기는 좀 모호하다. 아브라함이 손님들을 영접한 그날, 그들 중 두 명은 소돔까지 가서 성문에서 롯을 만났다(창 19장). 롯은 정중하게 나그네들을 대접했으며 그들에게 집에 들어와 하룻밤 머물고 갈 것을 권했다. 처음 그 나그네들은 롯의 초대를 거절했으나, 함께 가서 그가 마련한 잔치에 참여하기로 했다. 그날 저녁 모두가 잠자리에 들기 전, 소돔 사람들이 롯의 집을 둘러쌌다. 그리고는 손님들을 그들의 성적 노리개로 내놓을 것을 요구했다. 롯은 폭도들을 설득하기 위해 집밖으로 나가 그들에게 "이 사람들은 내 집에 들어왔은즉 이 사람들에게는 아무 짓도 하지 말라"(창 19:8)고 간청한다.

고대의 손대접에는 손님들을 보호하는 것이 포함돼 있었으며, 어떤 집이 손대접할 때에는 전체 공동체도 손님을 보호해야 했다. 하지만 롯을 아무런 권한도 없는 이방인으로 여기던 소돔 사람들은 전통적인 도덕적 관행에 대한 롯의 호소를 무시해 버렸다. 롯은 그 두 나그네/천사들을 보호하려다 실패했으나, 롯을 구해 준 것은 바로 그들이었다. 그들은 그 자리에서 롯을 구해 주었을 뿐 아니라 다음날 아침 소돔 전체가 파괴될 때 롯과 그의 가족을 구해 주었다.

롯은 연약한 나그네들을 보호할 의무를 다하려고 했으나, 죄에 물든 성에 살고 있었기 때문에 그들을 보호할 수가 없었다. 손님들 대신 자신의 처녀 딸들을 데려가 마음대로 하라는 그의 제안(창 19:8)은 손님들을 안전하게 지키려는 섬뜩한 시도였다. 롯은 자기 집의 연약한 식구들이 치를 수도 있는 엄청난 대가에 대해서는 별로 신경을 쓰지 않는 것처럼 보인다.

롯의 이야기는 손대접이 더 큰 집단의 의도와 반대될 때는 반항의 행위이자 공동체의 단일성과 기대들에 대한 도전이 될 수도 있는 위험한 일임을 보여준다. 호의적인 환경에서는 손대접은 서로 도움을 주고받는 당연한 행동이다. 나그네들을 영접한 롯은 소돔과 고모라의 당시 사회상과 구별되었으며, 이로 인해 그는 후에 칭찬받는다(벧후 2:7-8, 클레멘트 1서 11:1).[16]

구약에 나오는 다른 두 이야기는 여인들이 순회 선지자들을 손대접한 것에 대해 언급한다. (후에 손대접에 대한 글을 쓰는 사람들은 종종 그 이야기들을 인용하면서 여자들에게 집 안에서 손대접하라고 권면한다.) 선지자 엘리야는 이방신들과 전투를 벌이던 중 이방 성읍에 가서 이방인 과부에게 대접을 요청한다(왕상 17-18장).[17] 사르밧의 과부는 자신과 아들도 굶어 죽을 지경이었기 때문에 마실 것과 먹을 것을 달라는 엘리야의 요청에 속수무책이었다. 하지만 엘리야는 마지막으로 남은 얼마 안되는 양식을 자기에게 나누어 주면 그녀가 가진 밀가루와 기름은 가뭄이 끝날 때까지 떨어지지 않을 것이며, 이스라엘의 하나님께서 그녀의 필요를 채워 주실 것이라고 장담했다. 사르밧의 과부는 엘리야를 손님으로 맞아들여, 오랫동안 음식과 거처를 그에게 제공했다. 그러나 사실은, 그 기간 동안 하나님을 통해 엘리야가 그녀와 그녀의 가솔에게 먹을 것을 공급해 준 것이었다. 엘리야는 그 집에 머무는 동안 그 과부의 죽은 아들을 다시 살려 주었다. 궁핍했던 선지자가 궁핍한 여인에게 의지했으며, 그들은 함께 하나님의 공급하심을 받았다.

엘리사 또한 그러한 손대접을 경험했다. 엘리사를 "하나님의 거룩한 사람"(왕하 4:9)이라고 인정한 한 부유한 수넴 여인은, 특별히 엘리사를 위해 방을 마련해 놓고 그가 수넴 근방을 지날 때마다 자기 집에 묵어갈 수 있도록 했다. 그 이야기는 그 방에 어떤 가구들―침상, 책상, 의자, 촛대(4:10)―이 있었는지까지 상세히 설명한다. 엘리사는 여인의 친절한 손대접에 감사하여 보답하고 싶어했다. 아브라함과 사라 이야기처럼, 그녀와 남편은 보답으로 아들을 약속받았다. 그러나 엘리야와 과부 이야기와 마찬가지로 나중에 그 아들이 죽었으며, 그 손님/선지자가 그를 다시 살렸다.

이 이야기들 대부분에서, 손님들은 주인이 하나님과 특별한 연관을 맺도록 해준다. 이러한 연관은 종종 현세적인 축복도 가져온다. 거의 모든 주인들은 손대접을 베푼 후 뭔가 이득을 얻었다. 하나님의 사람을 손대접한 여인들은 특별히 풍성한 보답을 받았다. 손대접 전통에서 가장 중요한 이야기인 아브라함의 손대접 또한 놀라운 축복과 강하게 연관되어 있다.

성경에서 손대접이나 푸대접은, 어떤 사람 혹은 공동체의 기저에 있는 선이나 악을 나타내고 반영하는 경향이 있었다. 종종 이러한 행위들은 이스라엘의 하나님 혹은 하나님께서 택하신 대리인들에 대한 언약적 충성을 보여주었다.[18] 소돔 사람들(창 19장)과 기브아 사람들(삿 19장)의 이야기, 또는 나발이 다윗을 만난 이야기(삼상 25장)에서 나타나는 것처럼, 의도적인 푸대접은 어리석거나 악하거나 부패한 성품을 드러냈다. 이들은 손님들을 푸대접한 후 축복이 아닌 파멸을 경험했다. 창세기 19장과 사사기 19장에 나오는 손대접과 푸대접 사이의 대조는, 이들 공동체들이 완전히 무법하고 타락해 있음을 강조한다.

이 모든 이야기들은 개인적 차원의 손대접을 엿볼 수 있게 해준다. 집 밖의 좀 더 공식적인 장소(성문)에서 처음 만나기는 했지만, 손대접은 기본적으로 집 안에서 이루어졌다. 대부분 손대접을 할 때에는 잠시 동안 손님을 영접했다. 집 안으로 맞아들인 손님들은 원기를 회복하거나 보호를 받다가, 그 후 각자 갈 길을 갔다. 물자는 얼마 소비하지 않았다. 손님들의 숫자는 적었으며 잠깐만 머물렀기 때문이다. 엘리야와 과부의 이야기에서만 손님이 장기간 머물렀는데, 이 경우에도 하나님께서 필요한 물자를 기적을 통해 공급해 주셨다.

나그네가 나그네를 영접함

손대접 전통을 형성하는 데 도움이 된 몇 가지 구약의 이야기들 외에도, 이스라엘 역사의 "위대한 이야기"는 매우 중요하다. 하나님과 이스라엘이 맺은 언약 안에는 이스라엘이 외국인의 신분이며 그에 따라 나그네와 객에 대해 책임을 져야 한다는 사상이 새겨져 있었다. 하나님께서는 아브라함을 가족들과 친숙한 땅에서 불러내어 외국 땅에 나그네가 되게 하셨다. 거기서 아브라함은 별처럼 수많은 자손을 얻고, 그의 후손들이 살 땅도 받게 되리라는 하나님의 약속을 받았다. 그러나 그 약속과 함께 아브라함은 또한 다음과 같은 경고도 받았다. "너는 정녕히 알라. 네 자손이 이방에서 객이 되어 그들을 섬기겠고 그들은 사백 년 동안 네 자손을 괴롭게 하리니"(창 15:5-21).

이스라엘이 마침내 애굽에서 객이 된 후 약속의 땅을 후사로 받았을 때 하나님은 그 백성에게 그 땅이 여호와께 속한 것이며, "너희는 나그네요 우거하는 자로서 나와 함께 있느니라"(레 25:23)는 말씀을 상기시키셨다. 그들은 자신들을 자기 땅에 있는 외국인으로 보아야 했다. 하나님께서 그 땅을 소유하고 계셨으며, 그들은 하나님의 허락과 은혜로 그 안에 살게 된 그 땅의 청지기요 관리인이었다. 그들은 택함받은 백성이었으나, 여전히 외국인이었던 것이다.[19]

이스라엘은 하나님의 은혜로 살았다. 그들이 스스로 선포한 바 택함받았으나 아직 외국인이라는 그들의 신분은 의존과 신실함, 감사와 순종의 관계를 끊임없이 상기시켜 주었다. 이스라엘인들은 자신들이 외국인이었기 때문에, 또한 그들 가운데 사는 객과 힘없는 자들이 어떤 정서와 필요를 가지고 있는지 경험적으로 알 수 있었다. 이러한 연관은 출애굽기 23:9에서 가장 명백하게 드러난다. "너는 이방 나그네를 압제하지 말라. 너희가 애굽 땅에서 나그네 되었었은즉 나그네의 정경을 아느니라." 취약한 가운데 의존하는 경험을 한 이스라엘은, 그들 땅에 사는 취약한 외국인들에게 동정과 자비를 베풀어야 했다.[20]

객이나 외국인들(히브리어 *gerim*)은 농업사회에서 땅이 없는 사람들인 경우가 많았다. 그 사회에서는 보통 상속을 통해 땅을 갖게 되었으며, 땅을 갖는 것은 삶에 매우 중요한 일이었다. 각별히 주의를 기울이지 않으면 거류 외국인들은 대부분의 이스라엘 제도—대가족, 법적·경제적·정치적·종교적 제도들—에서 주변적인 존재들이 되었다. 그들의 지위는 불확실했으며, 그들의 복지는 공동체가 얼마나 기꺼이 그들을 공동체생활 안으로 받아들이느냐에 달려 있었다. 객들은 힘이 없고 불의와 착취를 받기 쉬운 사람들이었다. 그들은 성경본문에서 종종 가난한 자, 과부, 고아와 동일한 집단으로 분류되었다.[21]

고대 근동의 이스라엘 주변 국가들도 그들에게 찾아오는 나그네들을 대접해야 했다. 이따금씩 나그네들이 찾아오면 보통 짧은 기간 동안 먹이고, 잠자리를 제공하며, 보호해 주었다. 그런 정중한 손대접은 고대 동양 전역에서 신성한 의무로 인식되었다. 이스라엘 사회만의 독특한 점은 거류 외국인들을 보호하고 그들에게 양식을 공급하는 것에 대한 명백한 법조항이 있었다는 것이다. 레위기 19장에 나오는 "이웃 사랑하기를 네 몸과 같이 하라"(18절)는 명령과 타국인을 "자기 같이 사랑하라"(34절)는 비슷한 명령들은 이스라엘에만 있었던 듯하다.[22]

이스라엘인들의 언약적 믿음이 타국인에 대한 그들의 태도를 결정했다. 하나님께서 "고아와 과부를 위하여 신원하시며 나그네를 사랑하신" 것처럼 이스라엘은 돈으로 살 수 없는 정의와 영접하고 공급하는 사랑을 베풀어야 했다. 하나님께서 나그네들에 대한 사랑으로 그들에게 음식과 의복을 공급해 주신 것처럼, 이스라엘 사람들은 실제적이고 현실적인 방식으로 그 사랑을 표현해야 했다. 이스라엘에게 나그네를 학대하거나 억압하지 말고 오히려 그들의 복지를 적극적으로 추구할 것을 명하는 구체적인 율법들이 있었다.[23] 보호받은 나그네들은 이스라엘의 하나님을 어느 정도 인정했으며, 그분께 더욱 충성함으로 이스라엘의 종교생활에도 참여하게 되었다.[24]

요약하면, 구약시대 손대접의 신학적·도덕적 기초들은 이스라엘이 하나님을 의지하고 하나님께 감사하는 특별한 관계를 맺고 있는 것과 밀접하게 연관돼 있었다. 이스라엘이 나그네를 돌볼 의무가 있다는 사실은, 나그네로서 그들 자신의 체험을 강조하고 하나님의 자비로운 성품을 묵상함으로 더욱 견고해져 갔다. 손님들이 하나님의 사자(使者)로서 신적 약속이나 공급을 가져오기도 하는 손대접 이야기들처럼, 율법의 가르침이나 불순종하면 벌을 받는다는 경고, 순종하면 축복을 받는다는 약속들을 보면서 이스라엘은 나그네들을 더욱 잘 손대접하게 되었다.[25]

하나님 나라의 손대접: 새로운 공동체

손대접에 대한 신약의 논의는 구약의 기본적 이해와 같은 맥락에 있으면서 그것을 확대하고, 그 이해를 변형시키기도 한다. 로마서 15:7에서 바울은 신자들에게 그리스도께서 그들을 받으신 것처럼 "서로 받으라"고 촉구한다. 예수님의 삶과 사역과 죽음에서 표현된 그분의 자비하시고 희생적인 손대접은 제자들의 손대접 배경이 된다. 예수님은 사람들이 하나님 나라에 들어갈 수 있도록 자신의 생명을 주심으로 손대접, 은혜, 희생을 가장 심오하고 인격적인 방식으로 연관시키셨다.

하나님의 집인 교회 안에서 손대접하는 것은 적절하고 필수적이며, 뜻깊은 관행이다. 손대접은 하나님의 손대접을 반영하고 재연한다는 점에서 상징적으로 중요하며, 인간의 필요를 채우고 인간관계를 진척시킨다는 점에서 실제적으로 중요하다. 손대접은 일상생활의 일부이기는 하지만, 신적인 것과 연관이 없는 것이 결코 아니다.

특히 함께 식사를 나눌 때 하나님 나라의 임재가 미리 나타나고 드러나며 반영된다. 자비로운 주인이신 예수님은 산에서 5천 명 이상을 먹이신 후, 무리들에게 자신이 생명의 떡이요 그들을 위해 하늘에서 내려온 살아있는 떡이라고 설명하신다. 그분은 누구든지 목마른 자에게 생수를 제공하신다(요 6-7장). 예수님 자신이 주인이시며, 동시에 생명의 근원인 양식이시다.

제자들과 함께한 최후의 만찬에서, 예수님은 식사의 기본 요소들을 가장 풍성한 상징적 의미―떡은 그의 몸이며 포도주는 그의 피다[26]―로 채우신다. 함께 나누는 식탁은 성만찬에서 하나의 의식이 되어, 복음의 핵심을 계속해서 재연한다. 우리를 영접하시기 위해 그리스도께서 몸이 찢기고 피 흘리는 대가를 치르신 것을 기억하면서, 한편으로 우리는 예수님의 희생과 그분의 손대접을 통해 서로가 화목되고 새로운 관계를 맺게 되었음을 경축한다. 성찬식은 손대접을 하나님과 가장 근본적으로 연관시킨다. 그것은 "주님의 하늘 식탁"을 미리 보여주기 때문이다. 성찬식을 통해 우리는 하나님의 잔칫상에 참여하는 현재의 기쁨과 환영을 경험하며, 그 하늘의 상(床)을 향해 더욱 나아가게 된다.[27] 함께 나누는 식사는 그것이 손대접의 가장 기본적인 표현인 것처럼, 하나님 나라의 실상과 가장 밀접하게 연결된 활동이다.

함께 먹는 것이 신학적으로 중요하다는 것을 알게 되면, 손대접 종사자들이 왜 함께 식사를 나눌 때 하나님과 가장 가까워지는 느낌을 받는다고 고백하는지 알 수 있다. 성만찬 식사뿐 아니라 평상시 함께 나누는 식사에도 신성한 요소가 들어 있다. 어떤 손대접 종사자는 이렇게 설명한다. "누구나 저녁식사 자리에 있기를 원하는데, 그것은 저녁식사를 놓치면 모든 것을 놓친 것이나 마찬가지이기 때문입니다. 바로 여기에서, 우리는 떡을 떼며 예수님을 인식하지요."[28] 한 여인은 어린시절에 겪었던 흑인교회의 부흥기들을 되새기면서 식사시간이야말로 한 주간의 가장 강렬하고 거룩한 때였다고 회상한다. 많은 손대접 공동체에서는 식사와 예배가 서로 얽혀 있는 경우가 많다.

예수께서 부활하신 후 엠마오 도상에서 두 제자를 만난 이야기는, 함께 식사를 나눌 때 예수님이 그 자리에 함께하시겠다는 약속을 더욱 분명하게 보여준다(눅 24:13-35). 예수께서 나그네로 그들에게 오셨지만, 그들은 예수님을 알아보지 못한다. 그들은 예수님을 손님으로 영접하며 함께 떡을 떼면서, 예수님은 그들을 대접하는 주인이 되신다. 이것은 성만찬을 고대하는 것이며, 마지막 때에 있을 하나님 나라의 잔치를 미리 맛보는 것이다.

서신서들은 초대 그리스도인들의 삶에서 손대접이 실제적으로 중요한 것이었음을 강력하게 증거해 준다. 바울은 신자들에게 손대접할 것과 손대접에 힘쓸 것을 명한다(롬 12:13). 히브리서 저자는 손대접하기를 소홀히 하지 말 것을 상기시키고(히 13:2), 베드로전서 저자는 공동체에게 아낌없이 대접하라고 도전한다(벧전 4:9). 각 본문에서 손대접은 사랑, 곧 형제자매에 대한 사랑, 나그네와 갇힌 자와 추방당한 자들에게까지 확장되는 사랑, 육체적·사회적 필요를 돌보는 사랑의 구체적 표현이다. 손대접을 행할 때 필요가 채워진다. 그러나 손대접이 육체적 필요를 채우는 것으로 그친다면 불완전한 것이다. 손대접에는 나그네나 손님을 인정하고 존중하는 것이 포함된다.

손대접은 그리스도인의 선택사항이 아니며, 특별히 손대접의 은사를 받은 사람만 해야 하는 것도 아니다. 오히려 손대접은 믿음의 공동체 내에 필요한 관행이다. 손대접을 나타내는 중요한 헬라어 단어 가운데 하나인 필로세니아(*philoxenia*)는, 친족이나 믿음에 의해 연결된 사람들에 대한 사랑 혹은 애정을 나타내는 일반적 단어 필레오(*phileo*)와 나그네를 의미하는 단어 세노스(*xenos*)를 결합시킨 것이다. 따라서 어원학적으로나 실제적으로, 신약에서의 손대접은 사랑과 밀접하게 연결돼 있다. 필로세니아에는 나그네에 해당하는 단어가 포함돼 있으므로, 손대접이 나그네 지향적이라는 것 역시 영어보다는 헬라어에서 더 분명하게 나타난다.

신약본문에서 손대접은 주로 나그네를 돌보는 것을 의미한다. 물론 이들 나그네들이란 도움을 필요로 하는 다른 그리스도인들이었던 경우가 많았다. 하지만 그들을 돌본다고 해서 일반사회의 궁핍한 사람들에 대한 관심이 줄어든 것은 아니었다. 사실상 이 두 집단에 대한 손대접이 구분되었는지조차 분명하지 않다.

신자들은 먼저 동료 그리스도인에 대해, 더 나아가 세상에 대해 책임을 지고 있었다(갈 6:10, 살전 3:12).

초대 그리스도인들 삶의 몇몇 측면이 합쳐져서 손대접은 기독교의 중심되는 실천사항이 되었다. 첫째, 함께 식사를 나눔으로써 초대교회는 문화적 경계선 문제로 씨름하게 되었다. 특히 이방인들을 초대 기독교 공동체에 편입시키는 문제를 놓고 씨름했고, 함께 식사를 나누면서 부자 신자와 가난한 신자들 사이의 긴장이 표면화되기도 했다. 식사는 서로 대등하게 인정하고 존중하라고 가르칠 수 있는 배경이 되었다. 기독교 공동체의 손대접은 분명한 메시지—평등, 변화된 관계, 공동생활 등—를 전달해 주었다.[29]

둘째, 복음은 원래 여기저기 다니던 신자들의 사역을 통해 전파되었는데, 그들은 다른 이들의 손대접을 받으며 다녔다. 최초의 선교사들인 그들을 손대접하는 것과 그들의 메시지를 받는 것은 매우 밀접하게 연관되어 있다. 각 도시의 손대접 잘하는 가정을 중심으로 복음의 메시지가 퍼져 나갔다.[30] 초기 그리스도인들은 손대접을 통해 순회 선교사와 지도자, 종교 때문에 추방당한 사람, 인근의 가난한 사람들의 필요를 채워 주었다.

셋째, 초대교회는 신자들의 집에서 정기적으로 모여 예배를 드렸다. 장소가 장소인만큼, 손대접은 자연스럽고도 필요한 것이었다. 그것은 신자들 사이 끈끈한 가족적 유대를 형성하는 데 도움을 주었으며, 새로운 정체성을 형성하고 강화시켜 주었다.[31]

손대접은 신자들의 공동체 전체에 중요한 것이었을 뿐 아니라 하나님 집의 지도자의 자격을 나타내는 특별한 표지이기도 했다(딤전 3:2, 딛 1:8). 손대접을 잘하는 교회 지도자들은 순회 그리스도인과 각 지역의 가난한 사람들에게 자원을 분배하는 일을 감독했다. 손대접에서 그리스도인 여성들이 중요한 역할을 수행했다는 것은 디모데전서 5:9-10에 분명하게 나타나는데, 거기 보면 손대접이 선한 행실의 증거가 되어야 한다고 나와 있다.

초대 그리스도인들은 세상에 복된 소식을 전하고 나그네를 자신들의 공동체로 영접하면서, 고대 이스라엘 사람들과 마찬가지로 그들 자신이 이방인이라는 것을 강조했다. 그리스도인들은 하나님 집의 일원으로서 세상에서 외국인, 곧 나그네를 대접하는 외국인으로 살아야 했다.[32] 그들이 외국인이라는 것은, 충성의 대상과 관계가 변화되었을 뿐 아니라 이 땅에 사는 동시에 하늘나라의 시민으로 살아가는 독특한 생활방식을 영위해야 한다는 의미였다.

그렇기에 초대교회의 손대접은 하나님의 손대접에 참여하는 것이며, 또한 그것을 기대하는 것이었다.[33] 그리스도인들은 하나님의 관대하심에 대한 감사의 반응으로, "너희를 위하여 나그네 된"[34] 그리스도를 영접하는 표시로 손대접을 행했다. 그들에게 손대접은 하나님의 약속 및 그리스도의 임재와 연관돼 있었다. 손대접은 삶의 영적·사회적·육체적 차원을 돌보는 일을 하나님의 집에 걸맞는 하나의 효과적인 관행으로 응축시킨 것이었다.

초대교회는 궁핍한 나그네를 손대접함으로 주위 사람들과 구별되었다. 그리스도인이나 비그리스도인 할 것 없이 나그네를 돌보는 것은 범상치 않은 예외적 행동이라고 인식했고, 그것은 기독교 복음과 교회의 신뢰성을 보여주는 하나의 표지가 되었다.[35] 1-5세기까지의 글을 보면, 교회를 모든 사람을 위한 공동체로 규정하고 일반사회에서 지위의 경계와 구분이 갖는 의미를 부인했다. 또한 각 사람의 가치를 인정하고 가난한 자, 나그네, 병든 자들을 실제적으로 돌보도록 함으로써 손대접의 중요성을 보여준다.

우리가 처한 현재 상황은, 손대접을 규범적으로 이해하고 실천했던 초기 기독교 상황과 놀라울 만큼 비슷하다. 우리는 초대교회와 마찬가지로 관계와 정체성과 의미를 갈구하는, 산산히 부서진 다문화 사회에 살고 있다. 이동이 잦고 자기 지향적인 오늘날의 사회는 외로움, 소원함, 소외 등이 그 특징이다. 때로 삶 자체에 대해 너무나 적대적인 듯이 보이는 문화에서, 폭력을 거부하고 삶을 포용하는 사람들이 강력한 증인들이다.

사람들은 영접받기를 갈망하지만, 대부분 그리스도인들은 손대접이라는 유산을 잊어버렸다. 1세기 때의 풍성함은 눈앞과 기억 속에서 사라져 버렸다. 심지어 오늘날 손대접에 종사하는 사람들조차 사역의 보다 넓은 배경에 대해 잘 모른다. 우리는 손대접 전통을 낭만화하지는 않지만, 보다 충분하고 신실하게 살도록 도와줄 만한 성경적·역사적 자원들이 있다고 단언할 수는 있다.

기독교 손대접의 고대 전통을 회복한다면, 개신교도나 가톨릭교도 모두에게 유익이 될 수 있다. 그 전통은 개신교와 가톨릭이 공유하는 초기 역사로 되돌아가게 해주기 때문이다. 현대의 손대접 종사자들이 이러한 초기 자원들을 참고할 때, 전통을 뛰어넘어 풍부한 대화를 나눌 수 있을 뿐 아니라 이 중요한 관행에 대해 서로에게서 배울 수 있다. 이로 인해 몇몇 손대접 단체들에서는 전통적인 교파와 신학적 다양성을 초월하는 매우 풍성한 영성이 나타나고 있다.

손대접을 행하면서 성경의 이야기들을 깊이 묵상해 보면, 성경본문이 놀랍게 되살아난다. 신학교육을 받은 한 손대접 종사자는, 자신은 오랜 세월 동안 복잡한 몇몇 본문들을 가지고 씨름했었는데 손대접을 하면서 "성경의 의미를 더 잘 이해하게 되었다"고 고백한다. 성경본문을 공동체생활에서 구현할 때, 그 말씀은 대단히 개인적 의미를 지니게 된다.

손대접에 대한 성경본문대로 살 때, 그리스도인들은 그들의 삶에 그리스도께서 임재하시는 것을 발견하게 된다. "기독교 공동체의 손대접은 세상에서 하나님의 사랑을 나타내는 하나의 상징이다."[36] 로마서 12장에 나오는 것처럼, 손대접은 우리 삶을 "산 제사"로 드린다는 개념과 분명 걸맞는다. 우리는 제사라는 말을 생각할 때 영웅적인 순교의 순간을 상상하지만, 신실한 손대접에는 보통 우리의 삶을 조금씩조금씩 내주는 것, 작은 희생과 봉사의 행동들이 포함된다. 신기한 것은, 그런 구체적인 사랑의 행동들은 큰 희생을 요구하지만, 주는 사람이나 받는 사람 모두를 살지게 하고 치유해 준다는 사실이다.

처음 몇 세기가 지난 후, 몇 가지 역사적 요소로 인해 고대 기독교는 손대접을 역동적으로 이해하고 그것을 실천하면서 변화를 이루는 일에 주춤하게 되었다. 중세에 들어와서 호화로운 손대접은 교회, 수도원, 평신도 사회에서 권세와 영향력을 확장하는 주요 수단이 되었고 대접을 하는 사람이 자신의 야망과 이득을 위해 의도적으로 손대접하는 경우가 종종 있게 된 것이다. 부분적으로 그것에 대한 반작용으로, 개신교 개혁자들은 보상이나 유익을 기대하지 말고 검소하게 손대접할 것을 강조했다. 하지만 초기 개신교 저술가들은 손대접에 대해 고대 그리스도인들이 이해한 것을 어느 정도는 회복했지만, 반면 손대접의 신성한 요소들, 특히 초기 그리스도인들이 손대접을 이해할 때 중요한 요소로 여겼던 하나님의 특별한 임재와 축복에 대한 기대는 덜 강조하는 경향이 있었다. 사회경제적으로도 중대한 변화들이 일어났기 때문에, 가난한 자와 나그네들을 대접하는 주요 수단으로서의 손대접의 효과는 줄어들게 되었다. 후에 여행자들이 숙소와 음식을 여관에서 해결하는 경우가 점차 늘어남에 따라, 손대접은 매우 상업화되기 시작했다. 자선기관이나 국가기관에서 제공하는 사회복지사업으로, 궁핍한 사람들을 대접하는 일 또한 관료화되었다. 교회에서의 손대접 역시 도덕적·영적·물리적 의미를 거의 지니지 않게 되었다.

오늘날의 기독교 내에서는 고대교회의 손대접에 대한 이해와 관행을 거울삼아 현대인들의 무절제함과 손대접을 소홀히 하는 것을 비판하기 시작했다. 기독교 전통은 처음 몇 세기에 걸쳐 확립된 손대접 전통을 거부한 적이 한번도 없었다. 유익이나 보상을 기대하지 않고 지극히 작은 자에게 베푸는 손대접은, 지난 몇 세기 동안 그 용어 자체의 도덕적 의미가 사라지게 될 때까지 여전히 각 세대의 규범이었다.

3. 기독교 손대접의 간략한 역사

"상업적 국가, 바쁜 국가에서는 시간이 귀중한 것이 된다. 그렇기 때문에…손대접은 그리 귀하게 여겨지지 않는다."
18세기, 새뮤얼 존슨

대부분 서구교회에서 손대접은 18세기 들어 실종돼 버렸다. 그 이전 수세기 동안에도 손대접을 찾아보기는 어려웠지만, 1700년이 되자 중대한 도덕적 관행으로서의 손대접은 완전히 사라져 버렸다. 여전히 누군가가 나그네들을 돌보기는 했지만, 그들의 필요를 채워 주는 것을 일컬어 손대접이라고 하는 경우는 점차 줄어들었다. 사람들은 평등과 존중에 대해 염려했으나, 그러한 관심사들을 손대접의 언어로 논하지는 않았다. 교회는 고아와 과부들에게 필요한 것을 제공해 주었지만, 손대접을 사역의 범주로 간주하는 경우는 드물었다. 지난 수세기 동안 손대접이라는 용어의 범위는 점점 줄어들었다. 이제 그 말은 주로 아는 사람을 집에 초대해서 대접하는 것 혹은 접대산업에서 호텔과 식당 등을 통해 서비스를 제공하는 것을 의미하게 되었다.

놀랍게도, 16세기 중반에 이미 존 캘빈은 고대의 손대접이 사라져 버린 것에 대해 애도했다. "이 인도적인 직무는 더 이상 사람들 사이에서 제대로 찾아볼 수가 없다. …역사에서 찬미되던 고대의 손대접은 찾을 길이 없고, 이제 여관이 나그네들에게 묵어갈 장소를 제공한다."[1] 그는 개인의 손대접보다 여관에 점점 의존하는 것은 인간이 부패했다는 증거라고 경고했다.

17세기 초 영국의 사회 비평가들 역시 손대접이 사라진 것을 애도했다. "가난한 자들을 위한 비탄의 신음"(*Greevous Grones for the Poore*)이라는 팸플릿을 쓴 사람은, 가난한 자들의 수가 늘어나고 있는데도 손대접이 전혀 이루어지지 않고 있다고 한탄했다. "이 땅에서 손대접이 쇠퇴해 버린 것, 그로 인해 많은 가난한 영혼들이 지금까지 받던 것과 같은 구제를 받지 못하게 된 것을 어떻게 한탄할까. 이 시대는 사람들이 유복한 살림살이에 의해, 그리고 그들 수입의 많은 부분을 소비하는 것에 의해 숭배받고 명성을 얻는 시대이다."[2] 시대가 변했다. 손대접은 더 이상 부유한 사람들이 공경과 신뢰를 얻는 주요 수단이 아니었다. 또한 가난한 사람들의 필요에 대한 만족할 만한 응답도 아니었다.

17세기 말 청교도 신학자이며 목사인 존 오웬(John Owen)은 손대접의 의미에 일어난 중대한 변화에 대해 언급했다. "저 옛날에는 궁핍한 나그네들에게 손대접을 했으나 우리 시대의 손대접은 친구, 친척, 이웃, 친지들에게 풍성하게 어쩌면 헤프게 대접하는 것을 의미한다."[3]

18세기의 영국 저자 새뮤얼 존슨(Samuel Johnson)은 손대접에 대한 인식과 관행을 당시 사회의 새로운 사회경제적 상황들과 분명하게 연결시킴으로써, 양쪽 모두에 일어난 변화들을 가장 분명하게 표현했다. 그는 "손대접할 때 재물을 얼마나 사용해야 한다고 생각하는가"에 대한 제임스 보스웰(James Boswell)의 질문에 이렇게 답했다.

> 우리가 매우 많이 들어 본 고대의 손대접은 사람들이 한가롭게, 부자의 식탁에서 대접을 받는 것을 기뻐했던 비상업적 국가에서의 일이었음을 유념해야 합니다. 그러나 상업국가, 바쁜 국가에서는 시간이 귀중한 것이 되며, 그렇기 때문에 손대접은 그리 귀하게 여겨지지 않습니다. 분명 지금도 손대접을 할 수 있는 여지는 어느 정도 있습니다. 사람은 자기 친구들이 자기 주위에서 먹고 마시는 것을 보면서 만족을 느낍니다. 하지만 마구잡이식 손대접은 진정한 영향력을 얻

는 길이 아닙니다. 식탁에서 어떤 사람은 다른 사람보다 먼저 도와주어야 하고, 어떤 사람에게는 다른 사람보다 포도주를 좋아하는지 더 자주 물어보아야 합니다. 그러므로 당신이 만족시키는 사람보다 성나게 하는 사람이 더 많아집니다…. 게다가 어떤 사람의 식탁에서 아주 대접을 잘 받았다고 해서 영구적으로 존경이나 경의를 얻게 되는 것은 아닙니다.[4]

존슨이 생각하기에 역사적으로 풍성한 도덕적 개념과 관행인 손대접에서 남은 것이라고는, 그것이 권세와 영향력을 획득하는 데 유용한지 어떤지 의심스럽다는 것뿐이었다. 손대접은 고관들에게 경의를 표한다는 점에서 낡은 것이고, 분주한 상업적 삶과는 조화를 이루지 못하기 때문에 그저 친구들과 먹고 마실 것을 나누는 만족감으로 전락해 버렸다. 전통적인 손대접 관행은 평등주의적 세상에서는 다소 거북한 것인 듯했다.

존슨과 동시대 인물인 존 웨슬리 역시 이러한 일반적 평가에 동의했음이 분명하다. 웨슬리는 손대접에 대한 모든 논의의 중심이 되는 성경과 초기 기독교 교부들의 본문들을 다루면서도, 손대접이라는 용어는 좀처럼 사용하지 않았다. 웨슬리는 초대 기독교 손대접 관행을 많은 부분 회복시켰으나, 그것이 고대교회의 활력과 연관이 있음을 알았지만 그것을 "손대접"이라고 부르지는 않았다. 손대접에 대한 몇 안되는 언급 중 하나에서 웨슬리는 그것을 방종, 사치, 가난한 사람들을 소홀히 여기는 것과 동일시했다. 그는 "부자와 나사로"에 대한 설교에서 이렇게 언급했다.

나는 말만 번지르르하게 하는 선지자들이 손대접, 친구들을 영접하는 것, 풍성한 상을 차리는 것, 종교를 위한다는 명목으로 거래를 조장하는 것 등을 얼마나 그럴듯하게 말할 수 있는지 압니다. 그러나 하나님은 만홀히 여김을 받으시지 않으십니다. 이 같은 겉치레로 하나님을 속일 수는 없을 것입니다.[5]

18세기가 되자 "손대접"이라는 용어에서 중심이 되는 도덕적 의미는 사라진 채, 사치와 방종이라는 중세 후기의 부속품만 남게 되었다. 그 시기에는 중대한 사회경제적 변화가 일어나면서, 손대접은 가난한 사람들과 나그네들의 필요를 채워 주는 수단으로서의 역할이 약화되었다. 손대접은 옛 사회질서, 곧 많은 식솔이 딸려 있으며 복잡하게 상호의존하고 있던 대가족 사회질서와 함께 죽어가고 있는 듯 보였다. 새 시대는 산업, 제조업, 독립심을 찬미했다.[6]

이러한 사회경제적 변화와 정치·교회·문화적 가치관들이 변화된 결과, 중대하고 일관된 도덕적 관행이었던 손대접은 시들해져 버렸다. 손대접은 완전히 사라지지는 않았으나, 여러 전문화된 시설들이 그 일을 분산해서 맡음에 따라 눈에 잘 띄지 않게 되었다. 그 시설들은 대부분 기독교적 손대접의 언어도 사용하지 않았으며, 기독교에 근거를 두지도 않게 되었다. 손대접은 거의 완전하게 빛을 잃어버렸으며, 후대의 그리스도인들은 손대접 전통의 신학적이고 실제적인 풍성함을 거의 느끼지 못하게 되었다.

손대접의 장소: 손대접 역사의 핵심

손대접이 어디에서 일어나는가 하는 것은, 항상 손대접의 의미와 실천에 큰 영향을 미쳤다. 가정, 교회, 경제, 정치생활에서 일어난 변화들이 손대접에 중대한 영향을 미친 것처럼, 손대접 역시 이러한 제도들이 형성되는 것을 도왔다. 손대접이 번성하게 된 배경과 손대접이 거의 사라져 버린 동안의 사회상들을 좀더 자세히 들여다보면, 우리 시대에 손대접을 회복하기 위해 무엇이 필요한지 더 잘 알 수 있을 것이다.

손대접에는 사람들을 영접할 약간의 공간과, 초대하지 않으면 나그네가 마음대로 들어올 수 없는 장소가 포함된다. 손대접이 이루어지는 장소에 대해 생각할 때, 우리는 일반적으로 집을 먼저 생각한다. 손대접은 반드시 집에서 이루어진 것은 아니지만, 언제나 집이나 가족과 밀접하게 연관되어 왔다. 그리스도인이 손대접과 가장 일반적으로 연관시키는 다른 장소로는 교회와 수도원, 병원이나 호스피스 등 교회에서 파생된 기관들이 있다. 이러한 장소 외에도, 나그네를 손대접하는 어떤 측면들은 정치·경제적 영역에서도 이루어졌다.

구약의 상황

아브라함, 롯, 천사, 라합과 정탐꾼, 아비가일과 다윗, 사르밧의 과부와 엘리야, 수넴 여인과 엘리사에 대한 이야기를 보면 손대접은 집 안에서 이루어졌다.[7] 나그네들은 각 가정의 가족적인 분위기에서 보통 사나흘씩 묵어갈 수 있었다. 가정 자체가 대가족에다 종들이 딸려 있어서 규모가 큰 경우가 많았다.

고대사회의 가정들은 일반적으로 집 안에서 경제활동을 했다. 집은 개인적 공간이었지만, 현대의 가정보다는 더욱 공개적이고 덜 사적인 곳이었다. 나그네를 만나는 것도 좀더 공적이거나 공동체적인 장소에서였다. 몇몇 손대접 이야기는, 사람들이 공동체 문제를 놓고 논의하는 성문에서 나그네들을 처음 만났다는 말로 시작된다. 이런 상황이기 때문에 어떤 집에 나그네가 오면 이웃 사람들도 그 사실을 알게 되었다.

이 이야기들을 통해 볼 때, 손님들은 일시적으로 도움이 필요했지만 보통 가난하지는 않았다. 일반적으로 그들은 잠시 동안 손대접을 받았으며, 그들을 손대접하는 것은 영접한 가족의 책임이었다. 그러나 이스라엘에는 다른 나그네들이 있었는데, 그들은 자원도 다른 사람들과의 관계도 제한되어 있거나 전혀 없는 사람들이었다. 이들—이스라엘에 거주하던 나그네와 객들—에 대한 최소한의 복지는 공동체의 책임이었다.

구약의 율법들은 전체 공동체를 대상으로 한 것으로, 이방인들이 가난해지거나 학대받지 않도록 구조적으로 지원해 주는 것이었다. 그들은 개인이 소유한 밭에 들어가 이삭을 줍거나 함으로써, 최소한의 경제적 공급을 받을 수 있었다.

땅에서 수확할 때, 경계선상에서 나온 수확물과 추수 후 남은 것들은 가난한 사람들과 객들이 가져갈 수 있었다. 가난한 사람과 성 안에 사는 이방인들을 위해 곡물의 십일조를 떼어 두기도 했다. 사사들은 이방인과 이스라엘 사람들 사이의 분쟁을 공평하게 처리해야 했다. 안식일에는 객들도 휴식을 취해야 했고, 고용주들은 이방인 일꾼들을 착취해서는 안되었다.[8]

광범위한 규모의 경제적 공급과 보호는 각 가정이 베푸는 자선에만 의지하지는 않았다. 그러나 구조적 도움이 주어진다고 해서 개인적 차원의 손대접이 필요 없는 것은 아니었다. 나그네에 대한 사회적 책임과 개인적 책임은 서로 연관되어 있었다. 신실한 이스라엘 사람들은 가족잔치와 종교행사 때 나그네와 가난한 자들을 불렀다.[9] 법률에 규정된 객들에 대한 구조적 보호는 손대접의 개인적 차원을 배제하는 것이 아니라 그것을 반영하고 조직화한 것이었다. 나그네를 영접하는 것은 제도적이고 공동체적인 것이었을 뿐 아니라 자발적이고 개인적인 것이었다.

구약의 손대접 유산은 우리에게 교훈을 준다. 먼저, 나그네를 영접하는 가정이 사회활동과 가정활동 양자의 중심이었다는 점이다. 둘째, 이 전통이 처음 생겼을 때부터 이미 나그네를 돌보는 일은 각 가정만의 책임이 아니었다. 공동체 역시 손대접을 책임지고 시행해야 했다. 개개인의 관대한 반응뿐 아니라 법으로도 손대접에 대해 규정하고 있었던 것이다. 결코 각 가정들이 많은 수의 궁핍한 나그네를 모두 돌보도록 하지는 않았다. 셋째, 나그네들은 먼저 공적인 장소에서 만나는 경우가 많았다. 그처럼 사전 만남을 가질 수 있어, 누군가의 집에 들어가기 전 "낯설음"도 어느 정도 줄일 수 있었다. 그렇게 되면 좀더 큰 공동체가 나그네를 만날 기회가 생겼다.

신약과 초대교회 상황

신약시대에도 손대접이 이루어지던 가장 중요한 장소는 집이었다. 최초의 교회 신자들은 자기 집에서 손대접을 행함으로써 교제를 나누고 성장했다.[10] 헬라인과 유대인들에게 집(헬라어 *oikos*, 히브리어 *bayith*)은 매우 중요했으며, 사회적·정치적·종교적 정체성과 유대감을 형성하는 기초였다. 히브리 전통과 헬라 전통에 뿌리를 둔 초대 그리스도인들에게 하나님의 집인 교회는 강력한 신학적·사회적 실체였다.[11] 교회는 가정집들로 구성돼 있었지만 각각의 집을 모아 놓은 것 이상이었다. 교회는 새로운 집, 하나님의 집이었으며, 신자들은 서로에게 가족이 되었다.

초대 그리스도인들의 손대접은 이같이 집과 교회가 중복되는 가운데 이루어졌다. 가족적 분위기는 손대접의 개인적 특성을 표현할 수 있는 자연스러운 환경을 제공했다. 공동체로서의 교회는 하나님의 집에 걸맞도록 하나님의 성품과 기대를 잘 반영해야 했다.

이같이 확대되고 변화된 집은, 손대접을 잘하고 자비로우신 하나님의 성품을 본받을 책임이 있었다. 하나님의 집은 외인들을 영접해 이스라엘과 함께 후사로 삼았으며(엡 2:19), 이 새로운 집에서는 인종적 경계를 초월하는 관계들이 형성되었다. 초대 그리스도인들이 정치적·인종적·사회경제적으로 다른 배경을 갖고 있는 신자들과 함께 집에서 예배를 드리고 그들을 돌보고 손대접함으로써, 초대교회는 지역과 인종을 초월해 발전해 나갔다.

각 지역 기독교 공동체들은 교회에서 정기적으로 함께 식사를 나누었는데, 그 시간은 손대접이 이루어지는 중요한 기회였다. 이러한 아가페적인 식사는 독특한 그리스도인의 정체성을 강화하는 동시에, 음식이 필요한 가난한 사람들의 필요를 함께 채워 줄 수 있었다.[12] 그 식사는 당시 사람들이 화려한 연회를 베풀어 사회적 지위와 격차를 더욱 벌어지게 했던 것과는 달랐다. 함께 음식을 먹는 자리에서 인종적·사회경제적 차이가 표면화될 때도 있었지만, 그러한 식사는 변화된 관계를 반영하려고 했다. 그 관계에서는 세상적 지위의 구분들을 무시하지는 않되 초월하며, 이전에는 소외되었던 사람들이 하나님의 식탁에서 형제자매임을 느낄 수 있었다.

초대 그리스도인들은 이처럼 집을 재편성하여 앞장에서 언급한 손대접의 세 가지 측면을 실천했다. 그것은 지위와 배경이 다른 사람들을 한 장소로 영접해 함께 식사를 나눔으로써 존중과 인정을 표현하는 손대접, 나그네와 그리스도인 여행자와 가난한 사람들의 육체적 필요를 채워 주는 수단으로서의 손대접, 신자들의 모임을 주최하는 손대접 등이다. 이러한 것들은 모두 집 안에서 이루어졌고, 서로 중복되고 상호 연관돼 있었다.

처음 몇 세기 동안 교회는 정치제도와 구분되었지만, 종종 서로 불화를 일으키기도 했다. 정치 당국과의 이러한 갈등이 초기 기독교 손대접의 몇 가지 독특한 특징을 형성했다. 신자들은 핍박받는 소수였기 때문에, 손대접은 그들의 정체성을 유지하고 돌보아 주는 데 중요했다. 심지어 옥에 갇힌 사람에 대한 사역조차 손대접의 한 측면이자 연장으로 이해했다.[13]

4세기와 5세기

4세기에 기독교 손대접이 이루어진 장소는 서너 군데로 확장되었다. 교회와 가정 외에도 숙박소에서 나그네들을 돌보아 주었고, 아픈 사람과 가난한 사람과 나그네들을 위한 병원이 설립되었으며, 수도원들은 순례자들을 영접했다. 이 시기에 일어난 큰 변화들은 교회가 핍박받는 종파에서 로마제국의 공식종교로 바뀐 것과 관련되어 있다. 제도적인 보살핌이 약간 일찍 시작된 것도 있기는 했지만, 중요한 혁신들은 4세기에 일어났다.

콘스탄틴 황제가 4세기 초에 기독교 신앙을 지지했을 때, 상당한 책임과 동시에 공적 자원이 교회로 흘러 들어왔다. 궁핍한 자들을 돌보는 손대접이 "공공복지"로 여겨지면서, 4세기 중반 무렵이 되자 외부 사람들은 기독교 보호기관들을 본보기로 삼게 되었다. 기독교 공동체 안팎의 자선과 손대접의 중요성에 대한 중대한 증거는, 기독교에 적대적이었던 줄리안(Julian) 황제(A.D. 362년)가 언급한 것이다. 줄리안은 로마제국 안에 헬라종교를 재확립하려고 시도하면서, 헬라종교의 대제사장들에게 나그네를 위한 그리스도인들의 관심을 본받을 것을 지시했다. 그는 기독교를 "무신론"이라고 지칭하면서 이렇게 반문했다. "왜 우리는 무신론을 키우는 데 가장 큰 몫을 한 것이 그들의 나그네들에 대한 선행, 죽은 자들의 무덤을 돌보는 것, 그리고 거룩하게 사는 척하는 모습이라는 것을 깨닫지 못하는가?" 그는 제사장들에게 각 성마다 궁핍한 나그네를 위한 숙박소를 지을 것을 지시하고, 가난한 사람, 나그네, 거지들에게 옥수수와 포도주를 나누어 줄 것을 명했다.

> 유대인들은 전혀 구걸을 할 필요가 없다. 게다가 불경한 갈릴리인들(그리스도인들)은 그들 자신의 가난한 자들뿐 아니라 우리의 가난한 자들까지 도와준다. 그러나 정작 우리 백성들이 우리에게서 아무런 도움을 받지 못하는 것을 만인이 다 본다는 것은 수치스러운 일이다. 헬라주의 믿음을 가지고 있는 사람들에게 이러한 공공복지에 기여하도록 가르치라.[14]

줄리안은 콘스탄틴 시대 왕실이 시행하던 교회에 대한 후원을 철회하려다가 사회 전체를 위해 기독교 보호기관이 중요하다는 것을 입증한 셈이다.[15]

그리스도인들은 4세기에 나그네들, 특히 다른 자원이라고는 전혀 없는 가난한 나그네와 동네 가난한 사람들을 돌보기 위해 많은 병원들(xenodochia)을 설립했다. 점차 이 병원들은 고아, 과부, 나그네, 병든 자, 가난한 자 등 도움이 필요한 사람들의 부류에 따라 서로 다른 기관들로 세분화되었다. 하지만 그 기관들은 갖가지 다양한 기능들을 수행했다.[16]

당시 문헌에서 상당한 주목을 받은 최초의 병원은, 370년 무렵 가이사랴 감독 바실(Basil)이 설립한 병원이었다. 바실은 심한 기근으로 많은 사람들이 고통당하는 것을 보고 기근의 희생자들을 모으는 한편, 자신이 모을 수 있는 음식을 모두 모아들였다. 그리고는 가난한 사람과 병든 사람들을 모아 조리된 음식과 육체적으로 필요한 것들을 제공했다. 그는 "사람들에게 필요한 것을 제공함과 동시에 그들을 인격적으로 존중해 줌으로써, 그들을 이중으로 구제해 주었다."[17] 그 직후 바실은 병든 사람, 나그네, 가난한 사람들을 위한 여러 개의 기관을 설립했다.[18] 바실에 대한 송덕문을 보면, 그 병원은 "경건의 보고(寶庫)"이자 세상에서 가장 엄청난 경이로움, 질병에 시달리는 사람들이 더 이상 그 질병으로 인해 증오와 소외의 대상이 되지 않고 자신들만의 장소를 가질 수 있었던 곳이었다.[19]

바실과 다른 사람들이 기독교적 보호기관인 병원을 설립하느라 열심을 낸 것으로 보아, 병원이 원래는 손대접 관행과 밀접하게 연관돼 있었음을 알 수 있다. 그것은 또한 4세기 지도자들이 이처럼 보다 익명으로 따로 격리된 곳에서 이루어지는 손대접이, 장기적으로 가져올 모호한 결과에 대해 거의 예상하지 못했다는 점도 시사한다.

차별화되고 전문화된 보호기관들이 점차 많아진 것은 도움을 필요로 하는 사람들의 부류가 점점 많아지고, 교회에 주어진 자원들이 점점 많아졌으며, 일반인에 대한 교회의 책임 또한 점점 더 커졌기 때문이었다. 여행자 숙박소와 병원들은 초대 그리스도인들이 손대접을 위해 만들어 낸 것이지만, 그 기관들은 손대접의 가장 근본적인 인격적 차원을 제대로 파악하고 표현할 수 없었다. 가난한 사람과 나그네들은 종종 어느 정도 거리를 두고 많은 숫자가 한꺼번에 보살핌을 받았다. 개인적인 손대접은 점차 고관 방문객들만을 위한 것이 되어 갔다.

4-5세기의 존 크리소스톰의 글을 보면, 우리는 그런 다양성 때문에 손대접이 여러 다른 환경에서 이루어졌을 뿐 아니라 긴장들도 있었음을 감지할 수 있다. 크리소스톰의 교회 사람들은 교회가 나그네를 손대접하는 것을 보고, 이런저런 구실로 자신들은 직접 손대접을 하지 않으려 했던 듯하다. 하지만 크리소스톰은 손대접은 인격적이며 개인적인 것도 되어야 한다고 주장했다. 크리소스톰은 묻는다. "공동기금으로 가난한 사람을 먹일 수 있다 해도 그것이 그대에게 유익을

줄 수 있는가? 다른 사람이 기도한다 해서 그대는 기도하지 않아도 될 이유가 있는가?" 그는 자기 교회 사람들에게 집에 손님용 방, 그리스도를 위해 따로 떼어 놓은 장소—"불구자들과 거지들과 집 없는 사람들"을 영접할 장소—를 만들라고 촉구했다. 크리소스톰은 낯선 나그네를 자기 집이나 손님방에 들이기를 꺼려하는 그리스도인이 있다는 것을 알고는, 그렇다면 적어도 낯익은 가난한 동네 사람들을 위한 장소라도 집 안에 만들어 놓을 것을 제안했다.[20]

크리소스톰에게는 교회에만 전적으로 손대접 책임을 미루지 않고 개인적으로 몸소 손대접하는 것이 매우 중요했다.[21] 그는 몇 가지 때문에 이러한 점을 강조하게 되었던 듯하다. 손대접은 그리스도인의 정체성에 필수적인 부분이었다. 영접하는 것, 동정심을 보이는 것, 평등한 대접 등은 모두 궁핍한 사람들에게 그리스도인들이 보일 수 있는 적절한 반응이었다. 개인적인 손대접은 문화 속에 매우 강하게 자리하고 있던 몇몇 사회적 장벽들을 무너뜨리기도 했다. 또한 크리소스톰은, 점차적으로 새로 생겨난 전문적 손대접 기관들에 더 의지하는 것을 반대하기 위해 이 점을 강조한 것이기도 했다.

사실 크리소스톰 자신이 전문적인 손대접 기관들을 발전시키는 데 중대한 역할을 했다. 그는 마태복음에 대한 설교에서 안디옥 교회의 사역을 언급했다. 그 교회는 부유하지 않았지만 날마다 3천 명의 과부와 처녀들을 돌보았으며, 그에 더해 갇힌 사람, 병든 사람, 장애인, 고향을 떠나 있는 사람들까지 돌보았다. 뿐만 아니라 날마다 "우연히" 들르는 사람들에게도 먹을 것과 입을 것을 주었다.[22] 400-403년 사이 크리소스톰은 콘스탄티노플에 수많은 병원들을 세웠다. 이곳에서는 병든 자, 만성 환자, 노인, 가난하고 없는 사람들을 돌보았을 뿐 아니라 나그네와 고아들도 돌보았다.[23]

또한 4세기에는 수도원이 그리스도인의 삶의 필수적인 표현으로 뿌리내리면서, 병원은 수도원의 정체성과 실천에 처음부터 없어서는 안될 부분이었다. 초기 수도원의 주요 인물들(예를 들면 바실, 크리소스톰, 제롬)은 손대접을 위한 전문기관들을 많이 설립했다. 사실 수도원, 여행자 숙박소, 병원들의 기원은 서로 밀접하게 연관돼 있었다. 경건한 그리스도인들이 금욕적인 그리스도인의 삶을 배우기 위해 수도원에 순례여행을 왔기 때문에, 수도사들은 이들을 영접해 음식과 숙소를 제공할 책임이 점차 더 늘어나게 된 것이다.

서구 수도원 제도의 아버지인 누시아의 베네딕트(Benedict of Nursia, 약 480-550년)는 수도원생활을 위한 규칙을 발전시켰는데, 그것은 수도원의 다른 수행이 방해받지 않도록 보호하면서 나그네들을 손대접하는 것이 중심이었다. 「베네딕트 규율」은 수도사들에게 성직자, 순례자, 가난한 자들을 따뜻하게 영접할 것을 요구했다. 그것은 마태복음 25:35에서 그리스도가 나그네와 동일화되셨기 때문이었다. 수도원의 병원은 많은 종교의식을 거행했고, 왕래가 신중하게 제한되기는 했지만 인격적이며 직접적인 관계를 맺을 수 있는 곳이었다.[24]

기독교 손대접의 독특한 특징은 4세기에 가장 분명하게 표현되었다. 이 시기에 특히 제롬, 락탄티우스, 크리소스톰 등은 기독교적 손대접을 이득을 얻으려 하거나 야심을 갖지 않고 "지극히 작은 자"를 영접하는 것이라고 규정했다. 그러나 기독교적 손대접의 독특한 특징에 대한 그들의 강력한 진술에는 약간의 아이러니가 있다. 그 특징들은 교회의 재물과 권세와 영향력이 증가일로에 있을 때 규정된 것이었다. 사실상 4세기 들어 처음으로 기독교 손대접이 일반사회에서 유익을 얻는 데 이용될 수 있었다. 교회 및 그리스도인들과 사회·정치적 제도 사이의 관계가 변하고 있었고, 그와 더불어 손대접의 의의도 변화되었다. 교회와 정치 당국은 더 이상 불화하지 않았으며, 서로 얽히며 상호 의존하게 되었다. 손대접은 이러한 관계들을 강화했다.

또 다른 역사적 아이러니도 주목할 만하다. 제도들이 더욱 분화됨에 따라 지도자들은 사회경제적으로 지위가 다른 사람들을 자비롭게 영접하는 것이 얼마나 중요한지를 강조했다. 많은 글들을 보면, 집이나 교회나 수도원에 온갖 배경의 사람들을 영접하는 식탁이 하나씩 있다고 전제한다. 하지만 돌보는 일이 이미 분화되기 시작했고 그 분화는 이후 수세기 동안 가속화되었기 때문에, 실제로는 초기 기독교 손대접이 그랬던 것처럼 서로 다른 사회 계층의 사람들이 직접적이고 인격적인 관계를 맺을 만한 제도는 더 이상 없었다. 특히 교회 자체가 더 이상 손대접의 중요한 현장이 되지 못함에 따라 더욱 그러했다. 분화되고 전문화된 손대접 기관들—여행자 숙박소, 호스텔, 병원—은 사람들을 돌보는 데 극히 중요하기는 했지만, 한편으로는 가장 귀중한 손대접의 특징들을 보존하는 것을 더 어렵게 만들었다.

중세의 상황

중세(약 500-1500년)에는 세 기관에서 손대접을 했다. 수도원과 순례자들을 위한 수도원의 여행자 숙박소, 병원, 그리고 교회와 평신도의 큰 집 등이었다. 궁핍한 순례자와 동네의 가난한 사람들은 손대접과 구제를 받기 위해 수도원을 찾았다. 그 수가 많아지면서 그들을 보살피는 일은 거리를 두고 비교적 익명으로 행해지는 경우가 많았다(예를 들어, 수도원 문에서 구호품을 나누어 주는 식). 사회적 지위가 높은 나그네, 순례자, 방문객들은 보다 인격적이고 성대하게 손대접을 받았다. 부유한 수도사들은 중요한 손님들에게 존경의 표시로 훌륭한 숙소와 풍성한 식사를 대접했다. 부유하고 권세 있는 사람들에 대한 손대접은 수도원 당국과 귀족 세력간의 중요한 사회·정치적 유대를 돈독히 해주었다. 이처럼 중세 들어 수도원의 손대접은 일반적으로 사회적 경계들을 강화했는데, 이는 초기 교부들의 비전에서 명확히 이탈한 것이었다.

공공 복지기관으로서의 병원이 지닌 중요성은 중세 들어 더욱 커졌다. 보살피는 일은 더 비인격적으로 변했지만 한층 더 예측 가능하게 되었고, 교회와도 점차 분리되었다. 14-15세기 무렵 유럽 도시의 많은 병원들이 시의 관할이 되면서부터, 기독교적 손대접 기관으로 시작된 초기 병원의 기원과는 더욱더 멀어지게 되었다.[25]

좀더 거리를 둔 분화된 형태의 보살핌이 반드시 경건함이 부족해서나 궁핍한 사람들과 의도적으로 거리를 두었기 때문에 생겨난 것은 아니었다. 그러나 그런 식의 보살핌은 의도하지 않았던 여러 가지 결과들을 가져왔다. 개인적인 손대접은 육체의 필요를 채워 주면서, 한편으로는 사람들에게 세상의 한 자락을 차지할 수 있는 인간적 관계를 제공해 주었다. 이와 대조적으로, 유급직원을 둔 전문 기관들은 환자/보살핌을 받는 사람들을 돌보아주기는 했어도, 그들을 일상적 활동과 관계에서 단절시켜 버림으로써 때로는 황폐한 결과들을 가져왔다.

중세에는 이미 언급한 수도원뿐만 아니라 감독들과 평신도 귀족들의 저택이 손대접의 중심지였다. 모든 사람들이 손대접할 책임이 있었지만, 손님의 지위에 따라 종종 영접방식이 달라졌다. 손대접이 일반적인 복지사업의 중대한 형태를 제공했다 하더라도, 기존의 부와 권세의 유형을 명백하게 강화한 것이다.

감독들은 손대접과 가난한 사람들을 구제하는 일에 주역을 담당했다. 모든 그리스도인들이 손대접할 책임이 있기는 했지만, 감독의 특별한 역할은 7세기 초 세빌랴의 이시도어(Isidore of Seville)의 글에 반영되어 있다. "평신도는〔손님〕한두 명을 영접하면 손대접의 의무를 다한 것이다. 하지만 감독은 모든 사람들을 영접하지 않는다면…몰인정한 것이다."[26] 12세기에 그라티안(Gratian)이 편해서했고 교회법의 많은 부분의 기초를 제공한 「교령집」(*Decretum*)에 보면, "손대접은 감독들에게 매우 필요한 것이므로, 누구든 손대접이 부족하면 법은 그런 사람들을 감독으로 안수하는 것을 금한다"[27]고 되어 있다.

브라이언 티르니(Brian Tierney)는 중세 빈민구제법에 대한 연구에서 성직자들의 손대접과 빈민구제가 아주 밀접하게 연관되어 있음을 주목한다.

"손대접"이라는 말은 중요하다. 중세 교회법 학자들이 교구 성직자가 가난한 사람을 구제할 책임이 있다고 말할 때 가장 흔히 쓰던 문구가 테네레 호스피탈리타템(*terene hospitalitatem*)이기 때문이다. 즉 그들은 "손대접을 유지"할 의무가 있었다. 그 단어의 일차적 의미는 여행객을 접대하는 것과 손님들을 영접하는 것이었지만, 교회법 학자들은 종종 그 말을 일반적인 자선 및 빈민구제를 포함하는 넓은 의미로 사용했다.[28]

중세교회는 상당히 많은 재산을 소유하고 있었으나 교회가 가진 자원은 지역마다 달라서, 어떤 성직자는 손대접할 자원이 아주 조금밖에 없는 경우도 있었다. 교인들은 교회에 십일조(거기서 손대접과 구제를 위한 약간의 기금을 떼었다)를 내고 추가로 빈민구제 헌금을 내야 했으나, 강요된 것은 아니었다.[29] 성직자들은 손대접을 해야 했지만 그들의 손대접 기록은 가지각색이었다. 중세 후기에는 "손대접이 축소된 것"에 대한 많은 항의까지 있었다. 성직자들이 자리를 지키지 않았다거나 기금 유용, 자격이 없는 사람들에게 성직을 준 것 등에 대한 불평들이 있는 것으로 미루어 보건대, 빈민구제 행정이 고르지 못하게 이루어졌음을 알 수 있다.[30] 가난한 사람들에 대한 손대접이 때로는 마구잡이식 자선행위에 국한되었으며, 손대접이 그런 자선행위와 동일하게 여겨지기도 했다.

이 시기 사회경제적 변화들이 일어나면서 지방에는 부랑자들이 엄청나게 증가했으며, 14세기 중반 이후 당국자들은 "빈민구제 문제는 부랑자 억제 문제와 뗄 수 없이 서로 뒤얽혀 있다"고 생각하게 되었다. 많은 수의 부랑자와 "주인 없는 사람들"이 "손대접 유지"를 훨씬 더 복잡하게 만들었던 것이다.[31]

중세 후기, 성직자와 평신도 명문가들은 의도적으로 손대접을 권세와 영향력을 확보하고 부와 지위를 과시하는 것과 연관시켰다. 그들은 권세와 영향력을 갖기 위해서 "자신의 부양가족들에게 필요한 것을 모두 가지고 있음을 보여주거나 동맹군이나 적들만큼, 아니면 그들을 능가하는 힘을 가지고 있음을 가급적 보여주어야"[32] 했다. 고관 방문객들을 대접하려면 엄청난 비용이 들어갔지만, 그럼에도 불구하고 그것은 자신의 지위를 과시하기 위해 꼭 필요했다. 대접을 포기하는 것, 손대접을 제공할 능력이 없게 되는 것, 혹은 다른 명문가의 손대접에 의지하지 않을 수 없게 되는 것은 권세와 영향력이 쇠퇴했음을 나타내는 분명한 증거였다.[33] 가용재산은 많지 않았으나(화폐경제 자체는 아직 존재하지 않았다), 귀족들은 여분의 재산을 전략적인 손대접을 통해 소비했다. 이것은 봉건제도의 특징인 영주와 가신, 교회와 귀족간의 상호의존이라는 복잡한 결속들을 만들어 내고 강화시켰다.

15세기 초 영국에서는 평신도 귀족 집안뿐 아니라 감독들의 집안 역시 권세를 과시하는 데 관심을 가졌는데, 그들의 권세가 어느 정도인지는 어떠한 규모로 얼마나 성대하게 사람들을 대접했는지에 따라 입증되는 경우가 많았다. 그런 손대접에는 "지위와 권세에 대한 존중"[34]이 포함돼 있었다. 성대한 손대접은 "이웃과 좋은 관계를 맺고, 공동의 안정을 보장하며, 국가의 일반적 복지를 증진하는 수단으로 인식되었다."[35] 모든 사람들이 영접을 받았지만, 지위가 낮은 사람은 다른 식탁에서 질 낮은 음식을 먹었고 다른 숙소에서 잠을 잤다. 지위에 따라 빵과 식탁보의 종류, 자리 배열 등이 달랐다.[36] 집 안의 종과 부양가족들을 대접하는 경우를 제외하고, 가난한 사람들에게 음식을 제공하는 일은 대부분 집 안이 아니라 문간에서 이루어졌다.

중세가 끝날 무렵, 나그네와 가난한 사람들을 물질적으로 보살펴 주는 손대접과 개인적으로 사람을 접대하는 손대접 두 가지가 완전히 별도로 발전했다. 다양한 시설, 예배 공동체가 손대접이 이루어지는 중요한 장소로서의 역할을 상실하고, 대상에 따른 차별적 보살핌 등으로 인해 손대접이 지닌 사회변혁의 잠재력은 사라져 버렸다.

종교개혁 및 근대 초기의 상황

16세기, 엄청난 사회적 혼란과 중요한 경제적·정치적 변화들이 일어나는 가운데에서도 손대접에 대한 논의는 계속되었다. 이 시기 많은 명문가들—수도사, 성직자, 평신도—이 포위공격을 당했고 봉건제도와 장원제도는 무너지고 있었다. 부랑자 문제는 절정에 달했다. 이동, 도시화, 전염병, 전쟁, 교역의 증가 등으로 시골 공동체들이 와해되고 "주인 없는 사람들"—어떠한 사회적 연계망으로부터도 떨어져 나간 사람들—의 집단이 늘어났다. 전통적인 손대접은 점차 부랑자와 지역의 가난한 사람들의 필요를 제대로 채워 주지 못하게 되었다.

16세기의 개신교 종교개혁자들은 손대접 관행을 재규정했다. 그들은 중세 후기 손대접과 연관된 사치와 방종과 낭비를 가차 없이 비판했다. 그들은 부자를 지나치게 대접하는 것이나 가난한 사람들을 무차별적으로 도와주는 것을 모두 거부하고, 가난한 사람들과 궁핍한 유랑자들을 돌보는 데 초점을 맞춘 성경적이고 초기 기독교의 교부적인 손대접으로 돌아갈 것을 명했다. 그들은 손대접할 때 검소함과 분별력을 발휘해 질서정연하게 할 것을 강조했다. 이는 중산층의 발흥과 종교개혁의 영향이 서로 중대한 연관을 지니고 있음을 반영한다.

16세기에는 많은 개신교도들이 핍박을 피해 난민이 되었기 때문에 궁핍한 나그네들에게 손대접을 베푸는 것은 다시금 상당 부분 도덕적 신뢰를 얻게 되었고, 실제적으로 도움이 되기도 했다. 캘빈은 이러한 사람들을 영접하는 것은 가장 "신성한" 종류의 손대접이라고 강조했다. 그는 제네바와 프랑크푸르트의 시 지도자들이 난민들에게 시를 개방하여 손대접을 베푼 것을 칭찬했다.[37] 손대접은 초기 개신교도들이 당시의 종교적·정치적 대격변 속에서 살아남아 활동하는 데 중요한 역할을 했다. 또한 초기 재침례교도들이 핍박을 피해 떠난 신도들과 순교자들의 가족들을 돌보는 데도 손대접은 중요했다.[38]

루터와 캘빈은 성경을 연구하면서, 손대접이 당시 어떻게 시행되어야 하는지를 제한적이기는 하지만 분명하게 살펴보았다. 둘 다 시의 지도자들과 경건한 그리스도인 가정들이 앞장서 손대접을 해야 한다고 보았다. 종교개혁은 일상생활의 가치에 대해 새롭게 인식하는 계기가 되었으며, 루터와 캘빈은 세상에서 신실한 노동을 하는 것이 얼마나 중요한지를 신학적으로 지지해 주었다.

그들은 옛 자료들을 살펴보면서 다시금 교회를 중요한 손대접 장소로 삼으려고 한 것은 아니었다. 대신 시와 가정에서 손대접을 해야 한다고 생각했다. 루터는 하나님께서 정하신 사회에서는 시와 가정의 영역이 핵심이라고 보았다. 시와 가정에서 행해지는 손대접은 중요하기는 했지만, 사람들을 평등하게 하거나 사회적으로 변혁시킬 만한 영향력은 없었다. 집주인들은 자기 집에 확고히 자리잡고 있었고, 손대접이 유용하기는 했어도 사회적 역할이나 관계에 도전을 주지는 않았다. 경건한 집주인들은 하나님께 순종하는 마음으로, 궁핍한 다른 사람들을 실제적으로 돕기 위해 손대접을 했다. 그들은 나그네를 영접하면서 보답을 바라거나 하나님과 특별히 만날 것을 기대하지는 않았다. 손대접의 성례적 성격은 줄어들었으며, 그것은 주로 인간을 돌보는 것에 대한 평범하지만 귀중한 표현이 되었다.

종교개혁자들은 손대접이 "신성한" 행위임을 인정하면서도[39] 거기에 신성한 위치를 부여하지는 않았다. 일상생활의 가치를 강조한 나머지, 그들은 기독교 손대접에 대한 이전의 설득력 있는 이해의 배경이 된 신비함을 일부 훼손했다. 교회는, 온 교인이 스스로를 손님이라 인식하는 교회 중심의 손대접을 행하던 처음 몇 세기 동안만 변화된 사회적 관계를 유지할 수 있었다.

손대접을 시와 가정에서 담당해야 할 것으로 규정함으로써 나타난 장기적인 결과들은 의미심장한 것이었다. 손대접의 공적이고 도시적인 차원—병원, 빈민 구제, 난민에 대한 책임에서부터 인권과 평등에 대한 후대의 관심에 이르기까지—은 공적인 영역이 점차 세속화됨에 따라 기독교적 뿌리에서 분리되었다. 동시에 가정이라는 영역은 더욱 개인화되었다. 집은 더욱 작아지고 더욱 사적인 곳이 되었으며, 나그네를 영접할 수 있는 능력이나 영접하려는 마음은 점점 줄어들었다. 교회가 손대접의 기본 장소로 거의 주목받지 못하게 되면서 기독교적 손대접을 제도화할 수 있는 환경은 줄어들었고, 손대접을 교회의 중요한 일 중 하나로 이해하는 경우도 거의 사라져 버렸다. 개신교 교파들이 증가하면서, 다양성과 자발성을 지닌 개신교에는 그들과 상당히 다른 사람들을 받아들일 만한 제도적 환경도 없어지게 되었다.

존 웨슬리와 18세기의 영국 감리교도들은 기독교 손대접 역사에서 중대하지만 모호한 역할을 한다. 공동체들의 결속이 약화되던 시기, 감리교 소그룹 모임을 통해 개인들은 정기적으로 강력한 영향을 주고받으며 관계를 형성하고, 새로운 신자들을 돌볼 수 있었다. 이 가운데 많은 모임들이 감리교 신자들의 검소한 집에서 이루어졌으며, 교회와 가정을 다시 통합시켜 주었다. 이러한 구조들은 웨슬리의 사역에 필수적인 것으로, 영적 성장을 위한 조직적 배경을 제공하고, 병든 자와 믿음이 흔들리는 자들을 돌보았으며, 가난한 사람들을 위해 헌금을 하기도 했다.

웨슬리는 사회적·영적 변혁을 위해 의도적으로 초대교회와 초기 기독교 교부의 모델들을 이용했다. 그는 친밀한 공동체를 "기독교가 시작될 때부터 있었던 바로 그것"[40]이라고 보았다. 그는 애찬을 시작하면서 함께 식사를 나누는 관행을 회복했다("우리는 그것을 애찬이라고 불렀으며, 그 관행을 계속 유지했을 뿐 아니라 처음부터 사용하던 그 이름도 계속 그대로 사용했다"). 음식은 검소했다. 사랑의 향연과 다른 정기 모임들은 신자들이 서로 밀접하게 연합할 수 있도록 해주었다.

웨슬리는 과부와 스스로 자급하지 못하는 사람들을 위해 특별한 집을 만들었다고 기록했다. 웨슬리와 그 지역 감리교 집사들은 집을 몇 채 구해 쾌적한 시설을 갖추고 방이 허락하는 한 많은 과부들을 받아들였다. 웨슬리의 기록에 따르면 이 집에서 보살핌을 받던 과부, 병약한 사람, 어린이들 외에도 네댓 명의 설교자들이 거기서 함께 식사를 했다.

> 시내의 다른 설교자들과 마찬가지로, 나 자신도 가난한 사람들과 같은 상에서 같은 음식을 먹는다. 우리는 이렇게 하면서, 우리 하나님 아버지 나라 안에서 함께 떡을 떼는 편안하고 진지함을 누린다.[41]

이처럼 가난하고 약한 사람들과 영향력 있는 지도자들이 함께 어울리는 것은 손대접에 대한 초기 기독교적 이해로 돌아간다는 또 다른 중요한 표지였다. 가난한 사람들을 위해 별도의 기관이 설립되기는 했지만, 그것과 동시에 서로 다른 계층 사람들 간의 경계를 무너뜨리기 위한 의도적인 노력도 있었다. 서로 다른 부류의 사람들이 모여 나누는 식탁의 교제는 모두를 더 가깝게 만들어 주었으며, 앞으로 있을 하늘의 잔치가 얼마나 다양한 것인지를 보여주었다. 웨슬리는 과부들을 위한 이러한 집이 하나님 나라뿐 아니라 사도들이 만든 기관들을 반영한 것이라고 기뻐했다.

> 이 집이 생겨난 이래 나는 이 집을 주신 하나님을 찬미했다. …그렇게 할 의도는 없었지만, 우리가 사도 시대의 다른 기관들을 모방한 것이 헛된 일은 아니었다. 이제 나는 세상을 향해 "와서 그리스도인들이 서로 사랑하는 것을 보시오!"라고 말할 수 있다.[42]

이 집들은 단체모임과 공동식사와 같은, 참석자들이 사회적 차이를 어느 정도 초월할 수 있는 독특한 공간을 만들어 냈다. 웨슬리는 초기 교회의 글들을 마음 깊이 새겼으며, 그가 세운 시설들과 그의 관심사들은 그것들의 영향을 반영하고 있다. 그러나 그는 그 일을 "손대접"이라고 꼭 집어 밝히지는 않았다.

웨슬리는 종종 교구민들에게 집에 있는 가난한 사람과 병든 사람들을 심방하고 그들의 육체적·사회적·영적 필요를 가능한 한 많이 도와줄 것을 권면했다. 초기 감리교도들은 나그네, 가난한 사람, 어린아이들 등의 필요를 돌보기 위해 소규모 시설들을 많이 만들었다. 웨슬리는 다양한 부류의 사람들이 얼굴을 맞댈 정도의 친밀한 관계를 맺을 것을 강조했는데, 이것 역시 아주 예전의 관행으로 돌아가는 것이었다. 초기 감리교도들은 손대접이라는 용어를 사용하지는 않았지만, 그들이 창출해 낸 장소와 관행은 손대접의 역동성과 변혁시키는 힘을 어느 정도 회복한 것이었다. 하지만 그들이 자신들의 일을 "손대접"이라고 부르지 않았기 때문에 사실상 손대접의 역사적 전통은 상실되어 버렸다. 이러한 이유로 이후 개신교 세대들은 개신교 설립자들과 신학자들에게 손대접이 얼마나 중요한 것이었는지 좀처럼 인식하지 못하게 되었다.

19세기 미국에서 급격히 늘어난 자선단체 활동에서 손대접의 몇몇 측면을 볼 수 있다. 독실한 그리스도인들은 도시 내의 이민자와 이주자들을 돕기 위한 프로그램과 프로젝트를 개발했다. 그들은 때로 자신들이 하는 일을 나그네 손대접으로 이해했다. 도시빈민 사역은 새로 도시에 유입된 사람들이 도시생활에 쉽게 적응하는 것을 도왔고, 가난과 질병과 문맹 문제를 다룸으로써 도시의 버림받은 사람들에게 도움이 되었다. 이런 기관들은 특정한 관심사를 중심으로 모인 개인들로 이루어지는 경우가 많았다. 교회 회중이 그런 일을 하는 경우는 드물었기 때문에 상호 도움을 주고받는 도덕적 결속체들을 후원해 줄 수 있는 공동체 기반은 없었다. 이는 부분적으로, 손대접을 하는 사람들과 받는 사람들 사이에 평등을 이루고자 하는, 진정한 연관이라도 맺고자 하는 내적 압박이 없었다는 의미였다. 자발적으로 관련을 맺음으로 참여자들은 체계적이고 효율적으로 특정한 필요에 초점을 맞출 수 있게 되었다. 그러나 음식, 의복, 쉼터 등에 대한 필요가 해결되어도 공동체에 참여하고자 하는 욕구는 충분히 채워지지 못했다.

기독교적 손대접의 역사 배경을 이같이 간단하게 살펴보아도, 큰 변혁을 일으키는 손대접 관행은 여러 제도가 중복되는 가운데 생겨났다는 것을 알 수 있다. 여기에서 역할들은 더욱 유동적이 되고, 전통적인 이해에 따라 한 개인의 지위가 규정되는 경우는 더욱 적어지게 된다. 인류학자 빅터 터너(Victor Turner)는 이것을 역(liminal, 의식작용이 일어났다 사라졌다 하는 의식의 경계—옮긴이) 영역이라고 부른다.[43] 또한 여기에서 가장 강력한 공동체가 생겨나기도 한다. 집과 교회가 겹쳐질 때 가장 개인적인 상호작용과 가장 중대한 제도적 기반이 결합되어, 사회적 차이를 극복하고 공동체를 형성할 수 있게 된다.

그리스도 안에서 모든 신자들이 평등하다는 성경의 주장은, 비록 그것이 일상 생활에서 실행되는 경우는 흔치 않지만 교회 안에서 평등이 하나의 규범이 되도록 했다. 손님/주인 간의 관계나 교회 모임 안에서 이러한 평등이 실현되었을 때, 그것은 가슴 벅찬 전망을 제공해 주었으며 때로는 널리 퍼져 있는 사회적 합의들에 도전을 가하기도 했다. 종종 함께 식사를 나누는 가운데 사회적 경계가 다시 그어지거나 재형성되기도 했지만, 식사는 일상적인 것과 신성한 것을 결합시켜 주었고 하늘나라를 기대하면서 전통적인 관계들에 도전을 가했다.

손대접 역사에서 가장 중대한 변화 가운데 하나는, 초대 교부시대 이후 교회가 일차적인 손대접 장소로서의 역할을 잘 감당하지 못하게 되면서 일어났다. 손대접은 전문기관에서 시행되었을 뿐 아니라 교회보다는 감독의 집에서 이루어지게 된 것이다. 수세기가 흐르는 동안 감독의 집은 물질적 부와 정치적 권세를 얻게 되었으며, 당시의 사회적 합의들을 반영하고 강화하는 경향이 있었다.

현대적 상황과 손대접 관행

지난 2세기 동안 일어난 중대한 변화들로 인해 현대에는 손대접이 중요하지만 어려운 일이 되었다. 원래 집 안에서 행해지던 활동들—일, 종교적 행사, 보호, 교육, 병든 자를 돌보고 노인을 봉양하며 나그네들을 돌보는 일 등—이 이제는 각각 별도의 시설에서 이루어지고 있다. 각 영역에는 그 나름의 문화, 규칙, 전문가들이 있다. 각 영역의 전문가들은 봉사하는 대가로 보수를 받는다. 나그네를 개인적으로 돌봐 주고자 할 때, 우리는 종종 전문가들을 의지하라는 분명한 제도적 압력을 받게 된다.

나그네를 어떤 가정이나 교회로 영접하는 것은, 서로 관계를 형성하고 돌보는 살아있는 공동체로 그들을 데려오는 것이다. 전문시설에서 사회적 연계망을 유지하는 것은 훨씬 더 문제가 많은데, 공급하는 자와 받는 자 사이의 유대가 훨씬 더 제한되어 있기 때문이다. 육체적인 필요는 채워질지 모르지만, 사회적 정체성과 관계에 대한 필요성이 간과될 뿐 아니라 때로는 강화되기도 한다.

손대접은 개인적인 것이면서도, 한편으로는 제도에 뿌리를 박고 있는 관행이다. 그것은 정체성, 역사, 목적을 지닌 기관들을 필요로 한다. 그 기관이 가정이든 교회든, 더 큰 공동체든 간에 말이다. 효과적인 손대접은 부분적으로는 그 기관들이 얼마나 생명력이 있는가에 따라 좌우된다. 현대의 매우 전문화된 대규모 기관, 문화적 다원주의, 가정과 교회의 제도적 생명력에 대한 관심 때문에, 오늘날 손대접을 회복하려는 시도는 훨씬 더 복잡하다.

도시화 및 산업화와 더불어 가정은 더욱 작아지고 사적인 곳이 되었다. 가정은 세상으로부터 물러나 은거하는 소중한 곳으로서 그곳으로 나그네를 들이려는 사람은 거의 없다. 프라이버시 문제가 나그네를 손대접하는 일을 더 위험스럽게 만들었다. 집주인이나 손님들이나 사람들의 눈에서 가려져 있을 때는 더 상처입기 쉽다. 처음 나그네를 만나 그들과 어느 정도 친숙하게 되는 데 필요한 "문지방" 혹은 성문을 제공하는 기관들은 거의 없다.

문제는 집이 사적이고 은밀한 곳이 되었다는 사실보다는, 지역 공동체가 실종된 것과 더 관련이 있을 것이다. 현대의 어떤 문화들은 손님접대를 잘한다. 그들은 이웃과 활기차게 왕래하며 개인적인 공간이라 해도 그렇게 사적인 곳은 아니다. 이런 환경에서 주인은 나그네들이 위험한 손님으로 판명되면 이웃들에게 의지할 수 있다. 손님들은 주인의 행동이 남들 눈에서 벗어나 있지 않으리라는 사실 때문에 더욱 신뢰하게 된다.

대부분의 인간 역사 속에서 가정이 손대접에 필수적인 곳이었음이 분명하지만, 오늘날 가정이 어려움에 빠져 있다는 사실 역시 분명하다. 가족들은 불안정하다. 집에 아무도 없는 경우도 종종 있다. 기독교 손대접의 미래는 부분적으로는 집과 가정의 미래와 결합돼 있다. 손대접을 회복하려면 사역의 중심 장소로서의 가정을 되찾아야 하고, 그 다음으로는 가정과 교회를 다시 연결시킴으로써 두 기관이 세상을 위해 협력하여 일할 수 있게 해야 할 것이다.

또한 손대접의 미래를 위해 우리의 경제적 영역과 일상 일과의 관계를 창조적으로 재정립해야 할 것이다. 가정 중심의 의미 있는 손대접을 하기 위해서는 누군가는 집이 되어야 한다. 우리 사회 대부분의 집들이 규모가 작은 것에 비추어 볼 때, 몇 가정이 함께 살거나 손대접의 견고한 기반을 제공할 수 있는 작은 공동체를 형성하는 것 역시 중요할 것이다.

현대의 손대접 공동체들은 풍성한 손대접을 촉진해 왔다. 그러한 공동체들은 나그네를 하나의 가정보다는 더 규모가 크고, 많은 경제적 활동을 포함하는 온전한 가정으로 맞아들인다. 어떤 방문객의 고백처럼, 어떤 의미에서 이러한 공동체들은 모든 가족이 집에 있으면서 집 안에서 경제활동이 이루어지던 산업화 이전의 집으로 돌아가는 것이다. 이 공동체들은 풍성한 이야깃거리를 갖고 있으며, 함께 헌신하고 의식에 참여한다. 게다가 그들은 영적으로 활기찬 삶을 유지하고 있다. 여러 면에서 그런 집들은 집과 교회가 중복된 상태로 회복된 것이다.

우리는 손대접의 핵심 배경인 가정과 교회 모두를 회복하는 것이 매우 중요하다. 그러나 손대접과 관련된 어떤 문제들은 집이나 교회로서는 제대로 다룰 수 없다. 우리는 현재 정부 및 규모가 큰 기관들이 공급과 보호에 중요한 역할을 수행한다는 것도 인식해야만 한다. 또한 우리는 가난한 사람과 이방인을 위해 어느 정도 구조적 후원이 필요하다는 것도 과소평가해서는 안된다. 하지만 개인적 손대접은 현대생활에서 중요한 자리를 차지하고 있으며, 기독교 손대접의 중심 교의들은 여전히 현대의 기관들이 보다 인도적이고 사람 지향적으로 일하도록 도전한다.

2 전통을 다시 생각하라

4. 손대접, 존엄성, 인정받는 것이 지닌 힘

바리새인들과 저희 서기관들이 그 제자들을 비방하여 가로되 너희가 어찌하여 세리와 죄인과 함께 먹고 마시느냐.

누가복음 5:30

우리는 손대접을 종종 유하고 기분좋은 일로 생각하지만, 기독교 손대접에는 언제나 현상을 타파하려는 반문화적인 차원이 있다. 가톨릭 워커에서 일하는 어떤 사람이 말한 것처럼 "손대접은 저항이다."[1] 특히 일반사회가 특정인들을 무시하거나 모욕할 때는, 작은 존중과 영접 행위도 대단한 영향력을 지니게 된다. 그런 행동들은 뭔가 다른 가치관과 관계의 모델을 보여준다.

오늘날 가장 복잡한 정치적·윤리적 갈등의 일부는 사람들을 평등한 존재로 인식하거나 대하는 것과 연관되어 있다. 상대방을 인정하기 위해서는 모든 사람의 존엄성과 평등한 가치를 존중하고, 전체 공동체에 대한 그들의 기여, 혹은 적어도 잠재적 기여를 소중히 여겨야 한다. 다른 사람들을 인정하려는 노력은, 독특한 문화적 전통들을 귀중히 여긴다는 것이 무슨 의미인지—특히 특정한 전통 때문에 사람들이 사회적으로 손해를 보고 배제당할 때—를 물어보게 한다.[2] 인정과 존엄성에 대한 논의는 기본적인 인권 및 정체성에 대한 관심을 중심으로 하고 있는 것이다.

교회사를 살펴보면, 그리스도인들은 손대접에 대해 논의하고 실천하면서 상대방을 인정하는 것과 인간의 존엄성에 대해 많이 다루었다. 특히 나그네와 관련해, 손대접은 사회적 차이를 초월하고 특정한 범주나 부류의 사람들을 배제하는 사회적 경계를 깨뜨리는 것이 얼마나 중요한지 보여주는 기본적 행위였다. 손대접은 세상적 기준에서 보면 하잘것없는 사람들의 가치를 인정해 주는 일이었다.

손대접 행위는 사회적 관심사와 도덕적 유대를 확립하고 강화하는 데 매우 중요하기 때문에, 우리는 사회에서 무시되는 사람들이 영접받을 때라야 비로소 현상을 타파하는 손대접의 특성을 감지하게 된다. 이미 공동체 안에 확고한 위치를 차지하고 있는 사람들만 영접하는 무기력한 손대접과는 대조적으로, "지극히 작은 자"를 영접하고 그들의 평등한 가치를 인정하는 손대접은 일반사회의 가치관과 기대에 대한 저항과 도전의 행동이 될 수 있다.

사람들은 손대접을 뭔가 기이하고 무기력한 것으로 보는데, 그것은 부분적으로는 인정받는다는 것이 얼마나 큰 힘을 지니고 있는지 그들이 이해하지 못하기 때문이다. 사회에서 존중받지 못하는 사람이 사회적으로 존중받는 사람이나 집단에 의해 존엄성과 가치를 지닌 존재로 영접받을 때, 거기에는 작은 변혁이 일어난다. 그 경우 사회적 평가와 연관되어 있는 그 사람의 자기 평가는 높아진다. 그러한 행동들은 문화를 역류하는 것이기 때문에 그들은 일반사회에 증인이 되어 일반사회가 가지고 있는 기준과 가치평가 방법들을 재검토하도록 도전한다. 일반사회에서 대수롭지 않게 평가받는 사람들은 본질적으로 눈에 띄지 않는다. 사회적으로 사람들 눈에 띄지 않을 때 그들의 필요와 관심사들은 인식되지 못하며, 아무도 그들이 당하는 불의를 눈치채지 못한다. 그런 면에서 손대접은, 그들이 사람들의 눈에 띄고 존중받도록 하는 작은 몸짓이 될 수 있다.

정치 철학자 마이클 왈저(Michael Walzer)는 자유로운 인식 또는 평등한 존엄성이라는 개념은 유대-기독교 전통에서 생각할 수 있다고 말한다. 그것은 하나님께서 "사람들을 그들의 세상적 지위와 상관없이 평가하시고" 신자들에게 "특정한 사회적 회의주의를 고취시키는" 하나의 모델을 제공하셨기 때문이다.

그러나 그는 종종 "종교교리가 기존의 계급조직을 비준해 주고, 종교기관들은 그것을 재빨리 복사했다"[3]는 것 역시 인식한다. 손대접의 역사는 이러한 모호함—때로는 그것이 계급조직에 도전해 변화시켰으며, 때로는 그러한 계급조직을 강화시킨 것—을 반영하고 있다.

손대접과 사람을 인정하는 것 사이에 역사적 연관성이 있음을 이해하는 것은 몇 가지 이유 때문에 중요하다. 손대접할 때 이전의 그리스도인들도 오늘날 우리가 고민하는 것과 동일한 몇 가지 문제—사회경제적·인종적 불의, 가난한 자, 병든 자, 고아, 노인을 소홀히 대하는 문제—로 씨름했다. 그들은 때로 성공하고 때로는 실패했지만, 그들의 이야기는 대부분 사라져 버렸고, 그들의 자원들은 간과되었다.

손대접과 인정받는 것 사이의 오랜 연관성을 주목해야 하는 또 다른 이유가 있다. 어떤 그리스도인들은 평등, 인권, 인정받는 것 등에 대해 논의하는 것을 조심스러워하는데, 그것은 이런 관심사들이 세속적인 철학, 정치이론, 사회학 등에서 들어온 것이라고 가정하기 때문이다. 그러나 이 관심사들은 고대 히브리-기독교 신앙과 그 실천에 깊이 뿌리박고 있다. 이것을 깨닫게 되면, 정치적 논의에서 원만하지만 책임 있는 자리를 요구할 수 있다. 우리의 신학적 전통과 역사적 관행을 통해 적절한 기여를 하면서 말이다.

인정과 존중은 추상적인 주장이나 헌신만으로는 이루어지지 않는다. 그런 것들이 조금이라도 의미를 지니려면 구체적인 일상의 관계 속—가정, 교회, 공동체, 정치적 영역—에서 실제 삶으로 나타나야 한다. 개별적으로 사람들을 인정해 주고 가정으로 영접하며 친밀한 공동체를 형성하는 것이 매우 중요하다. 또한 국가 차원에서 광범위하게 익명으로 인정해 주는 것 역시 중요하다. 비인격적이고 다소 거리가 있기는 하지만, 개인의 가치와 권리를 정치적으로 인정하고 보호해 주는 것은 매우 중요할뿐더러, 제한된 규모의 개인적 손대접이 지닌 위험들을 감소시켜 준다.[4]

기독교적 손대접은 모든 사람을 평등하게 영접함으로써, 계층을 구분하는 일반사회와는 반대 방향으로 나아간다. 기독교 손대접은 일반적인 사회경제적 상황에서 불리한 처지에 있는 사람들을 보호하고 구해 주기 위해 사회구조라는 속박 안에서 일하는 경우가 많다. 때로는 그러한 사회적 상황에 분명하게 문제를 제기하기도 하지만, 손대접은 그러한 상황 속에서 최악의 결과가 오지 않도록 하면서 가장 궁핍한 사람들을 곤경에서 구해 주는 경우가 많다. 손대접은 사람들의 인간성을 부인함으로써 그들을 위험에 빠뜨리는 경계들에 저항한다. 손대접은 또한 사회적으로 버림받고 눈에 띄지 않는 사람들을 구해 주기도 한다. 때로는 나그네를 영접하는 바로 그 행동이 전체 사회에 비전을 제시하고 관계들을 변혁시키는 작은 증거가 되기도 한다.

정치적·종교적으로 핍박받는 좀더 극단적인 경우, 손대접은 난민들의 필요를 채워 주는 중요한 수단이 된다. 손대접 가정, 도피성, 지하궤도, 성소의 전통은 위험을 피해 도망하는 사람들의 생명을 구해 주었다. 이러한 손대접을 행하는 사람들은, 권력을 장악하고 있는 사람들에게 저항하다가 목숨을 잃기도 했다.

인정하는 것의 기초

그리스도인들은 신학적으로 어떤 이해를 가지고 있을 때 서로의 차이를 초월하고, 무관심에 저항하며, 폐를 끼치는 나그네들을 영접할 수 있을까? 16세기 존 캘빈은 나그네에게 자비로운 반응을 보이는 것에 대한 가장 포괄적인 기초를 개진했다.

> 그러므로 당신의 도움을 필요로 하는 사람을 만나면 그가 누구이든 그를 돕는 일을 거부할 핑곗거리가 없다. 설령 "그가 낯선 사람"이라고 하더라도, 주께서는 당신이 그를 알아볼 수 있는 표시를 주셨다. 주님은 당신의 골육을 멸시하는

것을 금하시기 때문이다(예를 들면, 사 58:7). 설령 "그는 멸시할 만하고 무가치하다"고 하더라도 주께서는 그가 하나님의 아름다운 형상을 부여받은 존재임을 보여주신다. 당신이 그에게 아무런 신세도 진 적이 없다고 하더라도 하나님께서 당신에게 주신 많고도 큰 유익들을 그에게 행해야 한다는 것을 깨닫도록 하기 위해, 하나님은 그를 그 위치에 두신 것이다. 그가 최소한도의 노력마저 들일 만한 가치가 없는 존재라고 하더라도 그가 지니고 있는 하나님의 형상으로 인해, 그는 당신 자신과 당신의 모든 소유물을 줄 만한 가치를 갖고 있는 것이다.[5]

캘빈은 다른 무엇보다도 모든 인간이 하나님의 형상을 지니고 있다는 확신이 나그네를 대하는 방법을 결정하는 요인이라고 보았다. 하나님의 형상을 지니고 있다는 의미는, 각 사람이 악행을 당하거나 곤궁함에 의해 손상돼서는 안되는 근본적인 존엄성을 지니고 있음을 확증하는 것이다. 그러나 캘빈에게는 우리가 공통된 인간성을 지니고 있다는 단순한 사실이 다른 사람을 인정하고 존중하는 기초가 되었다. 인간이라는 그 자체로 우리 각자는 다른 사람들을 우리 자신처럼 인정해야 한다는 것이다. 각 사람은 다른 사람을 위해 지음받았으며, 다른 사람들에게 의존한다. 그러므로 각 사람은 다른 사람의 고난과 필요를 함께해야 한다.

우리는 사람이 어떤 존재이며 어떤 가치를 지니고 있는지만을 생각하는 것이 아니라 그 이상까지 나아가야 한다. 우리가 하나되고 서로 연합하도록 세상에 두신 분은 바로 하나님이시라는 사실 때문이다. 하나님은 우리 안에 그분의 형상을 새겨 두셨고 공통의 본성을 주셨다. 그로 인해 우리는 서로 다른 사람을 돕고자 하는 마음을 가져야 한다. 이웃을 돌보는 일을 면제받고자 하는 사람은 자기를 손상시키는 것이며, 더 이상 인간이 아니기를 선포하는 것이다. 우리가 인간인 한, 우리는 거울을 보는 것처럼 가난하고 멸시받고 지치고 무거운 짐을 지고 신음하는 사람들 안에 나타난 우리의 얼굴을 깊이 묵상해야 한다…. 이교도나 야만인이 온다고 해도, 그 역시 사람이기 때문에 그는 우리의 형제이며 이웃임을 비춰 주는 거울을 가지고 온다. 우리는 하나님께서 불가침한 것으로 정하신 자연의 질서를 폐할 수 없기 때문이다.[6]

우리 자신이 궁핍한 사람들의 입장이 되어 볼 수 있을 때, 우리 자신이 연약하여 다른 사람을 의존할 수밖에 없었던 때를 기억할 때, 그때에야 비로소 우리는 궁핍한 사람들이 당하는 고통을 깊이 느낄 수 있다. 심지어 우리가 전혀 알지 못하는 사람들과도 이러한 공감대를 형성할 수 있다. 캘빈은 가난한 사람들을 볼 때 이렇게 생각해 볼 것을 권면한다. "나도 그런 상황에 처한 적이 있었고 분명 도움받기를 원했지. 사람들이 정말 나를 돕고자 했다면 나를 동정했어야 했겠지."

하지만 [보통의 경우는] 어떠한가? 편안할 때 우리는, 우리의 인간적 빈곤함을 기억하지 않는다. 오히려 그런 것으로부터 면제되어 있으며, 우리는 더 이상 그 같은 계층에 속하지 않는다고 생각한다. 그리고 바로 잊어버린 채, 고통을 견디는 이웃의 모든 것에 대해 어떤 긍휼함도 갖지 않는다.[7]

캘빈은 나그네를 성경적, 계층적, 초기 기독교의 교부적 전통과 인도주의적으로 이해하면서 글을 썼다. 그는 그처럼 다양한 전통에서 나온 통찰들을 모아 하나의 신학적 해석으로 만들었는데, 그것은 손대접과 나그네에 대한 이전의 이해와는 다소 다른 것이었다. 그는 나그네에 대해 묘사하면서, 사회적 단절에서 오는 위험과 공동체 안에서 자기 위치와 관계를 갖지 못할 때 나타나는 해악을 강조했다. 그는 하나님의 형상을 지닌 인간들이 고난과 취약함도 함께 경험하는 것을 통해, 서로가 연관되어 있다는 것을 신학적으로 강조하면서 이 문제를 해결하려고 했다. 상호 존중과 보살핌에 대한 이 같은 광범위한 기초 때문에 인정하는 것에 대한 관심—이는 기독교 손대접에 없어서는 안되는 것이었다—은 인정과 인권에 대한 근대 초기의 정치적 담화에 중대한 토대를 제공했다.

18세기 존 웨슬리는 이와 동일한 관심사들을 다소 다른 각도에서 다루었다. 그는 모든 사람을 존중하고 사랑하라는 성경의 명령을 결합해서, 사람의 가치에 대한 세상적 평가를 변화시켜야 한다고 설명했다.

> 가련하고 비참한 사람이 내게 한푼 달라고 외쳤다. 나는 그가 먼지를 뒤집어쓴 채 누더기를 걸치고 있는 것을 보았다. 하지만 그것들을 통해 나는 불멸의 영혼, 하나님을 알고 그분을 사랑하며 영원토록 하나님과 함께 거하게 된 한 사람을 보았다. 나는 그를 창조하신 하나님으로 인해 그를 존중한다. 나는 이 모든 누더기를 통해 그가 그리스도의 피로 온통 붉게 덮여 있는 것을 본다. 나는 그를 구속하신 분으로 인해 그를 사랑한다. 그러므로 내가 그에게 느끼며 그에게 표하는 예의는, 하나님의 자손, 그분께서 아들의 피로 사신 것, 그리고 장차 불멸할 사람에 대한 존경과 사랑의 혼합물이다. 이러한 예의를 모든 사람에게 보여줘 느끼도록 하자. 그렇게 하면 모든 사람이 기뻐하며 세워지게 될 것이다.[8]

모든 사람은 그들 안에서 그들을 위해 행하신 하나님의 일 때문에 존경받을 만한 가치가 있는 존재다.

웨슬리는 존중과 인정에 대해 초대 기독교 교부들과 개혁주의자들보다 더 폭넓게 이해했다. 모든 인간은 영원을 위해 하나님에 의해 창조되었고, 그리스도에 의해 구속되었으므로, 모든 사람은 세상의 어떤 상태와 지위에 상관없이 당연히 기본적으로 존중받아야 한다는 것이다. 뿐만 아니라 각 사람은 어떤 종교를 믿든 어떤 생활방식을 영위하든 상관없이 보살핌을 받을 가치가 있다. 예수님은 "지극히 작은 자"와 동일화되심으로, 이러한 보살핌을 베풀라고 촉구하신 것이다.

캘빈과 웨슬리는 존중과 인정에 대한 기독교의 풍성한 자원들을 압축해 표현했다. 인간이 공통성을 지니고 창조된 것, 하나님의 형상이라는 것, 서로 의존하며 고난의 경험을 나눈다는 것, 누구나 다 구속받을 필요가 있다는 것 등에 대한 그들의 강조는, 우리에게 다른 사람을 인정하고 동정하게 하는 포괄적인 틀을 제공한다.

모든 나그네 안에서 예수님을 인식함

기독교 손대접 역사와 실천에서 중요한 본문인 마태복음 24:31-46은, 상대방을 인정하는 것과 인정하지 않는 것에 대한 놀라운 함축을 지니고 있다. 예수님은 모인 무리 중 일부에게 "나아와…너희를 위하여 예비된 나라를 상속하라. 내가 주릴 때에 너희가 먹을 것을 주었고 목마를 때에 마시게 하였고 나그네 되었을 때에 영접하였고"라고 말씀하실 것이다. 어떤 사람에게는 "내가 주릴 때에 너희가 먹을 것을 주지 아니하였고…나그네 되었을 때에 영접하지 아니하였고"라고 말씀하실 것이다. 두 부류 모두 비슷하게 반응할 것이다. 주여, 우리가 언제 **당신**을 보고 그렇게 반응하였나이까? 특정한 궁핍한 사람들이 예수님과 연관되었다는 것은 매우 놀라운 일이다.

그리스도께서 "나그네로 변장하여"[9] 우리에게 올 가능성이 있기 때문에, 가장 간과되기 쉬운 사람들을 돌보고 존중하는 일에 더 크고 넓은 관심을 가져야 한다. 이러한 가능성은 오랜 세월 동안 기독교 손대접의 배경을 이루었으며, 오늘날의 많은 손대접도 그런 가능성에 자극을 받고 있다. 1500년 전 존 크리소스톰은 자기 교회 교인들에게 이렇게 가르쳤다. "어떤 형제가 지극히 작을수록 그리스도께서는 더욱 그를 통해 그대에게 오신다."[10]

현대의 손대접 종사자들은 그들에게 오는 모든 손님 안에서 그리스도를 본다는 것이 무슨 의미인지 설명한다. 어떤 이들은 아주 구체적으로 그것을 경험한다. 한 여성은 이렇게 말한다. "그들이 주리면 나는 그리스도께서 주린 것을 봅니다. 그들이 고난을 받으면 나는 그리스도께서 십자가에 달리신 것을 봅니다." 또 어떤 사람들은 그 경험을 통해 사역의 틀을 형성했다. 한 공동체 설립자는 이렇게 설명했다. "내가 문을 열 때〔모든 손님 안에서 그리스도를〕의식하는지는 모르겠습니다. 하지만 내가 무엇 때문에 여기 남아 있는지를 생각할 때는, 분명 그런 의식이 내 마음에 아주 생생하게 떠오르는 것 같습니다. 이들이…다시 한 번 육체에 거하신 그리스도라는 느낌 말입니다." 또 다른 사람은 이렇게 고백한다. "모든 손님 안에서 예수님을 보려고 할 때, 사람들은 누구나 우리가 줄 수 있는 모든 사랑을 받을 만한 가치가 있다는 사실을 깨닫습니다. 예수님은 우리에게서 그러한 사랑을 이끌어 내실 것입니다." 결국 모든 손님 안에서 예수님을 보게 되면 어떤 손님이 더 중요한지 계산하려 들지 않게 된다. 모든 사람은 가능한 한 가장 정중하고 관대한 영접을 받을 자격이 있다.

문을 열 때 손님 안에서 예수님을 보게 된다면, 우리는 하나님이 그 사람의 삶에서 이미 역사하신다는 것을 어느 정도 느끼며 그 사람을 영접한다. 이것은 관계의 여러 차원에 대한 우리의 관점과 느낌을 근본적으로 변화시킬 수 있다. 우리는 그 손님이 우리에게 가져오는 것과, 하나님께서 그 사람을 통해 말씀하거나 행하고 계시는 것에 더 민감해진다.

어떤 손대접 종사자들은 "라스 뽀사다"(*Las Posadas*)라는 남미인들의 크리스마스 행사에 참여했을 때, 모든 손님 안에서 예수님을 보는 경험을 더 깊이 할 수 있었다고 고백한다. 그리스도인들은 며칠 밤 동안 잠잘 곳을 찾아 이집 저집 다니면서 마리아와 요셉의 이야기를 재연한다. 여러 번 거절당한 후에야 그들은 겨우 예수님이 태어날 장소를 찾을 수 있었다. 스페인어권 사람들을 대상으로 일하는 한 손대접 종사자는 이렇게 설명했다.

크리스마스가 지나고 나서야 우리에게 오는 사람들이 마리아와 요셉이 베들레

헴에서 청하던 바로 그것을 우리에게 청한다는 것을 깨달았다. 누군가가 와서 "뽀사다"(*Posada*)라고 말하기까지는 그 둘을 연관시키지 못했다. 그러고 보니 세상에, 그가 바로 예수님이라는 생각이 든다…. 하나님, 저로 하여금 당신의 임재를 느끼게 해주시니 감사합니다.

필요뿐 아니라 존엄성도 인식함

손대접은 존중하면서 보살피는 것이다. 어떻게 하면 사람들의 존엄성을 존중하면서 동시에 사람들의 필요를 채울 수 있을까 하는 것은 오랫동안 사람들의 관심사였다. 존 크리소스톰은 설교에서, 육체적인 필요를 간과하거나 영적인 의미로만 해석하지 않고 상대방을 인정하고 존중하는 것이 중요하다는 것을 특별히 강조했다. 그는 손대접을 통해 그리스도인들은, 가난한 사람과 나그네들의 인간적 존엄성을 존중하면서도 그들의 필요를 채울 수 있다고 확신했다.

그는 교구민들에게 마지못해 인색하게 손대접하지 말 것을 여러 번 경고했다. 그런 태도는 손대접받는 사람에게 큰 고통을 가져다 주기 때문에 "잔인하고 비인도적인" 것이다. 크리소스톰은 나그네가 취약한 존재라는 것에 특별히 민감했다. 그것은 나그네가 다른 사람에게 의지해야 하기 때문에 오는 취약함이었다. 그는 수많은 설교에서 이 주제에 대해 언급했으며, 손대접을 베풀 때는 받는 사람들이 수치를 느끼지 않도록 "과도한 기쁨"을 보이지 말라고 경고했다.[11]

나그네는 많은 보살핌과 격려를 받아야 한다. 그러나 이 모든 것을 받을 때 무안을 느끼게 마련이다. 그의 처지란 참으로 미묘해서, 그는 호의를 받는 한편 부끄러움을 느낀다. 우리는 아주 주의깊고 정중하게 섬김으로써 그런 수치심을 없애 주어야 한다. 또한 우리가 호의를 베풀고 있는 것이 아니라 오히려 받고 있으며, 어쩔 수 없이 하는 것이 아니라 오히려 감사하고 있음을 말과 행동을 통해

보여주어야 한다.[12]

이것은 거짓된 선행이 아니었다. 하나님의 경제질서 안에서는 주인은 손대접을 하면서 의무를 수행했고 또한 축복을 받았다.

크리소스톰은 "자신이 손대접받는 사람보다 우월하다고 생각하며 종종 그들을 돌보아 준다는 이유로 그들을 멸시하는"[13] 사람들을 비판하면서, 손대접할 때 존중하는 마음과 겸손한 마음으로 하는 것이 중요하다고 강조했다. 여기서 크리소스톰은 사역에서 특별히 어려운 문제를 밝히고 있다. 그것은 손대접하는 사람들이 봉사를 하면서도, 받는 사람들이 단지 연약하고 어려움에 처해 있다는 이유 때문에 그들을 경시할 수 있다는 점이다.

크리소스톰은 또한 가진 자가 도움을 주면서도 상대방에게 굴욕감을 느끼게 할 수 있는 엄청난 힘을 가지고 있다는 것도 인식했다. 그의 통찰은 현대의 손대접 종사자들에게도 적절한 경고가 된다. 신청자를 망신시키려고 작정한 듯 보일 수도 있는 지나치게 엄격한 자산조사서(needs test)가 얼마나 파괴적인 면을 지니고 있는지 재고해 보아야 한다. 다른 사람에게 의지할 수밖에 없는 사람들이라고 해서 함부로 대해도 되는 것은 아니라고 크리소스톰은 경고했다. 특히 상다리가 휠 정도로 음식을 차려 먹으며 자원을 낭비하면서도 다른 사람들과 아무것도 나누지 않는 사람들에게 그런 대접을 받을 이유는 더더욱 없다는 것이다.[14]

크리소스톰은 사람들을 돕기도 전에 그 사람 인생의 세세한 부분까지 모두 알아야 한다고 주장하는 것이 얼마나 무례한 것인지 민감하게 느꼈으며, "빵 한 덩어리를 주면서 어떤 사람의 전 생애를 무리하게 요구하는 것"은 극도로 인색한 처사라고 경고했다. 어떤 사람이 강도나 살인자였다 하더라도, 그는 여전히 "빵 한 덩어리와 몇 푼의 돈"을 받을 자격이 있다. 하나님께서는 다른 모든 사람에게 처럼 그에게도 해가 비치게 하셨기 때문이다. 그리스도께서 자신을 해한 사람들을 용서하고 치유하셨으며 자신을 조롱한 자들을 낙원으로 영접하셨다면, 어떻게 지독한 살인자라 해서 그리스도인인 우리가 그들을 무시해 버릴 수 있단 말인가? 이것이 크리소스톰의 생각이었다.[15]

크리소스톰은 또한 미리 알아 손대접하는 것이 중요하다고 강조했다. 그는 로마서 12:13에 대한 해설에서 "손대접하기를 힘쓰라"는 말은 "손대접을 요청하는 사람들을 기다리라는 말이 아니라…그들에게로 달려가고 그들을 전심전력하여 찾으라"는 의미라고 말했다.

> 우리는 어쩌다 나그네나 가난한 사람을 보면 눈살을 찌푸리고, 심지어 그들에게 말조차 건네지 않으려 한다. 그리고는 수천 번의 간청 끝에야 겨우 마음이 누그러져, 하인을 시켜 그들에게 잔돈푼이나 주라고 하고는 의무를 다했다고 생각한다.[16]

손대접을 구제금과 물질적 지원만으로 규정하는 것으로는 충분치 않았다. 참된 손대접에는 서로 얼굴을 맞대고 격려하고 존경하는 정중한 관계들이 포함되었다.

기독교 전통 전체는 사람들을 돌보면서 동시에 그들을 존중하는 데 관심을 갖고 있었다. 캘빈은 "비참하고 영락한 상태"의 나그네들에게 우리가 "더욱 제멋대로 상처를 입히게 되는 것은, 그들이 완전히 버림받은 것처럼 보이기 때문"[17]이라는 것을 깨달았다. 홀로인 채 보호받지 못하며 곤궁한 나그네들은 온갖 형태의 불의와 경멸을 쉽게 당할 수 있다. 그러나 캘빈은 주는 사람이 궁핍한 사람의 입장에 서보면, 그들에게 인정을 베풀게 되고 교만하거나 건방지지 않게 될 것이라고 생각했다. 캘빈은 "사람들을 대할 때 우리의 태도가 따뜻하고 애정어린 것이 아니라면 그들에게 친절을 베푸는 것"[18]으로는 충분하지 않다고 썼다. 후한 기부금을 내는 것도 "교만한 표정이나…무례한 말을 하면서"[19] 하는 것이라면 "비난할 만한" 일이었다.

마찬가지로, 존 웨슬리는 감리교 단체에서 현실적 일에 책임을 맡고 있는 사람들은 가난한 사람들을 존중하고 친절하게 대해야 한다고 주장했다. 그의 경고들로 보건대, 그는 도움을 청하지 않을 수 없는 사람들을 무례하게 대하는 것에 대해 매우 민감했던 것 같다.

> 가난한 사람들을 구제해 줄 수 없다면, 그들을 슬프게 하지는 말라. 다른 아무것도 줄 수 없다면, 그들에게 부드럽게 말하라. 못마땅한 듯 쳐다보거나 심한 말을 하지 말도록 하라. 설령 그들이 빈손으로 돌아가는 한이 있어도, 기쁘게 올 수 있도록 하라. 가난한 사람들 각자의 입장이 되어 보도록 하라. 그리고 하나님께서 당신을 대접하듯이 그들을 대접하라.[20]

돌보면서 존중하는 것—사람의 필요뿐 아니라 존엄성도 보는 것—은 또한 현대 손대접 사역의 특징이기도 하다. 개인적인 차원에서 손대접은 손님과 나그네에게 그들이 존중받고 있다는 것을 전달한다. 누군가에게 충분히 주의를 기울일 때 존중하는 마음과 인정하는 마음이 표현된다. 너무나 많은 "도움"이 유급전문가들의 직업적 일이 돼버렸으므로, 누군가 보수를 받지 않고 궁핍한 나그네에게 집중적으로 주의를 기울이는 것은 매우 색다른 일이 되었다. 나그네에게 주의를 기울이는 것은, 그에게 관심이 있으며 그가 가치 있는 존재라는 느낌을 전해 준다. 우리는 자신이 소중히 여기는 사람에게 주의를 기울이게 마련이다.

손대접하는 사람들은 봉사하고 있다기보다는, 그들과 더불어 자신들의 삶을 나누고 있는 것이다. 이것은 중요한 차이점이다. 그것이 관계의 본질에 영향을 미치기 때문이다. 한 손대접 종사자는 이렇게 설명한다. "나는 손대접이⋯당신 자신을 주는 것을 의미한다고 생각합니다⋯. 다른 봉사는 당신의 재능이나⋯기술이나⋯자원들을 줄 수 있습니다⋯. 어떤 임무를 행하는 것이 곧 손대접은 아닙니다. 손대접은 당신 자신을 주는 것입니다." 손대접이 당신 삶을 나누는 것과 다른 사람들의 삶에 참여하는 것이라면, 손님/나그네 관계에서 일차적인 것은 나그네의 필요가 아니다. 삶과 자원은 훨씬 더 복잡하게 서로 얽혀 있으며, 역할들은 훨씬 더 예측하기 어렵다.

서로 존중하는 관계는 상호 연관된 두 가지에 의해 뒷받침된다. 하나는 관계를 맺을 때 손님들이 가져다 주는 선물을 인식하는 것이고, 다른 하나는 주인의 곤궁함을 인식하는 것이다. 인터뷰를 하다가 이런 주제들이 표면화되는 경우가 종종 있다. 많은 손대접 종사자들은 손님들로부터 많은 것을 배웠으며 그들이 얼마나 많은 것을 자신들에게 해주었는지 발견하고는, 기쁘고 한편으로는 놀랐다고 고백한다. 난민들은 자신이 가진 얼마 안되는 물질로, 자신들을 맞아준 주인들을 대접하는 유쾌한 방법들을 종종 찾아낸다. 자원봉사자들은 자신들이 영접한 사람들로부터 손대접 기술들을 배우고 있다고 했다. 한 종사자는 자기 아버지가 돌아가신 것을 알게 되었던 날을 회상한다. 함께 삶을 나누었던 노숙자들 사이에 그 소문이 퍼지자, 그들은 연민의 마음으로 그를 돌보아 주려고 왔다. 특별히 심한 정신장애자였지만 아주 힘겹게 목소리를 짜내어 부드럽고 통찰력 있게 위로의 말을 건네 주던 한 남자를 기억했다. 손대접 종사자들은 이런 경험들 덕분에, 손대접은 어느 한쪽에서 일방적으로 베푸는 것이 아니라 "상호적인 관계"라는 것을 날마다 기억하게 된다.

손대접 종사자들 또한 그들 자신의 필요, 연약함, 다른 사람들에게 의존하고 있다는 것 등을 깊이 의식한다. 이것이 손대접의 출발점이라고 주장하는 사람들이 많다. 이것은 "내가 그들을 돕고 있기 때문에 여기 있는 것이 아니라, 우리가 서로 돕기 때문에 여기 있다"고 인정할 때 일어나는 일종의 회심이다. 어떤 사람은 힘든 손대접 일을 하다가 새롭게 깨달은 것을 이렇게 고백한다. "나 자신 역시 가난하고 궁핍하다. 이 많은 사람들이 걷고 있는 것과 똑같은 순례의 여정을 나는 그저 다른 형태로 걷는 것뿐이다." 손대접은 한쪽만 궁핍한 관계에서 억지로 상대방을 존중하는 것이 아님을 상기시켜 준다. 존중과 보살핌은 상대방을 참으로 귀중히 여길 때 하나가 될 수 있는 것이다.

식사를 나누며 서로를 인정함

식구들마저 따로따로 식사할 정도로 바쁘게 돌아가는 사회에서, 함께 식사를 나누는 것이 어떤 의미를 지니고 있는지 잘 인식하지 못하는 경우가 많다. 대부분 문화권에서 함께 식사를 나눈다는 것은 상호관계, 인정, 용납, 동등한 관심 등을 표현하는 일이다. 서구사회에서도 함께 식사를 나누는 대상들은 상당히 제한돼 있다.[21] 의도적으로 노력하지 않는 한, 우리는 보통 우리와 비슷한 사람들과 함께 식사를 하게 된다. 나그네와 주인의 출신이 서로 다를 때, 함께 식사를 나누면서 느끼는 친밀함은 사회적 경계들을 초월하는 관계를 형성할 수 있다.

음식을 대접하거나 식사를 함께한다는 것은, 거의 모든 성경의 손대접 기사와 손대접에 대한 역사적 논의들, 현대의 손대접 관행의 중심이다. 예수님은 가난하고 소외된 사람들과 함께 식탁을 나누시면서, 당시 널리 퍼져 있던 종교적·문화적 경계들에 도전을 가하셨으며, 숨어 있는 사회적 배타주의를 폭로하셨다. 예수님은 세리의 집에 손님으로 가셨고, 죄인들과 함께 잡수셨으며, 주인들에게는 가장 배척당할 만한 사람들을 영접하라고 가르치셨다.

상대방을 인정하고 수용하려는 초대교회의 노력은 함께 음식을 먹을 때 표면화되는 경우가 많았다. 베드로는 하나님의 지시를 받고 고넬료 집을 방문해 그의 가솔들과 함께 먹었다. 이 사건은 이방인을 그리스도인의 공동체로 받아들인다는 것을 분명하게 보여준다(행 10-11장). 바울은 교회에서 함께 식사를 나누면서 가난한 이들이 상대적으로 그들보다 지위가 높고 부자인 신자들에게 "부끄러움"을 당할 때 부자 신자와 가난한 신자들 간에 분명히 나타난 긴장에 대해 언급한다. 인종적·사회적 경계들을 타파했다는 공동체인 교회에서, 일부 가난한 신자들은 보다 덜 중요한 교인 대접을 받고 있었다(고전 11:17-34).[22]

함께 식사를 나누는 것은 모든 손대접 공동체의 중심이다. 그것은 공동체생활을 유지하고 나그네들에 대한 환대를 표하는 데 중심이 된다. 많은 참여자들은 함께 식사를 하면서, 가족들이 정기적으로 함께 식사를 나누던 과거의 좋았던 시절로 되돌아간다. 장 바니에는 심한 정신장애를 겪고 있는 사람들과 날마다 식사를 함께하면서, 누가복음 14장에 나오는 잔치에 누구를 초대해야 하는지에 대한 예수님의 말씀이 어떤 의미인지 이해하기 시작했다고 고백한다. "같은 식탁에 앉는다는 것은 그들과 친구가 된다는 것, 가족을 형성한다는 의미이다. 그것은 약한 자들을 한구석으로 밀쳐놓는 경쟁적이고 계급적인 사회의 가치관과는 정반대되는 생활방식이었다."23

누구나 먹기 때문에 식사시간은 매우 평등주의적이다. 가톨릭 워커 출신의 한 여성이 말하듯이, 배경이나 재산이 어떻든지 우리는 모두 먹고 마시는 자들이다. "그것은 우리를 아주 평등하게 만든다." 함께 앉아 있는 식사시간은 다른 사람들을 위해 무슨 일을 하기보다는 분명히 다른 사람들과 함께 있는 시간이다. 이때가 손대접이 사회복지와 가장 거리가 멀어 보인다.

종종 우리는 궁핍한 사람들을 도울 때 상당한 경계(境界)를 유지한다. 많은 교회들은 굶주린 이웃에게 음식을 준비해 제공하지만, 그들과 함께 앉아 음식을 먹는 것을 편하게 생각하는 교인들은 거의 없다. 사람들이 우리와 매우 다를 때, 우리는 종종 함께 식사를 하면서 대화를 나누는 것보다는 그들을 위해 요리하고 청소하는 것이 더 편하다는 것을 발견한다. 돕는 자 역할에는 익숙하지만 대등한 위치에서 함께 식사를 나누는 것에 대해서는 별로 자신이 없는 것이다. 우리 대부분은 궁핍한 사람들과 그저 함께 있는 것만으로도 힘겨워한다. 우리의 역할이 돕는 자라는 관계를 규정해 주지만, 한편으로는 그 관계를 계층적인 것으로 만들기도 한다. 한 손대접 종사자가 관찰한 것처럼 함께 먹는다는 것은 "가장 풍성하게 만들면서도 가장 어려운 부분이다. 처음에는 그것이 무척 힘들었다. 우리는 딱히 할 일이라곤 없었으며, 그저 사람들과 함께 있는 것뿐이었다."

손대접 종사자들은 정의와 식사를 나누는 것 사이에 어떤 관계가 있다는 것을 인식하고 있다. 아틀랜타의 열린문 공동체의 에드 로링(Ed Loring)은 "정의는 중요하다. 하지만 저녁식사는 가장 중요하다"고 말했다. 그의 말은 사회정의를 이루려는 지속적인 노력이 중요하지 않다는 의미가 결코 아니다. 실로 그 공동체 전체는 사회정의를 위해 헌신하고 있다. 그러나 열린문 공동체의 공동 설립자 머피 데이비스(Murphy Davis)의 고백처럼 "저녁을 함께 먹지 않고는, 사랑이 없이는, 식탁의 교제 없이는, 정의는 그저 우리가 다른 사람들에게 행하는 하나의 프로그램이 될 수 있다."[24]

함께 나누는 식사와 성만찬 사이의 경계는 모호한 경우가 많다. 초대교회가 그랬던 것처럼 그 두 가지는 서로 통한다. 식사의 성례적 측면은 이런 상황들에서 가장 분명하게 드러난다. 하지만 성만찬과는 별도로, 우리는 종종 함께 식사를 나눌 때 신적 신비를 감지한다.

나그네를 인식하고 이웃을 다시 정의함

선한 이웃의 비유(눅 10:29-37)에서 예수님은 이웃과 이웃 사랑을 다시 정의하신다. 우리가 돌보아야 할 대상은 궁핍한 사람들 모두이다. 이것은 우리와 같은 사람들 혹은 우리를 좋아하는 사람들에게만 책임지려는 이웃에 대한 제한적 정의를 확대시켜 준다. 뿐만 아니라 예수님은 원수의 안녕까지도 우리의 책임에 명백히 포함시키심으로, 다른 사람들에 대한 우리의 도덕적 책임을 확대하신다(마 5:43-48). 이같이 궁핍한 상태에 있는 모든 사람을 이웃이라고 보는 것은, 다른 신학적 사항들(예를 들면 모든 사람의 창조주이신 하나님, 우리 모두 공통적으로 인간의 육체를 지니고 있는 것)과 연관되어 다른 사람을 인정하고 돌보는 토대가 된다.

손대접은 이웃과 나그네와 원수를 사랑하라는 추상적인 헌신을, 이웃과 나그네와 원수들을 존중하고 보살피라는 실제적이고도 인격적인 표현들로 바꾸어 놓는다. 이웃을 보편화하고 나그네를 인격화하는 것이 손대접의 핵심이다. 모든 인류를 사랑하며 "타자"를 영접한다는 주장에는 실제 장소에 실제로 사람을 영접하는 힘든 작업이 따라야 한다.[25]

캘빈과 웨슬리는 이웃과 나그네가 의미하는 여러 측면에 대해 언급했다. 캘빈에게 나그네를 돌보는 일은 "모든 사람들의 상호 의무"였다. 돌봄에 대한 동기가 좀더 보편적이 된 것은, 이웃에 대한 더 보편적인 해석—"전 인류"—을 따른 것이다.[26] 캘빈은 "누가 나의 이웃인가?"라는 질문에 대해 답하면서, "그리스도께서는 선한 사마리아인의 비유에서 '이웃'이라는 용어는 가장 멀리 떨어진 사람들까지 포함한다는 것을 보여주셨으며"(눅 10:36), 따라서 "사랑하라는 교훈을 우리와 친밀한 관계에 있는 사람들에게만 국한시켜 적용해서는 안된다"[27]고 주장했다. 캘빈은 "그러므로 어떤 사람이 우리의 이웃이 되기 위해서는 그가 사람이라는 것만으로 충분하다. 우리의 공통적 본성을 감춰서 보이지 않게 하는 것은 우리 능력이 아니기 때문"이라고 말했다. 캘빈은 선한 사마리아인의 비유가, "하나님께서 서로 돕도록 모든 사람들을 한데 묶어 주셨기 때문에, 바로 **우리 이웃**이 가장 중요한 나그네"[28]라는 진리를 전달한다고 생각했다.

전통적인 견해에서처럼, 궁핍한 사람이 우리의 이웃이라고 규정할 때 두 가지 반응이 나올 수 있다. 너무나 광범위한 요구이기 때문에 행동으로는 좀처럼 표출되지 않은 채 그저 보살펴 주거나 동정하려는 추상적인 책임이나 태도로만 남는 경우다. 또 다른 위험은 많은 수의 "이웃"에 대해 우리가 일반적이고 피상적이며, 덜 인격적인 반응을 보일 수 있다는 것이다. 다른 한편으로 보편적인 보살핌은, 집중적이기는 하지만 매우 제한되고 사적인 것이 될 수도 있는 일대일의 개인적인 보살핌을 교정해 주는 중요한 수단이 되기도 한다. 이러한 여러 가지 요소가 서로 영향을 주고받도록 하는 것이 우리의 과제다.

웨슬리는 이웃 사랑이 "이웃과 나그네들, 친구와 원수들… 선하고 온유한…, 악하고 감사하지 않는… 하나님이 만드신 모든 영혼을 포함하는" 보편적인 자선을 의미한다고 주장했다.[29] 웨슬리는 죽기 몇 년 전에 쓴 한 설교문에서, 도움을 줄 수 있을 만한 사람들과 도움이 필요한 사람들을 격리시키는 사회적 거리에 대해 묵상했다.

> 일반적으로 부자들이 가난한 사람들에 대해 동정을 느끼지 못하는 이유 중 하나는, 그들이 가난한 사람들을 방문하는 경우가 너무나 드물기 때문이다. 결국 〔일반적인 관측에 따르면〕 세상의 한 부분은 세상의 다른 부분이 어떤 고통을 겪는지 알지 못한다. 많은 사람들이 알지 못하는 이유는 그들이 굳이 알려고 하지 않기 때문이다. 그들은 그것을 아는 것을 피해 버린다. 그리고는 그들의 자발적인 무지를 내세워 자신들의 완악한 마음을 가리려 한다.[30]

웨슬리는 사회적 경계를 초월하는 관계를 맺는 것이 중요하다는 사실을 인식했다. 신자들이 가난한 이웃들과 개인적으로 관계를 맺을 때 상황을 더 잘 이해하고 효과적으로 대응할 수 있다. 웨슬리는 보편적인 사랑과 개인적인 보살핌을 결합시킬 필요가 있다는 것을 분명히 이해했다. 모든 사람을 이웃으로 사랑해야 한다는 고상한 말 이면에는, 그리스도인들이 "이웃 사람들" 속에서 흔히 제외하는 사람들과 직접 만나는 행동이 따라야 했다.

현대의 한 손대접 종사자의 말을 들어 보면, 그리스도인들이 가장 취약한 사람들과 사회적 거리를 두는 것이 얼마나 위험한 것인지에 대한 웨슬리의 통찰을 깨달을 수 있다. "우리가 나쁜 사람들의 모임으로 전락하는 것은 아니지만, 국내의 가난한 사람들을 포함한 세계 인구의 대다수가 겪는 엄청난 고통과 접촉하지 않는 사람들의 모임으로 재빨리 발전하는 것을 본다." 그는 계속해서 이렇게 말한다. "부자들은 가난한 사람들과 거리를 둘 수 있기 때문에 손대접의 필요를 제대로 인식하지 못하게 된다." 그가 속한 공동체 회원들은 도움을 필요로 하는 사람들이 같은 인간이라는 사실을 더욱 잘 느낄 수 있도록 의도적으로 환경을 조성하며, 그것을 위한 소식지도 만들고 있다.

난민과 노숙자들을 돕는 몇몇 공동체들은 이웃에 대한 보편적인 관심과 나그네들과의 개인적인 관계를 결합시킨다. 그들은 멀찌감치서 사회변화를 위해 일하려는 유혹에 저항한다. 또한 그들은 적은 수의 나그네들에게 집중하느라 더 큰 관심사들을 놓치는 것도 경계한다. 이 일을 하는 사람들은 도움이 필요한 사람들 가까이에서 살고 일하지만, 동시에 궁핍한 사람들을 끊임없이 양산하는 구조적 문제들을 해결하기 위해서도 노력한다.

손대접 종사자들은 자신들의 작은 영접이 상대방을 인정하고 귀중히 여기는 행동인 것을 알기 때문에, 다른 기관들, 특히 정부가 그들을 인정하고 그들의 권리를 보호해 주어야 한다고 생각한다. 손대접 종사자들은 도움을 필요로 하는 사람들과의 관계가 친밀하기 때문에, 그들이 종종 견뎌야 하는 일상의 불의와 모욕을 함께 나눈다. 공개토론회에서 개진되는 의견에는 그들의 헌신에서 나오는 지혜와 성실함과 진정함이 담겨 있다. 한 종사자는 이렇게 말한다. "여기에서 소규모로 행해지는 일에 성실하지 못하다면 더 큰 규모의 일에 대해서는 전혀 할 말이 없게 된다."

손대접의 긴장과 상대방을 인정하는 것의 어려움

기독교 손대접을 보살핌과 존경과 인정과 평등함의 표현으로 이야기할 때, 심각한 문제와 실패들, 모호함 등이 적지 않게 생겨난다. 지난 수세기 동안 손대접은 비평등주의 사회에서 존중과 평등이라는 문제를 다루는 중요한 방법이었다. 그런데 손대접이 자선 및 접대와 연관됨으로써, 그것이 역사적으로 상대방을 인정하는 문제와 관련되어 있었다는 점이 종종 가리워졌다. 그러나 문제는 더 복잡하다. 손대접은 자발적인 행동, 하나의 선물이다. 오늘날, 사람들은 권리를 주장하고 인정을 요구한다.[31] 그들에게 손대접의 관심사들은 시대착오적이고 온정주의적인 것으로 비칠 수 있다.

권리를 강조하는 것은, 부분적으로 "주는 사람의 거리감과 받는 사람의 의존 상태"[32]를 강화시키는 자선사업 모델에서 벗어나려는 시도이다. 개개인의 권리는 정의, 평등, 보호, 공급을 위한 중요한 틀을 제공한다. 하지만 권리들을 강조하게 되면 개인적인 보살핌과 사회적인 연관은 평가절하하게 된다.

오늘날 평등, 포함, 최소한의 공급은 권리로 여겨진다. 그러나 심각한 문제는 남아 있다. 법에서 명하는 포함과 세금으로 거둬들인 식량이, 세상에서 안전하고 의미 있는 위치를 부여해 주는 인간관계와 뿌리의식을 경험케 하지는 못한다. 다른 한편으로, 오늘날의 경험으로 보건대 법과 정부가 기본적인 인권을 보호해 주지 않으면, 안전한 장소는 거의 없다는 것을 뼈저리게 느낄 수 있다.

역설적이게도 인정하는 것과 존중에 대한 관심은, 부분적으로 손대접을 위해 생겨난 바로 그 기관들 때문에 훼손되었다. 가난한 사람과 병든 자들에 대한 손대접 대부분이 전문기관—병원 및 여행자 숙박소—에서 이루어질 때, 예기치 못한 중대한 결과들이 따른다. 특히 궁핍한 사람들을 위한 병원들은 보다 조직적으로 구제하고, 좀더 예측 가능하며 효율적인 방법으로 일해 왔다. 그러나 보수를 받고 서비스를 제공하는 이들로 하여금 궁핍한 사람들을 돌보게 함으로써, 그들은 일반사회에서 격리되어 버렸다. 궁핍한 이들을 집단적으로 격리해 사람들의 눈에 띄지 않게 한다면, 그들을 존중하고 인정하기는 어렵다. 그런 사람들은 쉽게 간과되며 재빨리 잊혀진다. 친밀한 인간적 관계가 없다면, 그들은 실제로 더욱 취약해질 수밖에 없다. 보수를 받고 돌보는 사람들 외에 누구도 그들에게 특별히 신경 쓰지 않는다면, 그들이 기여할 만한 곳은 세상 어디에도 없다. 존 보스웰(John Boswell)이 쓴 기아(棄兒) 병원의 유래와 그곳에 있던 대부분 "환자들"에게 병원이 얼마나 치명적 결과를 초래했는지에 대한 역사는, 이러한 기관들의 모호한 역할을 강력하게 증거해 준다.[33] 노인들, 정신병자들, 중증 장애자들을 공공시설에 수용할 때 얼마나 파괴적일 수 있는지 제대로 인식한다면, 우리는 이와 동일한 문제로 계속해서 씨름할 것이다.

손대접은 현대의 사회적 특징을 쉽게 반영하기 때문에, 어떤 손님들은 대접을 받을 만하게 여겨지고 다른 손님들은 전혀 그렇게 여겨지지 않는다. 이것은 가장 위험한 형태의 불인정이다. 어떤 사람들은 일반사회의 가치관과 합의에 의해 눈에 보이지 않는 존재로 여겨지는 것이다. 무엇 때문에 그들을 제외하는지 명백히 논의되는 적도 없다. 그들은 그저 간과될 뿐이다. 역사적으로 볼 때, 가난한 사람과 취약한 사람들에게 이런 일이 종종 일어났다. 오늘날에도 많은 교회들이 도시빈민들을 무시하거나 사회 안에 있는 노인이나 장애자들의 존재를 전혀 인식하지 못함에 따라, 이런 위험에 직면하고 있다.

한편 손대접이 나그네/손님의 필요는 채워 주면서 정작 공동체나 가족 안에 들어와 있는 의지할 곳 없는 사람들을 더 취약한 존재로 만드는 경우도 있다. 역사적으로 볼 때 손대접은 왜곡된 가족관계나 계층구조를 비판하는 역할을 하기보다는 그 불의를 더욱 악화시키고 정당화시키는 경우도 있었다. 이것은 구약에 나오는 두 이야기— 롯이 남자 손님들을 보호하기 위해 자기 딸들을 기꺼이 희생하려 한 것(창 19장), 손님으로도 가족으로도 영접받지 못한 채 오히려 자기 주인 대신 적대적인 군중에게 희생된 첩에 대한 이야기(삿 19장)—와 그것에 대한 후대 주석들의 중요한 특징이다. 손대접에 대한 주석들이 특정한 상황에서 사람들을 배제하는 것에 대해서는 날카로운 통찰력을 갖고 비판하지만, 가정 내의 지배와 배제에 대해서는 다루지 않았다. 이것은 나그네를 대접하면서 정작 가장 가까운 사람과 연약한 사람들을 보호해 주고 보살펴주는 일은 간과하는 것에 대한 경고가 되어야 한다.

인간관계와 교회 관행에서 손대접은 매우 중요하기 때문에, 어떤 사람을 대접하지 않는 것은 그 사람의 행동이나 가르침을 분명하게 거부하는 것이다. 초대 그리스도인들은 두 부류의 사람들을 영접하거나 손대접하지 않았다. 그런데 두 부류 모두 자신들은 신자라고 주장했다. 한 부류는 부도덕한 생활방식을 고집한 사람들이었고(고전 5:9-11), 다른 한 부류는 거짓 가르침을 전파한 사람들이었다(요이 9-11).

그리스도인들은 교회 안에서 독특한 정체성과 관행을 유지하는 것도 중요하지만, 믿음이나 행위에서 정도를 벗어난 사람을 축출하는 것이 얼마나 강한 권위를 지니는지에 대해 인식하는 것도 중요하다. 그것은 어떤 공동체를 규정하고, 그 규정을 위협하는 사람들에게 불이익을 줄 수 있는 권위이다. 그것은 축출이라는 공동체 내부의 징계 형태 중 하나로서, 그들이 회개하고 다시 공동체에 합류하기를 바라는 마음이 담겨 있었다. 이런 초기 공동체들에서 축출당했다고 해서 그들의 삶이나 복지가 위협당하지는 않았을 것이다.

심각한 위험은 종교가 정치권력과 결탁할 때 생겨난다. 이에 대한 끔찍한 예들은 교회사 전체에서 찾아볼 수 있지만, 16세기에도 몇 가지 대단한 예를 찾아볼 수 있다. 재침례파에 대한 핍박은 종교세력과 정치세력이 결탁해 사람들의 땅과 생명을 빼앗는 것이 얼마나 파괴적 결과를 가져오는지를 섬뜩하게 보여준다. 또 하나의 곤혹스러운 예는, 독일에 있는 유대인들에 반대하는 마틴 루터의 글에 나온다. 자신이 "주인"의 권위를 가지고 있다고 주장하면서, 다른 사람들을 "손님"의 지위로 격하시키고 그들을 영접하지 않는 것은 특별히 악한 불의이다. 루터는 유대인들을 가리켜 독일인들이 원치 않는 배은망덕한 손님들이라고 묘사하고는, 그들을 독일 땅에서 몰아낼 것을 촉구했다. 루터는 그들이 주인의 재산을 노략질하고 주인의 하나님을 모독하는 존재라고 묘사했다. 그는 이렇게 불평했다.

우리는 이태리인들이 주인의 부엌, 식품 저장소, 금고, 지갑 등을 약탈하고 게다가 주인을 저주하고 죽이겠다고 위협하는 스페인 사람들 때문에 입는 손해보다, 그들[유대인들]로부터 더 손해를 입는다. 우리의 손님에 불과한 유대인들이 우리를 그렇게 대한다. 우리가 그들의 주인이라는 이유로 말이다. 게으른 약골에 빈둥거리는 대식가들인 그들은, 우리를 강탈하고 속이고 우리에게 달라붙는다. 그들은 우리의 집에서 즐거운 시간을 보내면서 마구 퍼마시고 잔치를 베푼다. 그 보답으로 우리를 저주하고 우리가 죽음과 온갖 종류의 악한 일 당하기를 끊임없이 기원하면서 우리의 주 예수 그리스도, 우리의 교회, 우리의 군주들, 그리고 우리 모두를 저주한다.[34]

루터는 "유대인이라는 참을 수 없는 마귀 같은 짐덩어리"를 제거하기 위해 그들의 집과 학교와 회당들을 남김없이 파괴하고 그들을 쫓아내든가, 썩은 가지처럼 잘라내지 않으려면 헛간에서 살게 하고 육체노동을 시키라고 권했다.[35] 그는 계속해서 이렇게 말했다.

> 누구든 이 유대인들에게 잠잘 곳과 먹을 것을 제공해 주고, 그들을 존중하고, 그들에게 강탈과 약탈을 당하고, 노략과 모욕을 당하고, 비방과 저주를 받고 싶은 사람, 그리고 그들의 손—이 독사들이요 마귀의 자식들, 우리 주님이신 그리스도와 우리 모두의 가장 맹렬한 원수들—에 온갖 악을 당하고 싶어하는 모든 사람들에게 이들을 진심으로 맡긴다…. 그렇게 되면 그는 긍휼의 행위로 가득한 완벽한 그리스도인이 될 것이다. 그 자비의 행위에 대해 그리스도께서는 심판의 날, 유대인들과 함께 그에게 상을 주실 것이다. 영원한 지옥불 속에서![36]

루터는 마태복음 25:31-46에 나오는 가능성을 뒤집어서 유대인들에 대한 손대접은 그리스도인들에게 심판만 가져올 것이라고 주장한다. 그는 독일 그리스도인들은 주인으로서 마땅히 특정한 "손님들"을 배제할 책임과 의무가 있다고 말했다. 루터는 손님/주인이라는 말을 택함으로써, 이미 존재하던 사회적 배제를 더욱 선명하게 부각시켰다.

이 글들로 미루어 보건대, 기본적인 사회 일원으로서의 자격이 위태로워질 때 "손님"은 "주인"의 독단적 변덕에 놀아나게 된다는 사실을 분명히 알 수 있다. 특히 칼자루를 쥐고 있는 주인들이 경제적으로나 정치적으로 위협을 당한다고 느낀다면 더욱 그렇다. 시민의 기본권이 보호되는 영역에서마저 배제된다는 것은 가장 위험한 형태의 배제이다. 그러나 특정한 종교적·인종적·문화적 정체성을 가진 사람들만 골라내서 배제시킬 때 그 위험은 더 커진다.

루터의 가혹한 말은, 기독교 손대접의 중요성에 대한 다른 중요한 글들은 물론 루터 자신이 도움을 필요로 하는 사람들을 희생적으로 손대접했다는 사실과도 모순된다는 사실에 주목해야 한다. 사람들을 심하게 배제하는 데 기여한 사람은 루터만이 아니다. 기독교 역사는 손대접에 실패하고 상대방을 인정하지 않았던 끔찍한 사례들로 얼룩져 있다.[37] 하지만 몇 가지 이유로 해서 루터는 중요하다. 그는 유대인들에게 기본적인 인간성을 부인하는 언어를 사용했다. 이는 가장 총체적이고 위험한 형태의 불인정으로, 모든 학대를 다 허용하는 것이다. 그의 말은 유대인들을 학대하는 것을 기독교적 책임 중 하나로 규정했으며, 그들을 돌보는 것을 그리스도에 대한 불충성의 표현이라고 보았다. 그러한 수사법 자체가 악하다. 더욱이 그것이 정치적 권력과 결합될 때, 그것은 종교적 재가를 받은 무한한 잔인함으로 드러난다. 20세기는 이러한 위험이 실제로 어떤 형태로 나타나는지를 가장 끔찍하게 보여주었다. 종교적·인종적 정체성이 어떠하든지, 기본적인 인권은 정치적·시민적 영역에서 보호받아야만 한다.

독특성을 유지하고 차이점을 보호함

존 웨슬리는 종교전쟁에 신물이 나 있던 시절, 종교적 차이를 해결하는 것에 대한 통찰력 있는 글을 썼다. 그의 글은 당시의 로마 가톨릭교회를 비판한 것이지만, 오늘날의 기독교 공동체에도 해당된다. 교회는 자신과 다른 가르침을 행하는 모든 사람에게 "냉혹한…저주"를 퍼부으면서 철저히 파괴시킬 것을 명했다. 웨슬리는 사람들에 대한 교회의 견해가 종종 하나님의 견해처럼 여겨지기 때문에, 그 결과는 매우 위험한 것이 될 수 있다고 경고했다. "저주"는 "이웃 사랑" 및 자비와 정의를 "완전히 멸해 버리는 자연스러운 경향"을 지니고 있다.[38] 웨슬리는 종교적 배타주의가 기본적인 인권과 시민사회 정의에 미치는 위험들을 인식했다. 그에게는 자선행위가 반드시 기독교와 부합하지는 않았다.

서로 다르다는 것 때문에 기본권, 자격, 보호 면에서 차별받지 않도록 하면서 어떻게 서로의 차이를 유지할 수 있는가 하는 것은 그리스도인들에게는 대단히 중요한 문제다. 또한 독특한 신조 및 관행을 지닌 그리스도인과 기독교 공동체의 정체를 규정하는 것도 매우 중요하다. 하지만 나그네들에게 기독교를 강요하지 않으면서 기독교적인 환경으로 영접해 들이려면, 특정한 믿음을 가지고 있는지의 여부에 따라 그들의 기본적 복리를 좌우해서는 안된다. 일반사회가 그들의 기본적 복리를 침해할 때, 그리스도인들은 위험에 처한 사람들을 그들의 삶과 교회와 공동체로 영접할 책임이 있다.

르 샴봉(Le Chambon) 마을 이야기는 자신들과 다른 사람들에게 손대접하는 것이 무엇을 의미하는지 잘 보여준다. 프랑스 개신교도들로 이루어진 이 작은 마을은 제2차 세계대전 동안 유대인들을 구해 주었다. 그들은 조용하지만 지속적으로 자신들의 가정, 학교, 교회 등을 나그네들에게 개방함으로써, 그 마을은 유럽에서 유대인들에게 가장 안전한 장소가 되었다. 그들은 자기 손님들인 유대인의 정체성을 인정하고 존중했으며, 그들이 보호받아야 한다는 것을 이해했다. 그들은 절실히 도움을 필요로 하는 사람은 누구든 이웃이라고 규정하고,[39] 수천 명 유대인의 목숨을 구해 주었다. 경찰이 그 마을 목사 앙드레 트로끄메(André Trocmé)에게 유대인들을 내놓으라고 요청하자, 그는 이렇게 대답했다. "우리는 유대인이 뭔지 모릅니다. 다만 사람들을 알 뿐입니다."[40] 그의 대답에는 깊은 빛이 있다. 서로의 차이만을 인식함으로써 상대방을 위험에 빠뜨릴 수도 있을 때, 우리는 인간이라는 공통의 정체성만을 인식해야 한다.

손대접은 원래가 핍박받거나 위험에 처해 있거나 궁핍한 사람들에게 안전한 피난처를 제공하는 것과 관련돼 있었다. 오늘날에는 손대접, 권리, 자격들이 분리되어 있고 또 분리되어야 한다. 사람들에게 물질적 도움이나 보호를 받으려면 어떠한 믿음을 가져야 한다고 요구하는 것은 매우 위험한 일이다. 근본적인 인간의 복리를 위해 몇 가지 경계는 마땅히 제거되어야 한다. 다른 한편으로, 자격과 권리는 인간의 복리에 필요하지만 충분한 조건은 아니다. 사람들은 필요한 것을 공급받아야 하나, 또한 살아있는 공동체와 연관되기도 해야 한다. 그렇지 않으면 그들은 계속 이름도 없는 취약한 존재로 남게 된다. 어떤 경계 안에서 정체성을 규정하는 공동체들과, 개인을 기본적으로 보호하면서 최소한의 경계만을 정해 놓은 더 큰 공동체 사이에는 끊임없이 상호작용이 있어야 한다.[41]

사회적 지위와 연계망을 부여해 주는 인격적이고 직접적인 관계는 교회, 가족, 이웃, 자발적으로 생겨난 단체들에서 발견할 수 있다. 고립된 나그네들은 이러한 공동체들과 반드시 연결돼야 한다. 하지만 많은 사회집단은 자신들은 다른 사람들을 받아들이기가 매우 어렵다고 생각한다. 그러므로 익명으로 행해지는 국가의 보살핌이 반드시 있어야 한다. 그것은 좁은 범위의 유대관계에 가끔씩 존재하는 강압적인 경향을 피하면서도 기본적인 인권을 보호해 주기 때문이다. 그것은 자기 입맛에 맞는 손님들만 영접하고 자기 편한 대로만 상대방의 필요를 채워 주는 편협한 손대접의 영향을 통제하는 데 도움이 된다.

가난하고 약한 사람들과 함께 살며 일하는 그리스도인들은 신분의 고하에 상관없이 모든 사람들을 손대접하는 것이 얼마나 중요한지 다시 깨닫는다. 남미의 신학자 구스타보 구티에레즈(Gustavo Gutiérrez)는 해방의 세 가지 차원에 대해 말했다. 그것은 사회구조적 차원, 개인적 차원, 그리고 하나님 및 다른 사람들과의 소외의 차원에서 일어나는 변혁이다.[42] 역사적으로 손대접은 이 세 가지 전부에 관심이 있었다. 최근 손대접을 회복하려는 시도는 그것을 결속, 태도, 함께 먹는 것, 가난한 사람들과의 우정의 중요성을 특별히 인식하는 개인적 차원의 손대접과 연관시키는 경향이 있다. 현재 이루어지고 있는 손대접에 대한 많은 논의의 특징은 대규모의 구조적 변화와 개인적 변화에 대한 관심을 양극화시키는 것이다. 그러한 양극화는 가난한 사람 및 나그네들과 우정을 나누고 대접하는 일의 중요성을 가려 버리는 경우가 종종 있었다. 단순한 존중과 감사의 행동, 함께 있는 것과 우정을 나누는 것은 인간의 인간됨을 확증하는 데 필수불가결한 부분이다.

한 세기 전, 윌리엄 부스(William Booth)는 가난한 사람들과 우정을 나누는 것의 중요성을 깊이 인식했다. "구세군의 성공비결 가운데 하나는, 세상에서 친구 없는 사람들이 그 안에서 친구를 찾는다는 것이다."[43] 참된 손대접은 "어떤 법률이나 혁명도 하지 못하는 것을 다른 사람에게 베푸는데, 그것은 이해와 용납이다."[44] 손대접은 정의와 변혁을 위한 노력으로는 분명 충분하지 않지만, 매우 필수적인 것만은 분명하다.

5. 우리 가운데 있는 나그네들

"우리는 언제나 손님들을 천사처럼 대접한다. 만일의 경우를 대비해서."

제레마이어 수사[1]

나그네를 영접하는 것이 신자들이 반드시 실천해야 할 중대한 기독교적 관행이라면, 우리가 영접해야 하는 나그네들은 누구인가? 우리는 어디에서 그들을 발견하는가? 모든 나그네가 손대접을 필요로 하는가?

여러 부류의 나그네들

단순히 어떤 사람을 나나 내가 속한 공동체가 잘 모른다고 해서 그를 나그네라고 볼 수 있는가? 잘 모른다는 것에는 여러 종류가 있지 않은가? 나는 노숙자를 집에 불러들여 식사를 한끼 대접하는 일은 선뜻 하려 들지 않겠지만, 분명 우리 교회에 강사로 오는 분은 기꺼이 집에 초청해 저녁을 대접할 것이다. 나는 두 사람 다 모르지만, 서로 다른 방식으로 모르는 것이다.

노숙자의 경우, 그가 나에게 말해 주는 것 외에는 그의 삶에 대해 아무 것도 모른다. 그가 노숙자라는 사실은 관습상 중요한 거의 모든 관계―가족, 친구, 직장, 심지어 교회―에서 이탈되어 있음을 나타낸다. 그는 사람들에게 정체성과 지위를 부여하는 것들을 대부분 잃어버렸다. 이 사람은 나와 연관될 만한 것이 거의 없다. 뿐만 아니라 내가 아는 사람들 중에 쉽게 그의 보증인이 될 만한 사람도 없을 것이다. 이에 비해 강사 역시 내가 모르는 사람이지만, 내가 잘 알고 존중하는 기관을 위해 일하는 사람이다. 그가 그 단체에 속해 있다면 아마도 괜찮은 사람이리라. 그의 가족과 학문적·종교적 배경에 대해서도 그리 어렵잖게 알수 있다. 그는 나와 연관점들을 가지고 있는데, 그것으로 그 사람을 좀더 쉽게 알수 있고 노숙자의 경우처럼 생소한 느낌을 받지 않는다. 어떤 나그네를 손대접하든 약간의 위험부담은 따른다. 그러나 우리가 그 사람을 모른다 해도 알려고들면 쉽게 알 수 있고, 어떤 연관점을 발견할 때 그런 위험과 불확실성들은 줄어드는 듯하다.

분명 노숙자보다 대학교수를 더 쉽게 집에 초청할 만한 이유들이 여럿 있다. 그들은 사회적 상황이 대단히 대조적이다. 그러한 차이는 내가 그들을 서로 다른 방식으로 모른다는 것을 설명하는 데 도움이 된다. 300년도 전에, 청교도 존 오웬(John Owen)은 손대접에 대해 논하면서 이러한 차이점 중 몇 가지를 표현한 바 있다. 그는 당시 손대접이 가족과 친구와 친지들을 대접한다는 의미로 사용되는 것을 보고, 그것을 성경적이고 역사적인 이해와 대비시켰다. 오웬의 말에 따르면, 과거 손대접은 "진짜 나그네들, 우리가 전혀 모르는, 정말로 도움이 필요한 사람들"[2]을 영접하는 것이었다.

오웬은 궁핍한 나그네들("정말로 도움이 필요한" 사람들)을 손대접하는 것과 우리와 어느 정도 연관이 있는 사람들을 접대하는 것을 분명하게 구분하면서, 나그네를 여러 부류로 구분할 것을 제안했다. 그는 나그네를 "우리가 그들의 상황에 대해 알기는 하지만 그들의 입으로 들어서 아는 것은 아닌" 사람들—이는 나그네의 특징을 철저하게 잘 파악한 말이다—로서, 인간의 삶의 특징이자 삶의 위치를 정해 주는 관계에서 분리돼 있는 사람들이라고 규정했다. 그는 더 나아가 손대접을 "알지 못하는 나그네를 접대하는" 고대의 미덕이라고 말했다. "알지 못하는 나그네"라는 표현은 분명 중복되는 말처럼 보이지만, 그것은 철저한 낯섦과 사회적 거리를 나타낸다.

나그네는 "자리가 없는 사람"[3]이다. 자리가 없다는 말은, 생명을 유지하기 위한 기본 조직—가정, 직장, 국가, 종교 공동체—으로부터 분리돼 있으며, 사람을 유지하고 지지해 주는 관계망들을 갖고 있지 못하다는 의미이다. 자리가 없을 뿐 아니라 재정적으로도 곤궁한 이들은 매우 취약한 사람들이다. 노숙자, 생활 수단을 잃은 가난한 사람, 난민, 그리고 밀입국자들이 처한 상황이 바로 이런 것이다. 그들은 다른 사람들과 연관을 맺고 있지 못하며, 기본 생필품마저 구할 수 없다. 돈만 있으면 해결되는 것들이 많은 이 세상에서, 부유한 나그네들은 설령 외국에서 태어났다 하더라도 가난한 사람들과 똑같이 취약하지는 않다.

기독교 손대접은 대체로 지금까지 대체로 필요한 것을 스스로 조달하지 못하거나 자신을 방어할 수 없는 나그네들에게 관심을 가져 왔다. 나그네들의 상황에 대한 캘빈의 다양한 묘사는 그들이 어떤 면에서 취약한지를 밝혀 준다. 캘빈은 나그네들을 가리켜 사회적으로 그들을 지지해 주는 것에서 분리돼 있으며 "친구들로부터 멀리 떨어져, 대체로 모든 것이 결핍되어 있는"[4] 사람들이라고 말했다. 나그네들은 "악의에 대항해 그들을 변호해 줄 사람들이 없기 때문에 안전한 가정에 있을 때보다 폭력과 억압을 더 많이 당한다."[5] 우리는 잘 아는 사람들은 각별히 돌보고 보호해 주지만 나그네와 과부와 고아들은 "약탈에 노출된 것과 같다." 그들은 강력한 보호를 받고 있지 못하기 때문이다.[6]

캘빈은 나그네를 후원을 받지 못하는 취약하고 도움이 필요한 사람이라고 본다. 단순히 연고가 없다기보다는 권세도 집도 없다는 의미이다. 이 사람들은 학대와 착취를 당하거나, 사회적으로 무시당하는 경우가 많으며, 다른 사람을 의지해야만 어느 정도의 삶을 영위하면서 필요를 채울 수 있다.

현대사회에서 지독히 가난한 사람은 뿌리가 없고, 가족과 다른 핵심 제도들에서 분리되어 있는 경우가 많다. 하지만 과거에는 사람들이 가난하더라도 여전히 공동체 내에 거할 수 있었다. 그런 사람을 나그네라고 부르는 것은 정확하지 않을 것이다. 그 사람들은 가난하기는 하지만 공동체 내에서 위치가 있었다. 18세기 영국에서 비로소 새로 생겨난 도시빈민층의 형편없는 삶을 보게 되는데, 그러한 상태 때문에 그들은 자신들이 사는 사회에서 나그네로 여겨지게 되었다.

1785년 몇 명의 감리교도들이 존 웨슬리의 후원을 받아 런던에 '나그네의 친구회'(Strangers' Friend Society)를 설립했다. 그것은 도시빈민을 위해 일하는 기관이었다. 웨슬리는 그 단체를 "사회를 구제하기 위한 기관이 아니라, 전적으로 가난하고 병들고 친구가 없는 나그네들을 위해서만 설립된"7 것이라고 말했다. 그런 기관들은 영국과 아일랜드의 수많은 도시에 세워졌다. 웨슬리는 아담 클라크(Adam Clarke)에게 이런 편지를 썼다. "당신은 나그네의 친구회를 설립함으로써 옳은 일을 했습니다. 그것은 아주 훌륭한 기관입니다."8 클라크에 따르면, 그 단체는 더블린의 숨겨진 가난한 사람들이 겪는 비참함과 빈곤을 경감시키기 위해 설립되었다. 그가 가난한 사람들을 "나그네"라고 묘사한 것은, 그들이 "비통한 괴로움"을 겪고 있으며 전통적 구조에서는 구제를 받지 못하기 때문이었다. 그는 사회 안에는 그들을 "돕는 자가 없다"고 했다. 도움을 받을 수 있는 유일한 기준은 "충분히 명백하게 궁핍한가"9 하는 것이었다.

19세기에 들어서면서 영접받아야 하는 나그네의 신분은 다소 바뀌었다. 그럼에도 종교적·정치적 난민, 과부, 고아, 순례자, 동네의 가난한 사람들은 여전히 가장 취약한 사람들이었다. 애정과 책임이 따르는 보호와 후원을 받지 못하는 사람들을 손대접하지 않는 것은 위험하고도 잔인한 일일 것이다.

어떤 난민과 노숙자들은 영접받지 못하면 문자 그대로 죽음을 당할 수도 있다. "자리를 잡지 못한"데다 정신적 혹은 신체적 질병, 장애마저 있거나 나이가 많다면 그들은 더욱 취약해진다. 손대접 종사자들이라면 누구나 알고 있는 절망적이며 애끓는 이야기 중에는, 너무 아파서 병원에 입원했으나 퇴원하자 갈 곳이 없는 사람들의 이야기도 있다. 그들은 여전히 아프면서도 그들을 영접해 주는 공동체가 없어, 회복기간 동안 거리에서 지내야 할 형편이다. 화학요법 치료를 받고 있는 여인이 한 기독교 공동체에 도움을 요청했다. 그녀는 매번 치료를 받고 나면 다시 거리로 돌아가야 했기 때문이었다. 대부분의 미국인들은 그런 처량하고 궁핍한 이야기를 거의 이해하지 못한다. 하지만 취약한 나그네들 곁에 있는 사람들은 그런 곤혹스러움을 익히 알고 있다.

"상대적" 나그네와 현대사회

일상생활에서 우리는 많은 나그네들을 만나며, 잘 알지 못하는 사람들과 정기적으로 관계를 맺게 된다. 대부분의 사람들은 특별히 취약하다거나 분리돼 있다는 느낌을 주지 않는다. 그들은 자신들이 기독교의 손대접을 필요로 한다는 것을 나타내지도 않는다. 그들 대부분은 자신들에게 필요한 것을 조달하고 구할 수 있다. 우리는 그들을 알지 못하지만, 그들에게 연고나 자원이 없는 것은 아니다. 집에서 멀리 떠나 있지만 서비스의 대가로 지불할 돈을 충분히 가지고 있는 사람들에게는 호텔방과 식당이 제공된다.

때로 우리는 미국을 상대적 나그네 사회로 묘사한다. 수많은 사람들이 가정과 공동체에 깊이 관여하지 못하고, 대단히 이동이 심하며, 독자적으로 자기 계획을 추구하면서, 홀로 떨어져 자신의 과업을 수행하고 있다.[10] 우리는 자율성과 독립성을 귀중하게 여기며 엄격한 공동체를 결속하는 것에 신중을 기한다. 우리는 우리 자신이 나그네인 것처럼 느낀다. 뿌리는 없고, 관계는 끊어져 있으며, 어떻게 사람을 영접할지 누구를 영접할지 확실히 모르는 것이다.

이러한 혼란스러운 상황에서는 나그네에 대해 생각하기가 쉽지 않다. 자신을 나그네로 묘사할 때, 우리는 몇 가지 중대한 연고들을 과소평가한다. 우리는 대부분 경제적 유대와 시민으로서의 연고를 가지고 있다. 우리를 이름도 힘도 없는 사람이 되지 않도록 보호해 주는 가족과 사회적 연계망들이 있다. 비록 오늘날 가족과 가정은 과거보다 덜 튼튼하지만, 우리는 여러 관계를 통해 다른 사람들과 연관을 맺고 사회에 소속될 수 있다.

때로 우리는, 서로를 영접하는 나그네들이라고 우리 자신을 규정한다. 그것은 "나그네들 간의 협력"이다.[11] 부분적으로는 주인과 손님이라는 용어를 피하기 위한 것이다. 그런 용어와 관계들은 시대착오적이고 계층적인 것처럼 보이기 때문이다. 이러한 관심은 어느 정도 정당한 것이고, 손님/주인이라는 언어를 사용할 때 주의를 기울일 필요가 있기는 하지만 그 말을 완전히 사장시켜 버리기에는 심각한 문제가 있다. 모든 사람을 나그네라고 묘사할 때, 사회적 지위를 지니고 있는 사람과 사회적 관계에서 단절된 사람들 사이의 중대한 구분까지 어느 정도 희석해 버리는 것이다. 우리가 자신을 나그네로만 본다면, 그리고 주인된 책임을 거부한다면, 손대접할 수 있는 환경과 상황을 만들어 낼 기회가 없어질 것이다.

경제가 모든 것을 좌우하는 사회에서는 경제제도 밖에 있거나 그 제도에 적응을 못한다는 것은 매우 중대한 약점이다. 시장 바깥에 있다는 것은 그 사람이 나그네임을 나타낸다. 그런 상황에다 육체적 혹은 정신적 장애, 심각하게 붕괴된 가족관계, 혹은 인종적·민족적 차이들이 결합되면, 사람들은 대단히 취약해지며 전통적인 기준에서 "나그네"가 된다. 그들은 지위도, 그것을 얻을 수 있는 자원도 없다.

이들이 특별히 취약해지는 것은 중대한 인간적 연고가 없으면 본질적으로 사회 내에서 눈에 띄지 않는 존재가 되기 때문이다. 또한 그들이 눈에 띄지 않는 것은 대부분의 현대인들이 자기 세계에 들여놓는 사람을 주의깊게 선택하기 때문이다. 특정한 "생활방식"[12]을 중심으로 발전된 지역사회는, 우리와 자녀들이 교육·인종·사회경제적으로 아주 비슷한 사람들과만 만나도록 한다. 우리 가운데 많은 사람들은 매일매일 정해진 지역에서 주의깊게 통제되는 직장으로 차를 몰고 출퇴근하기 때문에 대부분의 나그네, 특히 골치 아프게 할 만한 사람들을 만나는 일을 사실상 피할 수 있다. 많은 사람들이 다른 나그네들과 의미 있고 인격적으로 만나기 위해서는 일부러 노력해야 한다.

때로 우리는 취약한 나그네들을 의도적으로 외면해 버린다. 그들을 보지 않기로 독하게 마음을 먹고는, 그들이 우리 삶에 침입해 들어오지 못하도록 방어한다. 현대에만 이런 문제가 있었던 것은 아니다. 크리소스톰과 웨슬리는 자신들이 만난 가난한 사람과 나그네들을 무시한 교인들을 비난했다. 특히 그런 사람들을 굳이 외면하고는 잘 몰랐다고 항변하는 그리스도인들을 강력하게 비난했다.[13]

현대생활의 특징은 실제 삶에서는 사람들을 골라 가며 만나는 반면, 언론매체들은 매일저녁 우리집 안방에 궁핍한 나그네들의 모습을 비춰 준다는 사실이다. 새로운 기사와 다큐멘터리들은 수천 킬로미터 떨어진 곳에 있는 난민이나 기근을 당한 사람들의 삶을 끔찍하리만큼 세세한 부분까지 방송하면서, 그들의 얼굴과 이야기들을 시시때때로 우리 가정 가장 깊숙한 곳까지 가져다 준다. 우리는 그런 절망적인 상황을 보면서 우울해지고, 때로는 압도되며, 기가 차서 말을 못한다. 하지만 이러한 사람들의 기사는 우리의 개인적 반응을 요구히지 않고, 우리 또한 재빨리 다음 기사나 가정사로 관심을 돌려 버린다. 우리는 날마다 직장에 가는 길에 지나치는 노숙자나 옆집 할머니보다, 최근에 발발한 인종청소에서 가족들이 몰살당한 르완다나 코소보의 여인에 대해 더 많은 것을 알 수 있다.

개인적으로 반응할 수 없는 먼 곳에 사는 궁핍한 이들에 계속 접하게 되면, 우리는 그런 것들에 점차 둔감해질 수 있다. 게다가 다른 사람들의 고통에 대해 그저 아는 것만으로도 그 고통에 어떤 식으로든 참여하고 있다고 착각할 수도 있다. 바로 이웃의 가난한 이들과는 유리된 채 먼 곳의 가난한 이들만 지나치게 접하다 보면, 나그네들에 대한 우리의 반응은 점점 불확실해지고 마지못한 것이 되고 만다.

"미지의" 나그네와 개인적 반응

고대에 손대접 전통이 형성될 때는, 나그네 대부분은 다른 사람의 손대접에 의지했다. 여관이라곤 거의 없었고 평판도 좋지 않았다. 그러므로 개인의 손대접에 의존하는 것은 돈과는 별 상관이 없었다. 나그네들이 꼭 빈곤하지만은 않았다. 단지 집에서 떠나 있었고, 당장 음식과 숙소가 필요할 뿐이었다. 그들에게 손대접을 하는 것은 관례였다.

여관은 주로 집 떠난 상인과 무역업자들을 위한 최소한의 숙박시설이었다. 상업이 발달하면서 상업적 손대접 역시 발달했다. 존 오웬은 17세기 중반까지 무역이 증가하면서 여관에 대한 의존도 역시 증가한 것에 주목하면서 이렇게 썼다. "모든 문명국에는 나그네를 대접하는 시설이 되어 있지만, 이 경우 이전과는 상황이 다소 달라졌다는 것도 인식해야 한다."[14] 오늘날에는 여행을 할 때 호텔과 식당이 없다는 것은 거의 상상할 수 없으며, 통상 나그네에 대한 손대접에 의존해야 한다면 상당한 불편이 따를 것이다.

그러므로 오늘날 형편이 되는 나그네들은 자신에게 필요한 것을 알아서 조달하고 그렇지 않은 사람들은 자선단체, 서비스 단체, 그리고 국가 등에서 도움을 받을 수 있다고 생각한다. 가정이나 교회에서의 개인적 손대접은 우리와 이미 어느 정도 연관이 있는 사람들에게만 제공된다. 낯선 나그네들에게 개인적으로 손대접을 한다는 것은 생각하기 어렵다.

우리가 가정에 초청하는 낯선 사람들의 경우, 전혀 알지 못하는 사람은 별로 없다. 복잡한 학맥, 가족, 종교적 인맥을 따라가다 보면 그런 사람들은 더 이상 낯설거나 "미지의 대상"이 아니다. 우리는 실질적으로 우리 개인의 세계가 얼마나 제한되어 있는지, 우리가 "미지의" 나그네들을 얼마나 영접하지 않고 있는지, 또한 사회경제학적으로 그들과 경계를 지어 놓는 경우가 얼마나 흔한지 제대로 인식하지 못한다.

그러나 형편이 되든 그렇지 않든 나그네들에게는 계속해서 손대접이 필요하다. 재정적 여유가 있는 사람들도 여전히 사람들과의 관계를 필요로 한다. 집을 떠나 있는 교수들은 손대접을 통해 음식과 우정을 제공받음으로써 마음이 풍성해진다. 돈이 없는 나그네들에게는 복지시설에서 제공하는 최소한의 음식, 옷, 쉼터 이상의 것이 필요하다. 그들에게는 우정과 그들의 은사를 공동체에 기여할 수 있는 기회가 필요한 것이다.

우리는 궁핍한 나그네들이 개인적인 손대접을 통해 유익을 얻을 수 있다는 사실을 기꺼이 인정할 것이다. 하지만 "낯설음"과 위험부담이 줄어들지 않는다면, 낯선 사람을 쉽게 영접하려고 하지 않는다. 나그네들을 개인적이고 소중히 여기는 장소로 영접해 들일 때, 낯설음을 극복하는 것이 무엇보다 필요하다. 현대가정은 매우 사적인 공간이기 때문에 손대접은 더욱 어렵고 더욱 모험적인 것이 된다. 다른 사람들이 전혀 보이지 않는 곳에서 손대접이 이루어질 때, 주인이나 손님이나 희생자가 될까 두려워하게 된다. 그 때문에 우리는 낯설음을 줄이는 방법들을 찾기도 하지만, 결국 완전히 낯선 사람보다는 직장 동료나 같은 교인들, 어렴풋하게나마 관계가 있는 사람들을 더 많이 영접하게 되는 것이다.

분명 나그네를 영접하는 데는 위험이 따른다. 나그네들이 때로는 축복과 선물을 가져다 주기도 하나, 언제나 그런 것은 아니다. 타락하고 혼란한 세상에서 나그네들은 궁핍하겠지만, 때로 그들은 상대방을 이용하거나 예기치 못한 골치 아픈 일을 일으키며 의도적으로 해를 끼칠 수 있다.

"위험스러운" 나그네와 염려하는 주인들

나그네 영접에 대해 대화하고 토론하다보면, 거의 어김없이 누군가가 위험부담에 대한 질문을 던진다. 어떤 사람은 주인의 집에 불을 지르거나 가족들의 식비를 훔치고 아이를 괴롭히는 등, 신경 쓰이는 손님에 대한 끔찍한 이야기를 들려준다. 또 어떤 사람들은 눌러앉아서 떠나려 하지 않거나, 주인집을 아예 빼앗아 버린 경우도 있다. 또 어떤 사람들은, 자신들의 약탈행위를 감추기 위해 손대접을 가장하는 썩어빠진 주인들을 만난 것에 대해서도 이야기한다. 이러한 사건들은 매우 드물기는 하지만, 아주 심각하고 이따금씩은 엄청나게 파괴적인 것이 되기도 한다. 우리는 단순히 자신의 안전 때문에 위험과 모험을 염려하는 것이 아니다. 가족과 공동체 내의 다른 사람들, 특히 아이들과 다른 취약한 사람들을 보호하기 위한 책임이 있기 때문에 가능한 위험들에 주의를 기울여야 한다.

사람들은 나그네를 영접하는 일에 따르는 위험과 어려움에 대해 늘 염려해 왔다. 종종 우리는 나그네를 더 쉽고 안전하게 대접할 수 있었던 옛시절을 회고한다. 많은 사람들이, 농장이나 서로 같은 인종끼리 모여 살던 시절 우리 할아버지 할머니 혹은 증조부 증조모는 손대접하기가 훨씬 쉬웠을 것이라고 확신한다.

마틴 루터는 구약의 족장들과 그들 후손들은 16세기의 그리스도인들보다 더 안전하고 쉽게 손대접을 할 수 있었을 것이라 확신했다. "당시에는 오늘날과 같이 많은 수의 부랑자들과 건달들이 없었기" 때문이다. 그는 각 가정들에게 "신중하지 못해 위험을 자초하는 일이 없도록" 주의할 것을 경고했다. 족장들은 "마치 하나님께서 친히 오시기라고 하듯 나그네들을 공손하게" 영접할 수 있었지만, "오늘날 이 쓰레기 같은 세상은 너무나 사악하고 사기와 협잡을 당하는 경우가 너무나 많아서 누구에게 어떻게 대해야 할지를 모른다."[15]

캘빈 역시 아브라함 시대가 자신이 살고 있는 시대보다 손대접하는 것이 더 안전했을 것이라고 생각했다. "그때는 보편적으로 사람들이 훨씬 더 정직했다. 그렇기 때문에 정상적인 손대접을 덜 위험하게 시행할 수 있었을 것이다." 캘빈은 상업적 손대접에 점점 더 의지하게 된 당시 상황을 죄성이 더 증가한 것과 연관지었다.[16]

나그네를 손대접할 때 겪을 수 있는 위험에 대한 관심은, 5세기나 6세기부터 수도원생활을 지배해 온 오래된 규칙에까지 분명하게 나와 있다. 그 규칙을 기록한 사람은 수도원에서 영접한 손님들이 도둑이나 이간자, 혹은 "기생하는 식객"이나 "건달"일까 봐 염려했다.[17] 그럼에도 불구하고 어느 누구도 그러한 위험 때문에 나그네를 들어오지 못하게 하거나 손대접을 소홀히 해도 된다고 생각하지는 않았다. 다만 그 위험요소들을 인식하고 줄여야 한다고 생각했을 뿐이다. 그래서 루터는 주인에게 손님들에 대해 믿을 만한 사람들로부터 추천서를 받을 것을 권면했다. 수도원 규칙에는 손님들을 주의깊게 살펴보고 그들에게 공동체의 노동에 참여하도록 요구하라는 지시가 포함돼 있다. 일부 용어나 방침들은 너무 사람을 의심하는 것처럼 보이기는 하지만, 손대접이 더 일반적으로 시행되던 시기에 위험을 줄이려고 애쓴 사람들은 우리에게 교훈이 된다.

위험을 줄이는 한 가지 방법은 좀더 공개적으로 손대접을 하는 것이다. 이것은 덜 인격적인 방법으로 손대접하라는 말이 아니라, 좀더 공적인 자리에서 손대접을 시행하고 덜 사적인 곳에서 계속 영접해야 한다는 의미다. 몇몇 구약 기사들을 보면, 손대접은 공동체가 정기적으로 모이던 공공장소에서 시작되었다. 나그네는 먼저 거기서 사람들을 만났고, 그후 각 가정으로 초대받았다. 최소한의 관계를 확립할 만한 공동체 배경이 없는 곳에서는 전혀 낯선 나그네를 영접해 들이기는 쉽지 않다. 낯을 익힐 수 있는 방도가 없거나 사람들이 안전하고 편안하게 첫대면할 수 있는 장소나 수단이 없을 때, 잠재적인 주인들은 위험과 염려 때문에 나그네 영접을 망설이게 된다.

손대접은 성문, 현관, 공적 공간과 사적 공간의 중간에서 시작된다. 현관 같은 장소를 만들어 내는 것은 현대의 손대접에서 중요하다. 몇몇 손대접 공동체들은 이 문제에 창의적으로 접근한다. 어떤 경우는 나그네들이 쉽게 접근할 수 있는 큰 도시에 집을 하나 설립했다. 그 집에서 몇 가족이 나그네들을 영접했으며, 지속적이고 비공식적인 관계를 통해 그들 중 누구를 시골에 있는 공동체 집에서 더 지내게 하는 것이 좋을지를 최종 결정했다. 또 다른 공동체는 노숙자를 영접하는 본집을 하나 두고 한두 달 동안 그들과 함께 살아본 후, 몇 년간 함께 살 수 있는 좀더 친밀한 가족적 분위기로 들어가도록 했다.

이러한 과도기에는 다리나 문턱 역할을 하는 사람들이 매우 중요하다. 그들은 나그네 세계와 그들을 영접하는 공동체 세계를 둘 다 잘 안다. 그들은 이전에는 나그네로 영접받았지만 결국에는 공동체의 일원이 되어서 나그네를 맞이하는 주인의 역할을 맡게 된 경우가 많다. 그런 사람들은 상황과 필요와 자원들을 효과적으로 이해하고 분별할 수 있다.

이전 나그네를 영접하는 집들은 상당히 크고 많은 일들을 활발히 수행하는 경우가 많았다. 사실상 손대접은 아브라함 시대나 우리의 증조부 시대가 더 쉬웠을 것이다. 그 당시 사람들의 죄성이 더 적었기 때문이 아니라, 그 관행이 도덕적으로 더 설득력 있었고 집들이 더 컸기 때문이었다. 오늘날처럼 집이 작고 자주 비어 있으며, 공동체와 분리돼 있었던 적은 일찍이 없었다. 집이 더 작아졌기 때문에 낯설음과 위험도 분명하게 줄여야 할 필요가 있다. 현대의 손대접 공동체 대부분은 의도적으로 우리 사회 어느 곳보다 사람들도 많고 더 활발하게 활동하는 집을 세웠다. 이렇게 함으로써 그들은 위험을 염려하지 않고도 낯선 사람들을 영접할 수 있게 된다.

위험을 줄이는 다른 방법은 초기 기독교 관행에서 분명하게 드러난다. 그리스도인들은 다른 곳에서 온 그리스도인을 실제로 손대접할 때, 서먹함을 줄이는 데 도움이 되는 구조와 제도를 개발했다. 초대교회에서는 다른 신자들이 보내는 추천서를 이용했다.[18] 또한 그들은 간단한 테스트를 이용하기도 했는데, 그것은 나그네를 따뜻하게 영접한 후 그들의 행동을 지켜보는 것이었다. 그들이 너무 오래 머물거나 게으르거나 삶이나 대화를 통해 거짓됨이나 부도덕함을 드러내면, 더 이상 그들을 손대접하지 않았다.[19] 나그네는 공동체의 예배의식, 함께 나누는 식사, 성찬식 등에 함께 참여할 수 있었다. 이러한 활동은 배경이 전혀 다른 사람들을 공동체에 통합시키는 데 도움이 되고, 서로의 차이점을 줄이는 데도 도움이 되었다. 처음 몇 세기 동안 집사들은 인근의 가난한 사람들의 보호자 역할을 했다. 궁핍한 사람들을 찾아내고, 그들의 세세한 상황을 알아내며, 그들의 상태를 감독에게 알리는 일을 했다.[20] 그들은 대부분 미리 알아서 손대접을 했다.

수도원 공동체는 나그네를 자신들 한가운데로, 아주 조직적인 환경 속으로 영접했다.「베네딕트 규율」을 보면 중요한 본보기가 나온다. 나그네는 그리스도와 같은 존재로 여겨져 따뜻하게 영접받고, 수도원생활의 많은 일상의식에 초대받았다. 기도시간, 성경읽기 시간, 함께 식사를 나누는 시간을 통해 나그네들을 더욱 알게 되고 그들의 성품과 의도를 어느 정도 분별할 수 있었다.[21]

나그네의 낯설음을 줄이는 후대의 예는 18세기 감리교도들이 소그룹 모임을 중요시한 것에서 찾아볼 수 있다. 그들은 친밀한 소그룹 조직으로 되어 있었기 때문에 나그네가 오면 이웃 사람들이 모두 알게 되었다. 그래서 나그네가 공동체 일원이 되면 서로 책임지고 도와주었다.

나그네를 대접해야 할 책임을 받아들이고 그것이 얼마나 중요한지 인식한다 해도, 의도적으로 연관을 맺지 않으면 연약한 사람들을 집이나 교회로 영접할 가능성은 별로 없을 것이다. 우리는 나그네와 사전 관계를 쌓을 수 있는 성문, 공동체 의식, 소그룹 모임 등에 해당하는 것이 무엇인지 발견하거나 만들어야 한다.

한편 그리스도인들은 나그네를 영접하지 않으려는 마음을 줄이고 위험부담을 최소화하는 데 신학적 논증을 이용했다. 나그네를 영접할 때는 그들과의 공통기반을 찾아내야 한다. 기독교 전통은 나그네를 "타자"(他者)로 맞아들인 적이 한번도 없었다. 손대접을 베풀라는 권면은 나그네가 하나님의 형상으로 창조되었으며, 같은 인간의 육신을 가지고 있음을 인식한 것이었다. 거의 모든 설교는 궁핍한 나그네한테서 그리스도를 인식하고 영접해야 한다고 주장했다. 마태복음 25:35의 "내가…나그네 되었을 때에 영접하였고"라는 말씀은, 나그네와 주인 간의 공통기반을 제공한다는 점에서 심오한 것이다. 사람들이 가장 바라는 손님인 예수님은 취약한 나그네의 모습으로 오신다. 주인들은 예수님을 영접할 수도 있기 때문에 저항과 두려움을 떨쳐 버릴 수 있는 것이다.

인간적 경험을 함께한다는 인식 역시 공통기반을 제공했다. 나그네들이 손님으로 영접받기 위해서는 주인과 비슷한 존재로, 필요나 경험, 기대 면에서 "우리와 같은" 존재로 여겨져야 했다. 나그네가 취약한 존재라는 것만으로는 충분치 않았다. 주인은 나그네들을 영접하기 전 그들의 취약함과 고난의 경험에 공감해야 했다. 구약본문은 이스라엘 사람들이 나그네의 심정을 경험해 알기 때문에 (출 23:9), 나그네를 잘 영접해야 한다는 것을 상기시켰다. 돌보는 것은 얼마나 공감을 하는가에 따라 상당히 좌우되는 것이다.

낯설음을 줄이는 것이 중요한 것은, 실제로 손대접을 베푸는 데는 노력과 용기가 필요하기 때문이다. 우리와 매우 다른 사람들을 영접하는 일은 큰 노력을 요하는 일이다. 사람들이 다르거나 불편하거나 그들에게 필요한 것이 상당히 많을 때라도 우리는 상호 연관되는 점들을 발견하고 지속적으로 헌신하려 애를 써야 한다.

나그네들에게 우리의 집은 고사하고 가장 기본적인 양식과 안전마저 제공하지 않을 수 있는 대단히 효과적인 방법이 있다면, 그것은 서로의 차이에 초점을 맞추고 그들이 낯선 존재임을 강조하면 된다. 나치군대는 유대인들의 "타자됨"을 무턱대고 과장함으로써 그들을 낯선 사람들로 만들었다. 인종청소의 논리는 다른 문화나 공동체를 완전히 별개의 이질적인 것으로 보는 데에 있다. 이민자와 난민들에 대한 현대의 적대적인 묘사는 나그네를 위험스러운 타자로 여기고 있음을 반영한다.

손대접 전통에 대해 자세히 읽어 보면, 사람들의 "타인됨"을 강조하고 찬미하는 현재의 철학적 논의들을 주의깊게 고찰해 보아야 한다는 것을 알 수 있다. 우리는 분명 차이를 인식하고 특정한 정체성을 단언하고 싶어하지만, 또한 우리 자신의 독특성 외의 다른 것에 초점을 맞출 필요가 있다. 나그네를 실제로 돌보려면, 그들을 근본적으로 우리 자신과 같은 존재로 보아야 한다는 것을 기억해야 한다. 손대접은 우리의 차이점보다는 동질성을 인식하는 것과 나그네를 이웃으로, 형제자매로 보는 것에 좌우된다.

필사적인 나그네를 머뭇거리며 영접함

손대접의 중요성에 대해 아주 감동적인 글을 쓴 수많은 역사적 인물들은, 특정한 상황에서는 손대접이 훨씬 더 어려워지거나 완전히 짓눌려 버린다는 사실 또한 깨닫게 해준다. 나그네를 영접하겠다는 결심도 그 수가 엄청나게 많거나 그들의 필요가 너무 크면 압도되어 버릴 수 있다. 손대접의 한계에 이르게 하는 세 부류의 나그네가 있다. 순례자와 고향에서 쫓겨난 가난한 이들과 난민들이다. 일반적으로 그들은 손대접을 절박하게 필요로 하지만, 부분적으로 그들의 수나 그들이 제도와 관계로부터 분리돼 있기 때문에 손대접의 한계를 느끼게 한다.

순례자는 장소와 사회적 관계에서 분리된 최초의 집단 가운데 하나였다. 도중에 묵어갈 곳의 주인과 중대한 관련을 맺고 있는 사람들은 거의 없었다. 많은 이들이 가난한 사람과 나그네들의 취약함이 뒤섞인 거지들이었다. 그들 가운데는 범죄자나 협잡꾼들도 있었다. 그런 사람들 때문에 집 안에서 손대접하는 것은 위험하고 버거운 일이 되었다. 그래서 평신도의 큰 집이든 수도원 집이든, 중세의 주인들은 순례자들을 차별을 두어 영접했다. 어떠한 영접을 하는가는 순례자의 성품에 기초한 것이 아니라, 그 사람의 재산과 사회적 계층을 근거로 했다. 특히 가난한 순례자들은 성문이나 그들을 위해 만든 시설에서 거리를 두고 대접했다. 그들을 집 한가운데로 영접해 들이는 경우는 거의 없었다.

공동체들이 가난하고 내쫓긴 사람들을 얼마나 가혹하게 다루었는지는, 16세기 영국에서 그 예를 찾아볼 수 있다. 그 시기에는 인구의 50퍼센트나 되는 사람들이 뼈에 사무치도록 가난했다.[22] 유랑생활과 부랑자들이 널리 퍼져 있었고, 때로는 조직화되어 있었다. 공동체들은 이 새로운 범주의 가난한 사람들—공동체의 책임에서 분리되어 있고, 이동이 잦으며, "주인 없는"[23] 나그네들—을 어떻게 다룰 것인가 하는 문제로 곤경에 처해 있었다. 부랑자 무리는 사람들을 불안하게 만들었다. 그들은 큰 규모로 몰려다니면서 때로는 무지막지하게 구호금이나 숙소를 요구했다. 영국의 왕들은 그들이 다스리기 어렵고, 정착하지 못하고 반역에 쉽게 가담한다고 생각해 두려워했다. 결국 당국은 가혹하고 냉엄한 법령과 심한 처벌로 그들을 다루었다.

그후 도시화와 산업화의 영향으로 많은 가난한 사람들이 나그네가 되었다. 그들은 땅으로부터 분리되고 영주와 소작인을 연결시켜 주던 옛 의무로부터 분리되었다. 도시로 이주해 온 가난한 사람들은 영구적인 "나그네"가 되었다. 그들 무리의 숫자와 필요는, 간신히 명맥을 이어가던 중세 손대접으로는 도저히 감당하기 어려울 정도로 컸다.

난민의 수가 많을 때도 손대접은 한계에 이른다. 난민들을 지속적으로 영접하는 것은 기존에 있던 사람들에게 미치는 경제적 영향과도 밀접한 관련이 있었다. 난민의 필요가 상당히 커서 지역의 자원을 고갈시킨다고 인식될 때는 손대접이 시들해졌다. 또한 난민들의 기술과 성공이 지역의 사업, 농업, 일반적인 사회정치적 상황들을 위협할 때도 시들해졌다. 이것은 캘빈 시대 제네바에서 분명하게 드러났다. 제네바는 작은 도시로, 수천 명의 핍박받는 개신교도들을 흡수·병합하느라 애쓰고 있었다. 지역 주민들은 난민을 영접하는 "신성한 의무"에 캘빈보다 그 열심이 덜한 경우가 많았다. 오늘날 미국에서 이민자나 난민들이 지역경제나 공동체의 정체성을 위협한다고 인식되는 지역에서도 이와 비슷한 불평들이 표면화된다. 사람들은 문화적 차이나 사회경제적 필요가 너무 지나치다고 느낄 때, 또는 나그네들의 힘이 점점 커져 위협을 느낄 때 "더 이상 자리가 없다"고 선포해 버린다. 그렇게 되면 나그네는 공동체에 위협이 되는 적으로 배역이 바뀐다.

오늘날 손대접할 엄두를 내지 못하는 것은 여러 가지 중독이나 심한 정신질환으로 일어나는 예측불가능한 폭력 때문이다. 궁핍한 사람이 많거나 그들의 고통이 너무 심할 때는, 그들을 돕기 위해 당연히 전문적인 기관들을 의지하기도 한다. 보조기관에 대한 가톨릭의 원칙은 이러한 상황들을 분별하는 데 도움이 될 수 있다. 나그네를 돌보고 그들의 필요를 채우는 일은, 가능하면 개인적이고 비구조적인 차원에서 하는 것이 가장 좋다. 필요한 경우에만 전문적인 기관들을 의지하는 것이 좋다.[24]

나그네와 그들이 처한 상황의 특징에 대한 인식은, 나그네를 영접하는 일을 좀더 쉽게도 할 수 있고 어렵게도 할 수 있다. 자신들이 통제할 수 없을 정도의 필요와 곤란을 겪고 있는 나그네들은 도움을 "마땅히 받을 만한" 사람들로 인식되어 쉽게 영접받는다. 필립 할리의 표현을 빌리면, 이러한 나그네들은 "폭풍우"―외적인 원인으로 발생한 문제나 재앙―로부터 "구조"될 필요가 있고 될 수 있는 사람들이다. 각종 중독이나 심각한 정신질환 등 "폭풍우"를 자초하는 사람들 역시 영접받아야 하지만, 대부분은 비공식적인 개인적 손대접만으로는 충분치 못하다.[25]

절망에 빠진 여러 부류 가운데 하나인 나그네들을 영접할 때 주인들은 자주 머뭇거린다. 그들에 대한 손대접이 끝없는 과업이나 그 "흐름"이 무한히 계속될까 두려워하기 때문이다. 필요가 많더라도 단기간만 도와주면 되는 사람은 계속 지원해 주어야 하는 사람보다 영접하기가 더 쉽다. 그런 사람들은 일단 필요를 채우거나 위기를 면하고 나면, 재빨리 자급자족하는 삶으로 되돌아갈 수 있다. 복잡하고 장기적인 필요가 있는 사람들을 손대접하기란 더 힘겨운 일이다.

시장성 있는 기술이나 도움을 주는 가족, 재정 등의 자원을 얼마라도 가지고 있는 나그네들은, 보통 아무런 자원이나 연고 없는 사람들보다 대접하기가 더 쉽다. 역사와 가치관과 신앙 면에서 주인들과 공감대를 형성하고 있는 나그네들은 더욱 쉽게 영접을 받는다.

나그네의 어떤 특성들 때문에 영접하는 일이 더 쉬워지거나 어려워진다는 것이 곧 사람들이 영접을 받을 만한 가치가 있는지 없는지, 혹은 다른 사람들이 그들을 영접할 의무가 있는지 없는지를 결정한다는 의미는 아니다. 그것은 손대접할 때 나그네의 필요와 그들의 자원에 따라 헌신의 정도가 달라지며, 여러모로 도전을 경험하게 된다는 의미이다.

우리와 가장 가까운 곳에 있는 나그네들

상당한 도움이 필요한 취약한 사람들—노숙자, 난민, 이주민, 중증 장애자들—을 관대하게 영접하기 위해서는 물질이나 육체적 도움뿐 아니라 그들을 공동체에 포함시켜서, 그들의 정체성이나 형편, 그들의 헌신을 존중해 주어야 한다. 그런 사람들을 손대접하려면, 특히 궁핍한 처지에 있는 개인이나 한 가족 이상의 사람들을 영접하려면 조직된 공동체의 자원이 요구되는 경우가 많다. 그러나 많은 나그네와 이웃들이 손대접을 통해 이루 헤아릴 수 없는 유익을 얻을 수 있다. 개인이나 가정들은 방치된 아이 혹은 특별한 필요를 지니고 있는 사람, 학대받는 여성, 임신한 십대, 그리고 심각한 질병에서 회복되고 있는 사람이나 말기병 마지막 단계에 있는 사람들을 영접할 수 있다. 우리는 생명을 주거나 생명을 지속시키는 손대접을 위해 반드시 가장 힘든 시나리오를 택할 필요는 없다.

어느 정도 재정적 여유가 있는 나그네에게는 손대접이 관계와 공동체, 위안과 장소를 제공해 줄 수 있다. 고립돼 있거나 가족이나 친구들과 멀리 떨어져 있는 사람들에게는 그들을 영접해 주는 장소, 함께 나누는 따뜻한 식사, 가족의 일원으로 받아들여 주는 가정 등이 필요하다. 유학생, 외국인 근로자, 집을 떠나 있는 대학생, 집에서 멀리 떨어져 있는 군인 등은 자신들을 영접해 주는 가정이나 교회에 쉽게 호감을 갖는다. 또한 우리는 이웃 노인들, 최근에 이사해 온 가정들, 가정이 깨어진 사람들, 마음의 상처를 입었다가 회복되고 있는 사람들에게도 손대접을 베풀 수 있다. 이들은 종종 교회나 직장이나 학교나 이웃에서 처음 만나게 된다. 이들을 영접하는 일은 중요하지만, 특별히 복잡하거나 지속적이거나 위험하지는 않다.

교제, 인정받음, 손대접의 특성인 보살핌이 가장 필요한 나그네 중 일부는 감옥과 보호감호시설에 숨겨져 있기도 하다. 고대교회는 갇힌 자와 아픈 자를 심방하는 일을 손대접의 연장으로 보았다. 이들에게 도움을 베풀기 위해서는 기꺼이 그들의 세계에 들어가, 우정과 위안을 가져다 주는 나그네의 역할을 수행해야 한다. 마찬가지로, 호스피스 팀으로 섬기는 사람들은 나그네로 각 가정에 들어가서, 죽어가는 사람의 가족들이 사랑하는 사람에게 손대접을 베풀 수 있도록 배려할 수도 있다.

나그네, 특히 취약한 나그네를 영접하는 것이 우리의 도덕적 책임인 것을 강조하다 보면, 훨씬 가까이 있는 사람들에게 손대접할 수 있는 기회를 그냥 지나칠 수 있다. 사실 우리가 나그네에게 베푸는 손대접은 가족과 교인들에게 베푸는 영접의 연장선상에 있다.[26] 그러나 우리와 가장 가까운 사람만 손대접할 때는 나그네 영접이 일반적인 접대로 쉽게 빠지고 만다. 아니면 그들에게 너무 치중한 나머지 친구나 연고가 없는 다른 사람들에게는 시간이나 여유를 낼 수 없는 위험이 따를 수 있다.

우리는 가족과 친구들을 따뜻한 애정으로 영접하는 것을 결코 사소하게 여겨서는 안된다. 지치거나 상처난 상태에서 회복되기 위해 어느 정도 시간과 장소가 필요한 친척과 친구에게, 자비롭고 친절한 손대접은 엄청난 선물이다. 나이든 부모님을 자기 집으로 영접해 모시는 일은 손대접의 훌륭한 본이다. 어렵거나 지친 가운데서도 사역의 최전선에서 일하는 사람들을 손대접하는 것 역시 사역 그 자체다. 연로하신 부모님이나 심각한 장애를 가진 아이들에게 얽매여 있는 사람들은 우리의 간단한 영접과 친절한 행위를 통해서도 기운을 회복할 수 있다. 휴가를 가질 만한 여유가 없는 이들을 평화로운 곳으로 영접한다면, 그들은 매우 필요했던 휴식을 누리고 기분전환을 할 수도 있다. 이러한 가능성 외에도, 손대접은 단순히 삶의 기쁨이 될 수 있다. 가족과 친구, 직장동료들을 애정 가득한 장소로 영접해 함께 식사를 나누고 대화하며 서로의 집을 방문하는 가운데, 새롭게 기운을 회복하게 된다.

대부분의 손대접 공동체들이 실제로는 다양한 부류의 나그네를 영접해, 다각적으로 손대접을 한다. 노숙자와 난민 같은 나그네들은 그들의 여러 가지 필요들 때문에 공동체 사역의 일차적 초점이다. 그러나 대부분의 경우 다른 부류의 나그네들도 따뜻한 영접을 받는다. 이들 중 많은 사람들이 진정한 그리스도인의 삶에 대한 비전이나 기독교 공동체에 대한 경험을 열망한다. 어떤 사람들은 의미나 목적, 자신의 은사를 다른 사람들에게 기여할 기회를 찾고 있다. 어떤 공동체는 방문자와 자원봉사자들의 수가, 원래 사역을 시작한 사람들을 훨씬 능가하기도 한다.

'희년 동역자들'(Jubilee Partners)의 돈 모슬리(Don Mosley)는 자신들이 하는 손대접은 난민을 돌보는 일을 넘어선다고 말한다. "우리는 또 다른 유형의 손대접을…중산층, 북미인, 유럽인들에게 시행하는데, 그들은…물질적인 여유는 있지만 삶을 보다 의미 있게 만들어 줄 뭔가를 접해 보려고 여기에 온 사람들이다." 다른 사역자는 그들을 찾아온 여러 부류의 손님들을 보고는 이렇게 말했다. "내 생각에는 각자 모두 똑같이 소중한 것 같습니다. 자원봉사자나 손님이나 난민들 모두가 똑같이 소중하다는 말이지요." '라르쉬'는 장애인들이 핵심인 공동체이지만, 다른 많은 방문객과 구도자들도 환영한다. 세상에 소망을 표현하고 사랑을 실천하는 것이 가능하다는, 살아있는 증거가 되고자 하는 설립 사명 때문이다.

노숙자를 돌보는 한 공동체는 사역의 범위를 좀더 넓혀서 다른 나그네와 이웃들도 포함시킨다. 그 공동체는 암과 아픈 자녀로 힘들어 하는 사회 사업가를 영접했다. 그가 "노숙자만큼이나 우리에게 똑같이 귀중한 사람"임을 확신하면서 말이다. 동네에서는 사역자들이 "어린이 모임"을 통해 동네 아이들과 접촉하고, 손님들은 나이든 이웃들의 집을 수리하거나 보수해 준다. 그 공동체 설립자는 함께 시간을 내 이웃을 방문하는 것이 얼마나 중요한지 강조한다. "그들과 함께 보내는 시간은 노숙자와 함께 보내는 시간만큼 소중하다. 궁극적으로는 그 모두가 주님께 대한 사역이기 때문이다." 금요일 저녁마다 그들은 인근 주택단지에 사는 정신질환 노인들과, 전에 그 집에 살던 인근 주민들에게 저녁식사를 제공한다. 최근에는 그 공동체에서 도움과 쉴 곳을 얻은 노숙자들이 직접 요리하고 시중드는 경우도 많아졌다.

신앙과 삶의 의미에 대한 의문들을 가지고 있던 나그네들은, 손대접을 받으면서 그 해답을 발견하기도 한다. 언제나 손님이 끊이지 않는 수도원들은,[27] 좀더 충만한 그리스도인의 삶을 찾으려는 구도자들과 탐구자들을 환영한다. 라브리는 40년 동안 전세계 학생들과 구도자들을 맞이해 들였다. 두 경우 모두 따뜻한 환대와 손대접을 통해, 그들이 추구하는 질문에 대한 답을 몸으로 보여준다. 그것은 복음의 내용에 살을 붙여 주는 것이다.

손대접이 생활방식이 될 때, 우리가 영접하는 나그네와 손님들은 더욱 다양해지는 듯하다. 놀라운 일과 우발적인 사건들에 마음을 열면, 우리는 난민가족과 수술에서 회복되고 있는 거리의 할머니를 도울 수 있다. 발달장애가 있는 십대와 삶의 의미와 목적에 의문을 품고 있는 학생들에게도 문은 열려 있다. 손대접을 잘하는 교회는 남자 노숙자와 먼 곳에서 방금 도착한 가족을 위한 도움도 베풀 수 있다. 우리는 유한한 인간이기 때문에, 분명 우리가 할 수 있는 것에는 한계가 있다. 그러나 여러 부류의 나그네를 맞아들이게 되면, 점점 두려움은 반감되고 확신은 더 깊어진 채, 더 넓게 더 자주 문을 열 수 있게 된다.

6. 주변인 손대접

"내가…나그네 되었을 때에 영접하였고." 마태복음 25:35

"나는 열세 살에 고아가 되었습니다. 어느 누구도 홀로 외로움에 떨어서는 안됩니다." 이 단순한 두 마디 때문에, 아흔한 살 되신 우리 할머니께서는 다시 한번 건넛마을에 살고 있는 나이든 한 친지에게 크리스마스 만찬을 가져다 주어야겠다고 결심하셨다. 우리 할머니는 오랜 세월 동안 수많은 친지와 나그네들을 영접하셨다. 하지만 이전에는 할머니나 나나 이렇게 꾸준히 손대접하는 일을, 할머니 자신이 어린시절 홀로 남겨져 낯설고 때로는 친절하지도 않은 집에서 자랐던 경험과 연관시켜 본 적이 한번도 없었다. 고아와 나그네가 되었던, 어렴풋하지만 지금도 생생한 기억 때문에 할머니는 평생토록 열정적으로 손대접을 하셨다.

할머니는 언제나 후손들이 당신처럼 손님대접을 잘하지 못하는 것을 두고 안타까워하셨다. 우리가 크리스마스 만찬을 아더 씨에게 갖다 주면서 너무 음식이 많은 것 아니냐고 말할라치면, 할머니는 누가 들어도 낙심한 듯한 어투로 이렇게 말씀하셨다. "얘들아, 단순히 음식이 문제가 아니란다. 누군가 나를 돌봐 주고 있구나 하고 안다는 것이 중요한 게지."

할머니의 말씀은 손대접에 대한 근본적인 진리를 표현한다. 나그네가 되었던 경험, 혹은 사회 주변의 취약한 사람이 되었던 경험이 종종 손대접을 **베푸는 것**과 연관된다는 사실이다. 손대접이 가족과 친구들을 접대하는 것 이상일 때, 사회적 경계선을 넘어서 공동체를 형성할 때, 인간의 중요한 필요를 채워 주고 신적인 자비심을 반영할 때, 그 손대접을 베푸는 주인들은 어떤 면에서는 자신들을 더 넓은 사회의 주변인으로 여기고 있는 경우가 많다.

주변성과 손대접 사이의 연관

영접받아야 하는 취약한 나그네들은 보통 사회의 주변적인 인물들이다. 중요한 인간관계와 사회적 제도들로부터 분리돼 있기 때문이다. 종종 사회 중심부에 있는 사람들은 그들을 간과하고 과소평가한다. 주인들의 주변성은 다소 다르다. 대부분의 경우 중요한 사회제도들로부터 분리되었다기보다는 어느 정도 거리를 두고 있는 것이다. 그들은 힘과 지위와 소유에 대해서도 의도적으로 일반인들과 다르게 이해한다. 그런 주인들은 자신들의 행동과 헌신과 독특한 생활방식에 의해 일반사회와 구분되는 경우가 많다.

성경에서는 하나님의 백성은 통상 주변인의 경험을 한다고 말한다. 이스라엘인들과 초기 그리스도인들은 자신들을 외국인과 나그네로 이해함으로써, 하나님을 의지하고 있음을 상기했다. 그것은 그들이 감사하고 순종하는 기초가 되었다. 특히 이스라엘인들은 그것 때문에 그들 가운데 살던 진짜 외국인들의 감정과 취약성도 인식할 수 있었다. 초대 그리스도인들은 외국인이라는 지위 때문에 남다른 생활방식과 질서를 따랐으며, 그로 인해 인습적인 경계와 관계들에 도전했다. 초대 그리스도인들은 다른 사람에게 필요한 것을 공급하는 것과 다른 사람을 영접하는 것이 모두 은혜로 인한 것임을 강조하면서 자신들의 삶과 소유를 나누었고, 상당한 사회적·인종적 차이를 초월했다. 이방인이라는 지위가 그들에게 이 세상에서 안식처를 갖는 것과 손대접을 중요하게 여기도록 했으나, 한편으로는 "집"에 대한 경험을 상대화하고 변혁시켰다. 집은 중요하기는 하지만 그들에게는 임시적인 것이었다.

예수님을 생각할 때 그리스도인들의 손대접은 좀더 복잡해진다. 우리는 예수님을 더 큰 주인이시며 동시에 잠재적인 손님으로 여기면서 손대접한다. 예수님의 영접을 받고 은혜를 입음으로, 교만과 자기 의가 수그러지면서 우리는 더욱 손대접에 힘쓰게 된다. 손님으로 그리스도를 영접할 수도 있다는 가능성 때문에 우리는 더욱 친절하고 열심히 나그네를 손대접하게 된다.

교회사에서 손대접이 가장 활기차게 시행되던 시기는 주인들 스스로가 그들이 속한 사회에서 주변인이었던 때였다. 그들이 주변인이 된 까닭은 여러 가지였다. 예를 들면 초기 그리스도인들은 핍박받는 소수였고 어떤 경우에는 문자 그대로 외국인이었다. 핍박이 끝난 이후인 교부시대에는 일부 그리스도인들이 금욕적 관행과 수도원적 삶을 통해 일부러 다시 주변적 삶을 살기도 했다. 초기 감리교도들 중 가난한 사람과 나그네를 돌보았던 많은 사람들은, 그들 자신이 가난하고 지위가 낮은 사람들이었다.

의식의 경계(liminality)와 공동체에 대한 빅터 터너의 연구는, 이 시기의 독특한 특징들을 해석하는 데 도움이 된다. 그 시기들은 그리스도인들이 더욱 의도적으로 평등을 구현했고, 기독교 공동체 안에 지위와 계층이 더 모호했으며, 일반사회보다 재산관계가 더 유동적이었던 때였다. 터너가 묘사하듯이, 의식의 경계선상에 있는 사람과 공동체들은 "일반문화가 규정하는 지위와 신분의 연계망에 속하지 않는다. 의식의 경계선상에 있는 존재들은 여기 있지도 저기 있지도 않다. 그들은 법과 관습이 정해 놓은 위치 중간의 이도저도 아닌 곳에 있다."[1]

터너는 여러 문화권과 시간대에 살면서 의식의 경계선상에 있던 사람들을 분석하면서, 모든 사람이 어떤 특징들을 지니고 있음을 주목한다. 그들은 "1)사회구조 틈새에 있거나, 2)그 구조 주변에 있거나, 아니면 3)가장 낮은 단계를 점하고 있다." 터너는 가장 강력한 공동체는 의식의 경계, 주변성, 열등성과 연관되어 있다고 말한다.[2]

역사적으로나 우리 시대에나, 가장 영향력 있는 손대접은 의식의 경계선상이나 주변, 아니면 사회질서의 밑바닥에 있는 주인들이 베푼다. 그 주인들은 본질적으로 문지방 혹은 다리가 되는 사람들이다. 어떤 면에서 그들은 더 큰 사회와 연관돼 있지만, 실제로는 사회적 상황과 스스로 거리를 두었다는 점에서 그 사회와는 별개인 사람들이다. 이러한 주변성과 의식의 경계라는 중대한 차원들이 없으면, 주인과 나그네의 관계는 기존의 사회적 관계와 지위, 계급조직을 강화하는 보수적인 기능을 하는 경우가 많다.

그리스도인들이 재물과 권세와 영향력을 지니고 있을 때, 어떤 사람들은 일부러 주변인이 되기도 한다. 이에 대한 아주 좋은 예가 고대 기독교 수도원이다. 수도원들은 검소함, 복장, 순종, 금욕 등에 대한 엄격한 규칙을 정해 놓고 일반사회와는 확연히 구분되는 환경을 만들어 냈다. 일상적인 관행과 의식들, 그리고 세상과의 구별 때문에 수도사들은 독특한 생활방식을 영위할 수 있었다. 어떤 사람들은 기독교적 손대접의 찬란한 모범이 되었다.

4-5세기 수도원 제도를 형성하는 데 도움을 주었던 많은 그리스도인 지도자들과 저술가들은, 사실상 매우 부유했으며 세상에서 그 영향력도 아주 컸다. 그들은 재산과 지위를 버리고 수도원 공동체를 만들거나, 또는 크리소스톰의 경우처럼 신실한 그리스도인들에게 일상생활에서도 수도원과 같은 수준의 금욕적인 생활을 하도록 권면했다. 이 시기 동안 많은 그리스도인 여성들이 탁월한 손대접으로 칭송을 받았다. 대부분은 재산의 상당한 부분을 내주고 개인적인 특권과 지위를 포기한 부유한 과부들이었다. 그들은 가족과 성적 관심과 재산을 버리고서, 스스로 매우 엄격한 금욕생활을 했다. 터너의 말을 빌리면, 그들은 이도 저도 아닌 의식의 경계선상에 있는 사람들이 되었다. 손대접과 공동체 형성에서 수행한 그들의 역할은 당시의 여자들로서는 보기 드문 것이었다. 그들은 일하고 사역하고 여행할 자유를 누렸는데, 그런 자유는 당시 교회나 문화 안에서 대부분의 여성들이 누리지 못하던 것이었다.

역사적 기록을 살펴보면, 자신들의 가문재산을 다 써가면서까지 가난한 사람들을 관대하게 손대접한 멜라니아(Melania), 마르셀라(Marcella), 파울라(Paula), 유스토키움(Eustochium) 같은 여인들이 나온다. 제롬은 파비올라(Fabiola)의 자선과 손대접에 대해 길게 언급했다. 파비올라는 나이 지긋하고 매우 부유한 부인으로(399년), 베들레헴에서 제롬, 파울라, 유스토키움과 시간을 보낸 로마인이었다. 파비올라는 후에 로마로 되돌아가서도 대규모 자선사역을 계속했다. 제롬은 그녀의 귀환을 이렇게 묘사했다. "여행가방 하나밖에 없이 가는 곳마다 나그네였던 그녀가 자기가 태어난 도시로 돌아갔다. 한때 부자로 살던 곳에서 가난한 자 가운데 살기 위해, 한때 많은 손님들을 접대했던 그녀가 다른 사람의 집에 머물기 위해." 제롬은 그녀의 관대함, 겸손, 검소한 옷차림, 그리고 강한 신앙을 칭찬했다. 제롬의 묘사는 의식의 경계선상에 있던 파비올라의 지위가 관대한 손대접과 얼마나 밀접하게 결합되어 있었는지를 보여준다. 그는 "자기의 재산 중 처분할 수 있는 모든 것"을 팔았다고 그녀에 대해 기록하고 있다.

그것은 그녀의 지위에 걸맞는 큰 재산이었다. 그녀는 가난한 사람들을 위해 자신이 가진 모든 것을 처분한 것이다. 먼저 진료소를 차리고, 거리에 있는 환자들을 불러들여 질병과 굶주림으로 얼룩진 그들의 불쌍한 육체를 간호사가 보살피도록 했다. 인간이 당하는 온갖 질병들, 온전치 못한 코, 잃어버린 눈, 마른 발, 문둥병에 걸린 팔…등을 굳이 묘사할 필요가 있을까? 간질병으로 심한 고통을 당하는 가난하고 더러운 비참한 사람들을 어깨에 메고 온 적이 얼마나 많은지! 다른 사람은 차마 쳐다보지도 못하는 환자의 화농한 부위들을 씻어 낸 적은 또 얼마였던가! 그녀는 자기 손으로 손수 음식을 주었다…. 부유하고 독실한 많은 사람들이 비위가 약하다는 이유로 다른 사람들의 힘을 빌려 이런 자선사역을 수행하며 지갑으로는 자비를 베풀어도, 손으로 직접 자선활동에 참여하는 것은 꺼려한다는 것을 나는 안다. 그들을 비난하거나 행여라도 그들의 꿋꿋치 못한 믿음 부족으로 해석하려는 것은 아니다. 그러나 내가 그들의 연약함은 참아 주더라도, 완벽한 용기에서 나오는 불타는 열심은 하늘 끝까지라도 찬양한다."[3]

제롬은 파비올라가 이전에 누리던 지위와 완전히 대조되는, 그녀가 현재 영위하는 금욕적이고 자선적인 삶에 깊은 영향을 받았다. 그는 그녀가 기꺼운 마음으로 몸소 봉사하는 것이 특히 모범이 된다고 생각했다. 제롬과 다른 지도자들은 사회적 지위의 중요성을 부인했지만, 그러한 지위를 자진해서 버린다는 것은 여전히 칭찬하지 않을 수 없는 일이었다. 그는 파비올라가 성직자, 수도사, 수녀들뿐 아니라 가난하고 궁핍하며 아픈 사람들에게도 관대했다고 기록했다. 로마가 "좁을 정도로 그녀는 동정어린 친절을 베풀었다"[4]고 제롬은 결론내렸다.

파비올라는 서구 최초 병원을 로마에 세웠다. 재력과 지위가 상당한 동료 그리스도인 팜마치우스(Pammachius)와 함께 오스티아에 순례자와 나그네들을 위한 숙박소를 세우고 꾸려 나가기도 했다. 제롬은 그들이 "로마 항구에 아브라함의 장막을 세우는 특권"을 갖고 다투었다고 썼다.

> 그들은 빈곤한 사람들에게 필요한 것들을 보급해 주는 데서 멈추지 않았다. 그들은 누구에게나 관대했으며, 심지어 뭔가를 좀 가지고 있는 사람들에게조차 관대했다. '나그네들의 집'(Home for Strangers)이…로마 항구에 설립되었다는 것을 전 세계가 들었다….[5]

콘스탄티노플 교회의 여집사였던 올림피아스(Olympias, 약 365-410)는 존 크리소스톰과 긴밀한 관계를 맺고 함께 일했다. 대단한 재력가에다 높은 지위에 있었던 그녀는 손대접과 자선으로 널리 알려졌다. 개인재산으로 교회 지도자들이 일하도록 후원하고, 콘스탄티노플의 가난한 사람들을 도왔으며, 수녀들과 수도자들을 부양했다. 올림피아스의 생애에 대해 5세기의 저자는 이렇게 기록했다. 그녀는 "자신의 무한하고 막대한 재산을 모두 나눠 줬으며, 모든 사람에 대해 아무런 차별 없이 도와주었다." 저자는 그녀의 손대접을 "완벽의 극치"라고 묘사했으며, 교회와 수도원과 수녀원, 거지와 감옥에 갇힌 자와 유배된 사람들을 후원해 주었던 "이 유명한 여인의 자선행위로 덕을 보지 않은" 곳이 없었다고 묘사했다. 올림피아스는 콘스탄티노플 교회와 관련된 여자 공동체를 설립해 이끌었으며, 그곳을 기반으로 자선과 손대접을 베풀었다.⁶

이 부유한 여인들은 이론적으로는 사적 공간인 집 안에 속해 있었지만, 실제로는 공적인 삶과 사적인 삶의 모호한 위치에서 일했다. 그들 및 그들과 관련된 손대접은 제도적 틈새, 집과 교회가 중복되는 부분에서 잘 이루어졌다. 동시에 그들은 새로운 기관들을 만들어 내는 것을 도왔다. 그들은 엄격한 금욕적 생활방식을 받아들임으로써 의식의 한계선상에 있는 삶을 살았다. 그들은 가족의 유대와 전통적인 역할들을 포기함으로써 통상적인 가족과는 다른 가족의 모습을 구현했다.

이러한 여성들에게 손대접은 섬김이며 동시에 영향력이었다. 손대접이 가난한 자들이나 병든 자 혹은 나그네들에게 제공될 때는 가장 심오한 겸손과 섬김의 행동이 수반되었다. 그러나 또한 교회 지도자들과 그들의 권위와 권세와도 밀접하게 연관되었다. 손대접이 나중에 공적인 것과 사적인 것으로 명백하게 분리되자 여자들의 역할은 더 억제되었다.

부유한 그리스도인 여성들은 역사의 시기마다 대가족을 통해 상당한 손대접을 베풀었다. 그들은 "여자의 영역"에 안전하게 자리잡고서 가난한 사람들과 힘 있는 사람들을 영접했으며, 당시 여성에게 허용되었던 것보다 훨씬 더 크고 영향력 있는 역할을 수행했다.

훨씬 후대의 한 흥미로운 예는 캐서린 리빙스턴 게렛슨(Catherine Livingston Garrettson, 1752-1849)이다. 매우 저명하고 부유한 뉴욕 가문 출신의 독실한 그리스도인이었던 그녀는, 결국 한 감리교 전도자와 결혼했다. "여행자들의 안식처"(Travelers' Rest)라고 불리던 그들의 집은, 그녀가 "순회 성직자…교회의 고위 성직자, 그리고 우연히 그 집 옆을 지나다가 편안하게 머물 장소가 필요하게 된 사람이면 누구든" 영접해 들이는 손대접의 중심장소였다. 다이앤 로보디(Diane Lobody)는 캐서린 리빙스턴의 삶을 이렇게 묘사한다.

> 여행자들의 안식처는 아주 공개적으로 알려진 집이었다. 남자와 여자, 성직자와 평신도, 유명한 인사와 평범한 사람들이 끊임없이 이 집을 들락거렸다. 하지만 캐서린은 이 집도 자신이 아내이며 어머니 역할을 하는 개인 집과 같은 곳으로 여겼다. 19세기 초의 전형적인 기혼부인이었던 그녀는 집 안의 도덕적·종교적 삶을 책임졌다. 공적인 곳이자 사적인 곳이던 집 안에서, 캐서린은 여성의 사역으로 받아들여질 수 있을 만한 영역에서 남성의 사역 못지 않게 활기차고 목회적인 사역을 일으켰다. 그녀는 정기적으로 예배를 주관했으며(성례를 드리는 것만 하지 못했을 뿐), 아이와 젊은이와 어른들에게 성경과 신학을 가르쳤고, 기도모임을 만들어 인도했으며, 가정예배에서 성경을 해설하였고…직접 또는 통신을 통해 매우 다양한 사람들에게 목회 상담자이자 영적 지도자 역할을 했다.[7]

손대접 이야기의 어려움 중 하나는, 많은 주인들이 주변적 인물들이었기 때문에 그들의 이야기가 역사에 기록되어 있지 않다는 점이다. 부유한 그리스도인 여성들이 행한 놀라운 손대접 이야기들은 몇몇 남아 있지만, 평범한 여자들은 이야기에서 상당 부분 드러나지 않는다. 그들이 나그네를 영접하는 일에서 분명히 많은 역할을 했을 텐데도 아무런 지위 없이 그런 일을 했기 때문에 그리 중요하게 여겨지지 않았다. 우리는 가장 자비롭고 자기 희생적인 주인들 가운데는 가난한 사람들이 많다는 것을 경험으로 안다. 그러나 그들의 손대접에 대한 이야기가 기록되어 있는 경우는 기적 이야기와 민속문학 말고는 별로 없다.

18세기에 들어오면서, 영접 관행은 주변적인 주인들 및 경계선상의 장소들과 잠깐이지만 밀접하게 동일화되었다. 존 웨슬리와 초기 감리교도들은 영국의 종교 체제에서 명백히 주변적인 존재들이었고, 그들 중 많은 이들이 사회경제적 의미에서도 주변적이었다. 웨슬리는 이들과 함께 신자들이 서로 격려하며 개인적 변혁을 체험할 수 있는 경계선적 장소를 만듦으로써 옛 기독교적 손대접을 회복했다. 초기 감리교의 소그룹은 가정과 교회를 재통합함으로써, 손대접을 위한 가장 경계선적인 배경을 회복했다.

그러나 감리교 역사의 아이러니 중 하나는 아주 순식간에, 불과 한 세대 안에 대부분의 사람들이 주변인으로서의 정체성을 버렸다는 사실이다. 회심자들이 좀더 존경받고 안정된 지위를 얻게 됨에 따라, 그들은 초기 산업사회의 가장 취약한 나그네들과 기꺼이 접촉하려는 마음을 잃어버렸다. 웨슬리는 "신사" "숙녀"들에게, 그리고 그런 역할을 열망하는 사람들에게 비판적인 말을 퍼부었다. 새로운 명사(名士)의 상징(더 많은 장식이 달린 옷, 우아한 음식, 더 큰 집)을 부여잡은 사람들은 재빨리 가난한 자기 이웃들을 의도적으로 외면해 버린 것이다.[8]

19세기의 구세군 신도들은 도시빈민들과 친구가 되기 위해 의도적으로 주변인과 경계선상의 자리로 들어갔다. 감리교 부흥의 부수적 결과로 생겨난 구세군은 거리를 두고 행하는 "기계적 자선"에 반대하면서, 사역자들이 가난한 사람들 가운데 살도록 했다. 그들은 독특한 복장(그들의 특별한 제복), 엄격한 기율, 결혼과 사유재산을 제한하는 규칙들 등 매우 수도원적인 관행을 채택했다. 이렇게 그들은 손대접을 행할 때 경계선상의 신분을 취하는 것과, 사회적 구별의 상징들을 벗어 버리는 것의 중요성을 다시금 회복했다.[9]

현대의 손대접 공동체들은 주변성, 의식의 경계, 그리고 나그네들을 환대하는 것이 서로 밀접한 관계가 있음을 생생하게 보여준다. 여러 공동체 지도자들은 앞에서 언급한 4세기 여성들과 매우 비슷하게, 그들이 누릴 수 있는 사회의 특권적 지위를 일부러 멀리했다. 내가 이야기를 나눠 본 거의 모든 손대접 종사자들은 다른 문화권이나 당혹스러운 다른 상황 속에서 나그네가 되는 것이 무엇인지 개인적으로 깊이 경험해 본 사람들이었다.

이러한 손대접 공동체들은 확실히 다른 가치들을 구현한다. 재물에 대한 그들의 견해와 지위나 일에 대한 그들의 태도는, 그들이 속한 문화권의 태도와는 다르다. 그들은 효율성, 측정 가능한 결과, 관료주의적 조직 등과 명백히 거리를 둔다. 그들은 함께하는 그들의 삶이 우리 사회 대부분의 사람들보다 개인주의적·물질주의적·과업 지향적이 덜 되도록 의도적으로 노력한다. 그들은 스스로 궁핍한 나그네 편에 서서 "문제 해결" 또는 "성공" 지향적 태도와 직접 부딪친다. 심한 장애, 말기병, 혹은 엄청난 필요 등의 상황에서 모든 문제를 반드시 "해결"할 수는 없다. 하지만 그런 일에 종사하는 사람들은 함께하는 것이 중대한 사역임을 안다. 문제가 해결되지는 않을지 몰라도, 새로운 치유와 소망을 열어 주는 관계를 맺을 수 있기 때문이다.

이러한 공동체 내의 역할들은 복합적이며 상당히 유동적이다. 최근에 들어온 난민들은 자기 가족과 자원봉사자들을 위해 영양가 있는 식사를 만들며, 장애가 있는 사람들은 공동체를 방문한 사람들을 영접하는 일을 맡는다. 공동체 일원들은 재산이나 소유물과의 관계가 독특하다. 일반적으로 많은 것들을 공동으로 소유하며 재산은 더 적게 가진다. 이러한 공동체들에는 가정·직장·교회의 구분이 거의 없다. 그 세 곳이 역동적으로 중복되는 가운데 손대접이 이루어진다. 식사 시간이 어느새 친교나 성경공부 시간이 되기도 하며, 정원의 잔디를 깎거나 저녁식사를 준비하다가도 삶을 변화시키는 대화가 이루어지기도 한다.

모두 그런 것은 아니지만 대부분의 공동체는 재정적으로 불확실한 삶을 살아간다. 손님이나 주인들 모두 최소한의 경제적 보호만을 받는다. 어떤 손대접 종사자들은 개인적 수입이라고는 거의 또는 전혀 없다. 어떤 이들은 손님과 마찬가지로 사람들이 기증한 옷가지를 입고 산다.

현대의 수도원적 공동체 사람들은 분명 일반사회의 주변에서 살고 있다. 하지만 그들의 독특한 정체성과 전통은, 소비와 즉각적인 만족을 추구하는 바쁜 현대생활에 참신한 대안을 제공한다. 그들의 오랜 전통 속에서, 주변성 개발로 따라오는 독특한 자유에 대해 배울 수 있다.

손대접 공동체들은 보다 전통적 생활방식대로 살아가는 사람들에게 친밀한 공동체생활과 나그네를 손대접해 볼 기회를 제공한다. 단기 자원봉사자나 공동체에 온 손님들은 일시적인 의식의 경계선 상태를 경험해 볼 수 있다. 가진 재산을 대부분 안전한 창고에 보관해 놓으면, 그들의 물건들을 보호하는 데 비교적 신경을 덜 쓸 수 있다. 공동체에서 시간을 보낸 후 다시 취하더라도 직업이나 학벌 같은 것은 잠시 내려놓을 수 있다. 영구적으로 헌신해야 하는 것이 아니므로, 나그네에게 자신들의 시간과 정력을 마음껏 풍성하게 줄 수 있다.

자원봉사 경험은 종종 삶을 변화시킨다. 그들은 공동체의 격렬하고도 활기찬 삶과 나그네에게 베푸는 손대접의 신비에 참여한다. 그들이 나그네, 손대접, 공동체 등을 낭만적으로 생각할 가능성도 없지 않지만 보통 그 일은 힘든 관계들 속에서 충분히 도전을 주기 때문에 그들은 어려움과 축복을 동시에 알고 떠나가게 된다. 그들은 평상시 어떻게 손대접을 할 수 있을지 어렴풋이 감지하면서 떠난다. 또한 나그네를 영접하는 일을 더 잘하기 위해 개인적으로 변화되어야 할 사항들이 무엇인지 인식하게 된다.

특정한 결정과 상황들 때문에 주변성을 잃어버릴 수도 있다. 그 결과, 주인들은 더 안정되지만 손대접에 대해서는 훨씬 더 보수적이 된다. 역사를 살펴보면 몇 가지 현상은 주목할 만하다. 오늘날과도 상당히 관련 있는 현상들이기 때문이다. 첫번째는 교회가 생긴 지 5세기가 채 지나지 않아 드러난다. 교회가 더 이상 핍박받는 하나의 분파가 아니라 지상의 권력에 의해 받아들여지면서, 그리스도인은 영향력 있는 공적 지위를 갖게 된 것이다. 이 시기에 손대접하던 사회기관과 기독교 공동체 내에서 주인 역할을 하던 사람들은 제도권의 주변에서 중앙으로 이동해 갔다. 그리스도인들이 점차 영향력 있고 부유해짐에 따라 그들의 주변인의 지위는 감소되었다. 그들의 손대접은 사회적 구별을 불식시키기보다 그 구별들을 반영하고 강화하는 쪽으로 나아가게 되었다.

이후 그리스도인들이 병원, 여행자 숙박소, 고아원 등과 같은 곳에서 손대접을 하게 되면서 "주인들"은 특정한 역할들을 부여받았으며, 종종 그 일을 통해 보수를 받았다. 그 결과 그들은 관계를 발전시키거나 "손님들"과 공통 부분을 발견하는 경험을 거의 하지 못했다. 전문기관들은 사회적 관계들을 하나의 단조로운 차원으로 만들어 버리는 경향이 있다. 돌보는 사람과 돌봄을 받는 사람, 또는 전문 복지사와 복지 혜택을 받는 사람 등이다. 이런 역할들은 서로 바꿀 수 없으며, 사람들 사이의 결속은 매우 협소하게 규정된다.

주변성과 손대접 사이의 중요한 연관을 침해한 것처럼 보이는 또 다른 요소는 기독교적 손대접이 이루어지는 주된 장소가 바뀐 것이다. 기독교 초기 몇 세기 동안은 함께 식사를 하고 가정끼리 교제를 나누던 교회가 중요한 손대접 장소였다. 이러한 모임 환경은 그리스도인들에게 그들이 모두 신적 주인이신 하나님의 손님임을 상기시켜 주었고, 그로 인해 인간 손님/주인과의 관계에 풍요와 역설적인 복합성을 더해 주었다. 그러나 수세기 동안 손대접에서 교회가 차지하는 역할이 서서히 손상되면서 손대접은 교회가 아닌 감독의 집을 중심으로 이루어졌다.

후에 손대접은 일차적으로 교회와는 완전히 분리된 좀더 작은 개별 가정과 연관되었다. 주인들이 자기 소유의 집 공간에 정착함에 따라 손대접의 경계선적 차원은 사라졌다. 손님과 주인의 역할이 뚜렷하게 규정되면서, 손대접은 가장 흥미롭고 신비로운 차원들을 많이 잃어버렸다.

주변성과 소유

우리는 이 세상의 나그네라는 인식은, 자원과 재산에 대한 태도를 결정하는 데 중요하다. 대부분 교회사에서 사유재산을 당연시했지만, 그리스도인들 사이에서 그 재산 사용은 꼭 필요한 것 외에는 모두 가난한 사람들에게 속한 것이라는 가르침에 따라 때로 절제되었다. 손대접에 대한 규범적 논의 대부분은 하나님께서 주인들에게 재산과 자원들을 빌려 주셔서 궁핍한 이들에게 전해 주도록 하셨다고 생각한다.[10]

손대접을 하려면 물질이 어느 정도 있어야 한다. 이론적으로는 자원이 많을수록 주인들은 더 많이 손대접할 수 있다. 하지만 많은 자원을 갖게 되면 주인들은 일반사회 및 그 사회의 권력이나 지위와 더 밀접하게 연관을 맺게 된다. 이렇게 되면 궁핍한 사람들을 관대하고 인격적으로 대하는 데 중요한 요소인 이 땅의 나그네로서의 정체성은 서서히 약화된다. 사실, 손대접과 자원의 관계는 전혀 간단하지가 않다.

2세기 헤르마스(Hermas)의 글에서 우리는 나그네로 사는 것과 자원을 사용하는 것 사이의 중요한 연관을 볼 수 있다. 「비유」(Similitudes)는 하나님의 종들이 하늘의 참된 고향에서 멀리 떨어져 "낯선 나라"에 살고 있다는 주장으로 시작된다. 신자들은 나그네일 뿐인데, 그들이 재산이나 땅이나 집을 모으는 것은 전혀 이해가 되지 않는 일이다. 그리스도인들은 다른 법 아래 산다. 곧 그들이 가진 것 중 자신들의 필요를 채우고 남는 것은 모두 과부와 고아와 다른 고통받는 사람들의 것이다. 하나님께서는 바로 그것을 위해 풍족하고도 남을 만큼 주시는 것이다. 신자들이 편안하고 나그네 땅의 유혹에 잘 넘어가게 하기 위해서가 아니다(Sim 1:1-11).[11]

존 크리소스톰 역시 나그네, 순례자, 외국인 등의 이미지는 재물의 잘못된 사용을 비판하는 역할을 한다고 생각했다. 그리스도인들이 지상의 삶을 "나그네와 이방인"으로 외국 땅에 거주하는 것으로 이해한다면, 그들이 머묾이라는 것이 얼마나 불확실한지 좀더 쉽게 인식하게 될 것이다. 그리스도인들이 "나그네 땅을 마치 [자신들의] 본향인 것처럼" 산다면, 그들은 "사치스러운 대저택"을 짓고 "수없이 많은 다른 사치스러운 일"에 탐닉하면서 그들의 인생을 "헛된 일"에 낭비하는 것이다. 나그네로 머물던 땅을 떠나지 않을 수 없을 때 자기 소유를

가지고 갈 수 없기 때문에, 그리스도인들은 궁핍한 사람들을 위해 자신의 재산을 사용해야 한다.[12]

손대접하는 데 많은 물질이 들지는 않는다. 음식이나 시간이나 장소나 돈이나 그 무엇이 되었든지, 우리가 가진 것을 기꺼이 나누려는 마음만 있으면 되는 것이다. 가장 자비로운 주인들은 그 자신들이 아주 가난한 경우가 종종 있는 듯하다. 저널리스트인 마이크 매킨타이어(Mike McIntyre)는 최근 돈 한푼 없이 사람들이 나그네에게 베푸는 친절에 전적으로 의지해 미국 전역을 여행한 경험담을 쓴 책에서 이렇게 말하고 있다. "줄 것이 가장 적은 사람들이 종종 가장 많은 것을 줄 수 있을까 의아해하면서, 나는 계속 걷는다." 그는, 가진 것이 거의 없으면서도 그에게 풍성한 식사를 대접한 한 여인에 대해 말한다. "우리는 많은 것을 가지고 있진 않지만, 우리가 가진 것은 기꺼이 나눕니다." 여인은 계속해서 이렇게 말했다. "나는 배고프다는 게 무언지 알지요. 손에 동전 한 닢밖에 남지 않았던 적이 여러 번 있었거든요. 하지만 사람들은 언제나 나를 도와주었지요." 다른 나그네에게 관대하게 도움을 받은 후 매킨타이어는 이렇게 말했다. "먹을 것을 아주 조금 밖에 가지지 못한 사람들이 자기 음식을 그 자리에서 나누어 주는 경우가 얼마나 많은지 다시 한번 놀라게 된다."[13]

도로시 데이는 「손대접의 집」(*House of Hospitality*)이라는 책에서 이렇게 썼다. "이상적인 것은 물론 각 그리스도인들이… '이 소자 중 하나에게 한 것이 곧 나에게 한 것이니라' 말씀하신 그리스도의 말을 기억하면서 노숙자를 손님으로 정중이 맞아들이는 것이다." 그녀는 경험을 통해 "가난한 사람들이 부족함 없이 편하게 살고 있는 사람들보다 이 의무를 더 의식한다"는 것을 알게 되었다. 데이는 자기가 알고 있는 한 가족에 대해 묘사했다. 그 가족은 이미 너무 많은 부담을 지고 있었지만 "고아, 나이든 노숙자, 자기 식구는 아니지만 그들과 비슷한 가난한 사람들을 그들이 이 무질서한 세상에서 함께 고난받는 자들이기 때문에" 기꺼이 맞아들였다.[14]

가난한 이들이 부유한 사람들보다 더 흔쾌히 손대접을 하는 경우, 그 이유를 설명하는 데 도움이 될 만한 몇 가지 요인들이 있다. 가난한 사람들은 다른 사람들로부터 음식과 쉴 곳과 도움을 구하는 것이 어떤 것인지를 아는 경우가 많다. 종종 그들의 삶은 중산층보다 덜 개인적이며 일상생활에서도 그들 주위에는 더 많은 식구와 이웃들이 북적된다. 그들 대부분은 재산과 소유물도 아주 적다. 그들 가운데 어떤 이들의 삶은 판에 박힌 일상에 덜 지배받기 때문에 더 많은 방해를 수용할 수 있고 또한 기꺼이 수용한다. 전통적인 미국 흑인문화와 미국 내 남미계 문화에서는 손대접을 아주 중요하게 여기며, 오랜 세월 동안 가진 것이 아주 제한되어 있을 때라도 관대하게 손대접을 해왔다. 물질이 많든 적든, 그들은 한 명쯤 더 맞아들일 만한 방법들은 얼마든지 찾아낸다. 식탁에 이미 얼마나 많은 사람들이 앉아 있든 상관이 없다.

누군가의 말처럼, 재산과 손대접 사이에는 역비례 관계가 있는 것 같다. 확실히 우리가 재산에 대해 관심을 가질수록, 나그네를 손대접하는 것을 망설이게 될 수 있다. 우리는 해를 입거나 도둑을 맞거나 그들이 우리 물건을 함부로 사용할까 봐 염려한다. 상당한 재물을 가진 사람은 또한 너무 부유하게 산다는 것 때문에 곤란해질 수도 있다. 특히 다른 궁핍한 사람들과 가깝게 사는 경우에 더욱 그렇다. 우리는 태도를 바꿔 마음의 불편을 해소하기보다는, 계속 가난한 사람들과 거리를 유지하거나 아니면 우리와 비슷한 수준의 다른 친구들을 찾는다.

주변의 매우 궁핍한 사람들이 우리가 알고 사랑하는 사람이라면 약간의 재산을 내놓는 것이 그리 어렵지는 않다. 우리의 삶이 거추장스러운 물건들로 크게 둘러싸여 있지 않을 때는 우리 자신을 여는 것이 더 쉽다. 빈부차가 더 적어질 때 긴장은 그만큼 줄어드는 것이다.

손대접 단체에서 우리는 삶과 자원이 깊이 얽혀 있는 것을 본다. 가톨릭 워커 전통에서 영향을 많이 받은 단체들은 일꾼들과 손님들이 같은 자원을 가지고 산다. 같은 음식과 공간을 나누고, 같은 구호물품에서 옷을 골라 입는다. 이러한 상황에서는 손님과 주인을 구분하지 못할 때도 있다. 주인들이 자발적으로 더 주변적인 지위로 내려감으로써, 그들이 영접하는 나그네들의 주변성은 줄어든다. 종종 궁핍한 나그네는 이러한 자발적인 검소함을 보고 놀란다. 하지만 그 공동체에서 자기들을 영접할 때, 자신들이 "다시 한번 주변화되고 있지는 않다"는 것을 안다.

하지만 재산에 대한 욕심을 버리는 것을 배우기는 쉽지 않다. 한 손대접 종사자는 자기가 값비싼 스테레오를 포기했으면서도, 공동체의 옷장에서 발견한 멋진 런닝화 한 켤레에 집착하는 것을 발견했다고 썼다. 점차 그는 하나님의 놀라운 공급의 역사하심을 보기 위해서는, 매사에 집착하지 말아야 한다는 것을 배웠다.

주변성과 연약함

우리 사회는 자신감을 내비추며 아주 복잡한 문제에 대해서도 쉽게 대답을 제시하는 사람들에게 매혹당하는 것처럼 보이지만, 실은 가장 좋은 주인들이란 자신이 여리고 연약하다는 것을 깨닫는 사람들이다. 손대접할 때 사람들은, 우리가 가진 것뿐 아니라 우리의 단점까지도 유심히 관찰한다. 둘 중 어느 하나라도 감춘다면, 우리는 손대접을 지속적으로 하지 못할 것이다. 나그네들에 대한 손대접은, 특별히 공동체 안에서 이루어질 때 우리의 삶을 발가벗기고 우리의 결점을 드러내게 한다.

한 손대접 종사자는 이렇게 고백한다. "내가 이 일을 하기에 적합하다고 느끼면서 지나가는 날은 단 하루도 없습니다." 그런 느낌이야말로 "날마다 하나님의 은혜를 의뢰하지" 않을 수 없게 만드는 동인이라고 그녀는 설명했다. "우리 일꾼들은 모두 약점을 가지고 있습니다. 다만 차이점이 있다면, 다른 사람들의 말과 그들에게 필요한 것이 무엇인지 귀기울이기 위해 약점을 처리하는 일을…잠시 중단할 수 있다는 것입니다." 주인들은 자신들의 약점과 필요들을 건강하게 인정하지 않으면 대단히 온정주의적인 태도를 취할 수 있다. 하지만 다른 사람들을 영접하기 위해서는 주인 역시 자신의 일그러진 모습을 딛고 일어설 수 있어야 한다. 자신이 사역에 부적합하다고 느낀 한 손대접 종사자는, 좋은 주인은 "다른 사람의 필요와 관련해서는 연약하지 않은" 사람이라는 것을 언급했다.

손대접하는 삶은 다른 사람들을 끊임없이 상대하면서 "완벽한 이미지"를 주의깊게 투사할 기회는 더 적어진다는 것을 의미한다. 한 손대접 종사자는 공동체 내에서 약점을 감추려 애쓰는 것은 대단히 건방진 일이라고 말했다. "하루에 열여덟 시간씩 바짝 긴장해서 가식적인 모습을 유지한다는 것은 도저히 불가능합니다." "연약함과 약점을 인정하지 않고서는" 어느 누구도 손대접 공동체에서 오래 버티지 못한다. "실패만 빼고" 삶의 모든 것을 나눌 수는 없기 때문이다.

최고의 주인은 자신의 가난과 필요를 인정하면서도, 그러한 필요나 다른 사람의 약점에 동요되지는 않는다. 외부에서 힘과 충족을 얻음으로써, 손님들이 가져오는 고통을 받아들이고 그들의 짐을 일부나마 질 수 있다.

그러나 자신의 필요와 약점을 인식한다고 해서 자신에게만 몰두하지 않는다는 보장은 없다. 자신에게 집중하는 주인은 질식해 버릴 것이다. 손대접이 요구하는 것은 적합성과 필요와 하나님의 충족성을 정직하게 평가하고 그것을 역동적으로 혼합하는 것이다.

우리가 인간의 취약성과 약점—우리 자신의 것이든 다른 사람들의 것이든—을 숨기려 애쓸 때, 역설적으로 그런 상태를 가장 명백하게 보여주는 사람들을 내쫓아 버리게 된다. 우리는 가장 주변화된 사람들에게 도움받을 수 있다는 것은 상상하기도 어렵다고 생각한다. 자신 내면에 있는 "상처"와 자신들이 계속적인 은혜와 자비를 받아야 하는 존재임을 인식하고도 계속해서 다른 사람을 돌보는 주인들은 하나님 안에서만 충족될 수 있다. 예수님처럼, 가장 좋은 주인은 스스로 완전히 "마음 편한" 상태는 아니면서도, 다른 사람을 영접하기 위해 자리를 비워 놓는 사람들이다.

손대접과 힘

곤궁함이나 주변적인 삶을 한번도 경험해 보지 못한 사람이나 자신의 연약함을 불편해하는 사람들은 종종 손님이 되는 것보다 주인이 되는 것이 더 쉽다고 생각한다. 때로 그들은 다른 사람의 영역에서까지 주인의 역할을 하겠다고 고집한다. 그들은 자비로운 듯한 모습으로 기존의 지위와 부를 강화하며, 권세와 자원의 분배에 대한 질문들을 피한다. 그들은 다른 사람들, 특별히 가난한 사람들을 자기 가족이나 교회나 공동체의 수동적인 수혜자들로 만든다. 그런 "손대접"을 받는 사람들은 자기 집에 있으면서도 손님이 된다.

나는 한 선교교회에 정기적으로 출석할 때 이러한 현상을 분명하게 목격했다. 회중 내에 지도자가 될 만한 사람들이 있었지만, 거의 언제나 외부에서 자원이 주어졌다. 특히 어느 해 성탄절 무렵인가는 도움을 준답시고 그 선교교회로 밀려들어 오는 호의적인 도시 외곽의 부유층 교인들을 보면서 점점 더 기가 질렸다. 그들은 저녁식사를 제공하고 선물을 주었으며, 예배 프로그램을 이끌었다. 그 교회 교인들이 해야 할 일은 정말 아무것도 없었다. 모든 사람들이 그 교회 교인들이 제공할 것이라고는 아무것도 없다고 생각했다. 그들은 자기 교회 건물 안에 있었지만 손님이 되었다. 축제 분위기로 장식되기는 했지만, 실제로는 힘을 다 빼앗는 일이었다.

우리 자신의 필요를 인정하고, 도움이 필요한 사람들을 대상으로 사역하며, 그들이 우리에게 행하는 사역을 인정하는 것 사이에는 복잡한 역학관계가 있다. 도와주는 사람은 또한 도움을 받을 수 있어야 한다. 특히 거의 내놓을 것이 없는 것처럼 보이는 사람들로부터 말이다. 자비로운 주인은 다른 사람들의 선물에 마음을 열어 놓으며, 그들의 관대함을 받아들이고 기뻐한다. 앤서니 기틴스

(Anthony Gittins)는 현대 선교의 문제들에 대한 저술에서 한 가지 중대한 통찰을 제시한다.

> 손대접을 베푸는 사람들이 때로 자비로운 수혜자가 되지 않는다면, 그리고 다른 사람을 나그네로 영접하는 사람이 또한 다른 사람의 영접을 받는 나그네가 되지 않는다면, "관계들"을 형성하기는커녕 힘이 한쪽으로만 흘러가게 할 뿐이다. 그럴 의도는 없었다 해도 말이다. 그것은 결국 예수의 정신으로 행하는 선교와 정반대가 되고 만다.[15]

가장 생색내는 태도는 손님이 되려 하지 않는 것이다. 이는 다른 사람이 우리를 도울 만한 능력이 있다는 것을 인정하려 하지 않는 것이다. 남아프리카의 신학자 앨런 보삭(Allan Boesak)은 "사랑 없음의 극치는 우리가 누군가의 이웃이 되려 하지 않는 것이 아니라, 그들이 우리의 이웃이 되도록 하지 않는 것"이라고 썼다.[16]

손대접에는 관계와 연고에 대해 환상을 조성하면서, 사람들이 계속 궁핍한 나그네가 되도록 하는 손대접이 있다. 그것은 주인의 권세나 통제, 관대한 느낌 등을 강화하는 한편 손님들을 무능하게 만들고 길들인다. 그것은 영접받는 사람들에게는 대단히 파괴적이다. 필립 할리의 말을 빌리면, "그들의 손은 채워 주지만 마음은 비탄에 잠기게 하는"[17] 도움이다.

주인이 자신의 필요와 부적합성을 인식하면서 궁핍한 사람들에게 사역을 할 때는, 주인과 손님 사이 힘의 차이는 줄어든다. 겸손은 손대접에는 필수적인 미덕이며, 특히 주인은 자신의 힘을 저지하는 데 중요하다. 힘은 손대접의 매우 복잡한 측면이다.

주인과 손님이 공통기반을 발견하고 공동체를 개발하려고 노력할 때, 몇몇 차이점 정도는 넘어갈 수 있다.[18] 주인 역시 자신들의 신분이 이 땅의 나그네임을 강조할 때, 대부분의 경우 그러한 신분은 자신들이 선택한 것임을 인식해야 한다. 스스로 선택한 것이라면 버릴 수도 있는 것이다. 대부분의 주인들은 큰 어려움 없이 일반사회에 다시 연결될 수 있다. 그러나 궁핍한 나그네는 주변인으로서의 신분을 스스로 선택한 것이 아니기 때문에 쉽게 그것을 버릴 수가 없다. 주변성을 버릴 수도 있다는 것은, 그 사람이 사람들과의 관계에서 어느 정도 힘을 가지고 있다는 뜻이다. 가톨릭 워커에서 일하는 한 종사자는 이렇게 고백했다. "우리는 내버려 두고 떠날 수 있는 힘을 가지고 있다. 나는 다른 할 일을 찾을 수도 있었다. 하지만 여기에 있고 싶었다. 그들에게는 그럴 만한 자유가 없다. [스스로 선택할 수 있는] 그 힘에 대해 우리는 각별히 유의해야 한다."

다른 사람을 영접함으로 얻는 힘

주인의 역할은 권능을 부여하는 것이다. 그것은 의미 있고 가치 있는 위치에 합법적으로 다가갈 수 있으며, 다른 사람들을 안으로 영접해 들일 권위가 있음을 인정하는 것이기 때문이다. 주인 역할은 사람들이 가지고 있는 것과 제공하는 것이 귀중하다는 것을 확인시켜 준다. 중대한 변혁이 일어나는 것은, 힘이나 지위가 없는 사람이 손님 이상의 존재가 되거나 그들 역시 주인이 될 수 있을 때이다. 바로 그때가 그들의 기여가 인정받을 때이며, 그들을 궁핍한 사람 이상의 존재로 보게 되는 때이다.

삭개오가 예수님을 만난 이야기에서 그 좋은 예를 볼 수 있다(눅 19:1-10). 예수님은 세리 삭개오를 부르시고는 그에게 "내가 오늘밤 네 집에 유하여야 하겠다"고 말씀하신다. 예수님은 무리 중에서 삭개오를 택하여 당신의 주인이 되도록 하시며, 삭개오는 예수님을 기쁘게 영접하면서 변화된다.

특히 손대접을 도덕적으로 여전히 중요하게 여기는 문화권 출신의 난민들과 일할 때는 그들의 손대접을 인정하고 귀중히 여기는 것이 대단히 중요하다. 그들의 집에 가고 그들의 음식을 나누어 먹으며 그들로부터 손대접 관행을 배우는 것은, 그들이 주는 선물과 문화를 인정하는 것이다.

현대의 어떤 저자들은 정의와 평등에 대한 관심 때문에, 억압받는 집단은 나그네에게 손대접할 도덕적 의무가 없다고 주장한다.[19] 하지만 그러한 주장은 주인이 된다는 것이 인정이나 권능과 관계된다는 것을 간과하는 것이다. 현대의 중요한 손대접과 자기희생 가운데 많은 것은 사회의 주변인들로부터 나온다. 그들은 취약하고 거의 존경받지 못한 위치에 있음에도 자신들의 재능과 자원을 다른 사람들과 나눈다. 그들은 주인으로서, 고난과 불의 가운데서도 소망과 의미를 놓치지 않으면서 자신들이 배운 기술을 다른 사람들에게 가르친다. 그들의 손님이 되기 위해서는 그들만의 독특한 자산을 인정해야 한다. 주인으로서 그들은, 은혜와 권능이 실제로 어디에서 오는지, 일반사회의 가정에 미묘한 도전을 던진다.

민권운동이 일어나는 동안 미국의 흑인교회와 개인들이 "주인" 역할을 했던 것에 대해 생각해 보라. 역사적으로 흑인교회는 손대접을 매우 귀중하게 여겼다. 흑인교회는 일반사회 전체로 보면 주변적인 존재였지만, 미국 흑인공동체 내에서는 분명히 중심되는 곳이었다. 흑인교회들은 흑인 나그네든 백인 나그네든 상관없이 영접했다. 심지어 백인교회에서 응답을 전혀 하지 않을 때조차도 그렇게 했다. 흑인 윤리학자 리긴스 얼(Riggins R. Earl)에 따르면, 민권운동 당시 흑인들은 남부인들의 손대접 개념을 완전히 뒤바꿨다. 자기들 나름으로 그들에게 도전을 주기 위해 도덕적 에너지의 구체적 상징으로 자신을 바쳤던 것이다. 항의자들은 비폭력과 포용을 통해 주인 역할을 했으며, 식탁에서 합법적인 위치를 부여해 줄 것을 주장했다.[20]

주인과 손님의 역할이 고정되어 있지 않고 상호성을 허용하는 도덕적 공동체들은 은사의 다양성을 인정한다. 그들은 자신의 존재와 실천을 통해 계층적이고 평가하기 좋아하는 사회유형에 도전한다. 라르쉬에서, 중증 장애자들은 공동체의 핵심이며 중심이다. 그중 많은 사람들은 일상적인 일들을 도와주는 조력자들보다 라르쉬에 훨씬 더 오래 머물렀다. 그들과 조력자들은 함께 가정을 이루어 나간다. 라르쉬 식구들은 엄청나게 많은 방문객들을 영접하기 때문에 핵심 회원들은 주인이 되어 자신들이 사는 곳으로 사람들을 계속해서 영접한다.

손님들이 요리의 일부나 전부를 담당함으로써 역할이 재배치되는 공동체들도 있다. 서로 일을 분담하면 장벽들이 무너지고 평등한 관계를 맺을 수 있게 된다. 모두가 함께 앉아서 먹을 때 동료의식이 흘러 넘친다.

모든 사람이 나그네일 경우, 공동체나 관계를 확립하기 위해 몇몇 나그네가 주인 역할을 맡아야 하는 상황도 있다. 난민이나 이민자들처럼 고국을 떠난 사람들끼리 모인 집단에서는 어느 누구도 "고향"을 느끼지 못한다. 수용소나 이주지를 공동체로 변화시키기 위해서는 몇몇 사람들이 주인이 되어야 하는데, 이는 용기가 필요한 행동이다. 그들 자신이 나그네이기 때문이다. 하지만 누군가가 영접하는 일, 공동체를 형성하는 일, 새로운 관계를 만들어 나가는 일을 시작해야만 한다. 공동체와 이웃이라곤 찾을 수 없고 이웃끼리 아무런 연고도 없는 도시 사람들도 이와 비슷한 도전에 직면하고 있다.

주변인으로서의 경험

많은 사람들이 사회 중심부에 있기 때문에 주변성을 경험하려면 의식적인 결단을 해야 한다. 지난 15년 동안 노숙자를 위한 집을 운영해 온 한 친구가 생각난다. 해마다 그는 며칠간 집에서 멀리 떨어진 거리에서 산다. 주변인이 된다는 것, 그가 마치 보이지 않은 사람인 양 다루어진다는 것이 어떤 느낌인지를 어느 정도 이해하기 위해서다. 그는 거리의 단절과 외로움을 조금이라도 경험하기로 단단히 결심한다. 그렇게 잠시 동안의 노숙자생활이, 그 집을 인간적인 방식으로 운영하고 손님들을 민감하게 돕는 데 큰 영향을 미쳐 왔다.

그는 자발적으로 노숙자생활을 하면서 받은 영향을 이렇게 설명한다. "그 경험은 나의 동정심을 다시 차고 넘치게 한다. 거리로 나갈 때까지는 내가 얼마나 마음이 굳어져 있는지 잘 깨닫지 못한다. 그리고 누군가가 진짜 노숙자를 학대하는 것을 볼 때, 그것은 선지자적인 음성으로 다가온다. 그것은 나에게는 가장 효과적인 교수법이다." 경험으로 그는 자신이 어떤 존재가 되고 싶고 어떤 존재가 되고 싶지 않은지 알며, 그가 영접하는 손님들 안에 있는 뿌리깊은 두려움을 어느 정도 이해하게 되는 것이다.

많은 상황들을 통해 우리는 주변성을 경험할 수 있다. 그 주변성은 우리가 더 낫고 더 자비로운 주인이 되도록 해줄 것이다. 가난과 궁핍함도 그렇지만, 장애를 경험하는 것 역시 우리에게는 강력한 선생이다. 다른 사회에서 이질적인 존재로 사는 것도 도움이 된다. 자신이 속한 공동체에서 별난 존재가 되는 것 역시 마찬가지다. 그런 경험들은 우리의 마음을 꽁꽁 닫히게 할 수도 있지만, 한편으로는 우리를 부드럽게 만들고 다른 사람들에게 마음을 열게 하며, 필요와 상처와 은사들을 더 잘 인식하게 만들 수도 있다.

또한 우리의 안정감에 도전이 될 정도로 이질적인 교회와 공동체에 의도적으로 속함으로써 건설적인 주변성을 키울 수 있다. 그런 환경 속에서 우리와 상당히 다른 사람들과 우정을 돈독히 할 수도 있다. 서로에게 손님과 주인이 되어 봄으로써, 그리고 함께 공동체 바깥의 사람들에게 주인이 되어 봄으로써, 우리는 새로운 손대접 방식들을 배울 수 있다.

대부분의 자비로운 주인들은 어떤 면에서는 사회의 주변인이다. 하지만 그들은 혼자가 아니다. 가정과 교회, 손대접 공동체들은 독특한 생활방식을 영위하도록 하는 반문화적인 정체성,[21] 활기차게 손님을 영접하는 분위기, 나그네를 영접하기 위한 분명한 이유 등을 개발할 수 있다. 사람을 변혁시키는 손대접은, 자신을 이 땅의 나그네로 여기는 주인들에 의해 사회의 변두리에서 이루어질 때 가장 효과적이다.

3 실천의 회복

7. 손대접의 연약성: 한계, 경계선, 유혹

"인간의 탁월성이 지닌 독특한 아름다움은 바로 그 취약성에 있다."   마르타 누스바움[1]

손대접의 장점과 아름다운 점은 손대접의 어려움과 분리시킬 수 없다. 역설적이게도 손대접은 현세적이면서도 억세며, 신비로우면서도 허약하다. 손대접에는 따끈한 국과 밥, 담요와 침구가 포함된다. 하지만 그것은 언제나 그 이상의 것을 포함하며, 내재된 몇 가지 긴장들 때문에 왜곡되고 오용되기도 쉽다.

손대접은 한정된 범위의 공동체에 의존하지만, 언제나 더욱 많은 사람들을 보살피도록 그 공동체들에 압력을 가한다. 중대한 사회적 경계들을 넘어서야 하면서도 특정한 구분들은 더 확고히 해야 한다. 손대접은 은혜롭게 열심히 시행되어야 하지만 자원은 제한될 때가 많다. 손대접은 수단이 되거나 이득을 위해 이용될 때 손상되지만, 종종 주인과 손님 모두에게 유익을 준다.

손대접에는 항상 어려움이 따르게 마련이다. 그러므로 그 일을 계속하기 위해서는 손님뿐 아니라 주인의 행복도 생각하는 것이 매우 중요하다. 이 점에서 한계와 경계선의 문제가 불거진다. 육체적·정서적 힘, 공간, 음식, 그외 자원들은 유한하기 때문이다. 하나님께서는 이따금씩 이러한 것들을 기적적으로 채워 주시지만, 주인들은 어떻게 자원을 배분하고 에너지를 사용하며 사역에 초점을 맞출 것인지, 여전히 힘든 선택을 해야 한다.

오래 전 나는 손대접을 힘써 행하는 교회를 출석했다. 우리는 수백 명의 난민과 인근의 많은 가난한 사람들 및 노숙자들을 영접해 들였고 함께 예배를 드렸다. 우리는 집, 교회, 재정, 식사, 에너지를 함께 나누었으며, 모든 사람의 필요를 다 채우려 노력했다. 그것은 믿을 수 없을 만큼 열매가 풍성하고 복된 시간이었다. 하지만 몇 년 지나지 않아 교회 자체가 과중한 사역으로 인해 무너져 버렸고 지도자들은 엄청나게 밀어닥치는 궁핍한 나그네들 때문에 녹초가 돼버렸다. 교인들도 더 이상 헌신하지 않으려 했다.

우리는 문을 닫고 싶지도 않았고, 누구에게든 더 이상 방이 없다고 말하는 것도 정말 내키지 않았다. 나치가 유대인을 학살하는 동안 많은 그리스도인들이 유대인을 냉대했던 사실에 매우 괴로워했던 우리는, 이 시대의 난민과 나그네들을 영접해야겠다는 결심을 하게 되었다. 주변의 온갖 필요들로 인한 압력에 눌려, 우리는 자신의 삶을 보살피는 일과 종사자들이 적절히 휴식을 취하고 새롭게 소생하는 일에는 소홀했다. 결국 위기 모면에만 급급하다가 점차 손대접의 질이 떨어지기 시작했다.

나그네를 후하게 대접한다고 알려지면 점점 더 많은 사람들이 몰려든다. 가정이든 교회든 공동체든 상관없이 말이다. 손님들의 수나 빈도수가 증가함에 따라, 주인들은 자신의 한계에 다다르고 있음을 느낀다. 결국 그 가족이나 공동체는 에너지, 자원, 공간, 정체성, 응집력 등에서 무리를 하게 된다. 그러한 압력에 직면한 손대접 공동체들은 지침을 만들거나 손대접을 포기한다. 그도 아니면 공동체 자체가 점차 와해되어 버린다.

손대접 종사자와 경계(boundary)와 한계(limit)에 대해 이야기를 나누어 보면 이와 비슷한 경험을 한 것을 알 수 있다. 대부분 공동체들은 처음에는 경계를 짓지 않으려 하고 가능하면 많은 범위의 사람들을 영접하려고 한다. 그러다 계속해서 손대접을 하려면 지침, 곧 경계선들이 필요하다는 결정을 하게 된다. 그러나 그 일을 하는 사람들은 경계선들을 여전히 용납하지 않고 있다. 그것은 인간의 유한함에 대한 양보이며, 그러한 경계를 정한 것 때문에 치러야 했던 대가와 손실에 대한 아쉬움이 늘 있었다.

공동체는 경계선들을 가지고 씨름하며, 경계선들이 없어도 씨름한다. 모든 가정과 공동체에는 정도 차이는 있지만 어느 정도의 경계선이 있다. 어떤 공동체는 원칙적으로 최소한의 경계선만 가지고 있는가 하면, 다른 공동체는 주인이나 손님들에 대해 상당히 많은 지침들을 정해 놓고 있다. 경계들은 문자적인 문과 벽이 될 수도 있지만, 규칙, 정책, 혹은 책임진술이 될 수도 있다. 그러한 지침들은 공간, 자원, 관계, 역할, 헌신, 정체성 등과 관련해서 형성된다.

닫힌 문은 가장 확실한 유형적 경계이다. 하지만 경계선은 여러 차원에서 결정된다. 어떤 공동체들은 시골이나 한적한 곳에 자리잡고 있기 때문에 사람들이 그 문에 이르기도 전에 이미 경계가 그어져 있다. 나그네는 그 장소에 대해 스스로 알아내야 하는데, 그곳을 발견하기 위해서는 상당한 노력을 들여야 한다. 어떤 공동체는 추천받은 나그네만 받아들인다. 그들은 어떤 나그네를, 얼마나 많이, 언제 맞아들일 것인지 미리 선택해 놓는다. 어떤 공동체는 도움을 청하는 사람이 너무 많아, 사람이 올 때마다 결정을 내려야만 한다.

경계들은 여러 가지 이유로 손대접에서 골칫거리가 될 수 있다. 당연히 손대접은 은혜롭고 관대한 것이다. 손대접에 제한이 있다는 것은 가장 기본적인 정신을 손상시키는 것처럼 보인다. 하지만 경계들이 문제가 되는 이유는, 그 경계 가운데 매우 많은 것이 감추어져 있기 때문이다. 어떤 사람을 내쫓는다거나 방이 없다고 말하는 것처럼 분명하게 눈에 보이는 경계들은 금세 알아차릴 수 있지만, 우리 자신의 직업이나 동네, 교회 자체가 대부분의 나그네, 특히 궁핍한 나그네가 발을 들여놓지 못하도록 경계를 만들고 있다는 사실은 잘 알아차리지 못할 것이다.

그리스도인의 손대접은 신적 손대접을 반영하기 때문에 실패하면 문제가 된다. 우리가 손대접에서 하나님 집의 풍성함을 반영한다고 할 때, 자원이 다 떨어졌다거나 "자리가 없다"는 주장은 특히 문제가 된다. 사람들을 쫓아 버리는 것과 관련해서는 일종의 도덕적 혐오가 자리잡고 있다. 곧 난민들을 받아들이지 않아 그들이 위험에 그대로 처해 있을 때, 혹은 노숙자가 얼어붙을 듯 추운 밤에 바깥에 그대로 방치될 때, 그저 자리가 없다고 말하는 것은 도덕적으로 충분치 않은 것이다.

하나님의 넓으신 자비와 관대하신 영접을 생각하면서 경계와 제한들을 생각해야 한다. 하나님의 친절하심은 끊임없이 우리의 헌신을 재고하도록 도전한다. 예수님과 나그네가 경계선을 넓히고 자원을 함께 나눌 것을 간절히 바라면서 공동체 밖에 서 있다. 가난한 사람과 나그네 또는 주변적 사람들을 영접할 때, 그들은 우리 각자가 이방인이며 나그네요, 하나님의 자비로운 초청에 의해서만 영접받는 존재임을 상기시켜 준다. 삶을 풍성하게 하는 공간을 만들어 내는 것은 그 공동체의 정체성에 달려 있지만 손대접 관행은 공동체가 정한 경계들에 도전한다.

한편으로 이미 공동체 안에 들어와 있는 다른 손님이나 구성원들을 위해 영접을 제한하고 구분을 두어야 할 때도 있다. 주인과 손님들이 내줄 수 있는 공간과 육체적·정서적 능력에 따라 어느 정도 한도가 정해진다. 예를 들어, 손대접을 잘하는 가족은 손님을 대접하는 일과 부부간의 유대 및 자기 자녀들을 돌봐야 하는 두 가지 책임 사이의 균형을 이루어야 한다.

제한된 자원

손대접을 하다 보면 우리는 보통 제한된 자원 때문에 어려움에 직면하게 된다. 기독교 손대접 전통에서 대부분의 사람들은 문제가 자원 부족에 있다고 생각지 않았다. 문제는 분배에 있다고 생각했다. 그들은 필요한 것보다 많이 가지고 있는 사람이 남아도는 물자를 궁핍한 사람들과 함께 나눈다면 모든 사람들에게 충분할 것이라고 주장했다. 하지만 손대접은 일반적으로 인간의 불의의 결과로 야기되는 부족함 가운데 시행되며, 그러한 부족함과 하나님의 풍성함과의 관계는 상당히 복잡하다.

어느날 새벽 세시, 나는 비가 퍼붓는 소리에 잠을 깼다. 나는 한 손대접 공동체의 손님방에 머물고 있었다. 내가 머물던 방의 창문 바로 밖에서 합창하듯 기침 소리가 들려왔다. 그 도시는 노숙자들에게 대단히 가혹하게 대했으므로, 매일 한 서른 명가량이 이 공동체 마당에서 밤을 지샜다. 그 순간 그들은 분명 몸이 젖은 채 추위 떨고 있었을 것이다. 엄청난 슬픔과 공포가 나를 삼켰다. 나는 넓고 가구도 별로 없는 방을 둘러보고는, 밖에서 비에 흠뻑 젖어 추위에 떨고 있는 서른 명과 내가 있는 따뜻한 방 사이에는 잠긴 정문 하나만 있다는 사실을 깨달았다.

나는 노숙자 문제에 대해 알고 있고 강의실에서 학생들에게 그 문제의 세세한 부분을 가르친다. 그러나 따뜻하게 쉬어야 할 인간의 기본적 필요를 이처럼 가까이서 느껴 본 적은 한번도 없었다. 문밖에서 흠뻑 젖어 콜록거리고 있는 그들은 이름과 얼굴을 가지고 있는 사람들이었다. 집 안에 있는 사람들은 그들을 알고 있었다. 낮에는 식사를 하러 집 안으로 들어오기도 했었다. 그런 그들을 빈자리가 여기저기 남아 있는데 어떻게 바깥에 내버려 둘 수 있단 말인가? 물론 내 집에도 공간이 많다. 하지만 이전에는, 나 혼자만 그 공간을 차지하는 것에 대해 이처럼 거북하게 느껴 본 적이 한번도 없었다. 나는 보통 집에서는 노숙자들과 마주치지 않으며, 다른 쉼터가 없어서 내 집 뒷마당에 임시로 거주한 사람도 없다.

다음날 아침 나는 11년간 그 공동체에 살면서 일해 온 한 여성과 이야기를 나눴다. 나는, 이 집에 모든 사람을 들일 수 없을뿐더러 많은 사람에게 집을 제공하기는 하지만 언제나 일부 사람들은 바깥에 남겨져야 한다는 사실을 알면서 어떻게 견뎌 낼 수 있었느냐고 물어보았다. 그녀는 어떻게 그 사실을 받아들이고 계속 일해 나갈 수 있었을까? 그녀는, 그 사실이 결코 마음 편한 것은 아니지만 그저 자신이 할 수 있는 것을 할 뿐이라고 대답했다.

손대접에 종사하는 사람들은 언제나 넘치도록 풍성한 하나님 나라에 대한 환상을 보면서도, 한편으로는 문이 닫히고 잠겨 있거나 어떤 사람은 거절당하거나 바깥에 남겨져야 한다는 괴로운 현실 사이에서 고민한다. 열려 있든 닫혀 있든 문은 손대접의 가장 강력한 이미지 중 하나이다. 주인과 손님들은 날마다 "예, 물론 자리가 있지요. 들어오세요"라는 대답과 "아뇨, 오늘밤은 자리가 없군요"라는 말을 주고받는다. 또한 이 말들은 경계선, 자원 부족, 공동체 안의 공간 등에 대해 어려운 질문을 던지기도 한다.

나그네에게 내줄 자리가 없는 경우는 드물다. 그러나 우리 대부분은 특정한 사람에게 문을 닫을 수밖에 없을 만큼 나그네의 필요를 눈으로 가까이 보면서 살지 않는다. 그들의 필요는 우리 한계에 훨씬 못미치는데도 말이다. 더욱이 내가 보았던 것과 같은 흠뻑 젖은 사람을 만나지도 않으며, 지난 밤 빗속에서 잠을 자고 아침식사 때 기침을 하고 있는 사람을 알지도 못한다. 누군가를 바깥에 내버려 두거나 굶주리게 하는 것을 좀 불편해할 수는 있지만, 우리의 삶은 너무 고립돼 있어 그런 고통마저 자주 느끼지 못한다.

우리가 정말 나그네의 필요에 관심을 가지고 있다면, 손대접할 때 용기가 필요하다. 다른 사람을 영접하는 데서 오는 위험을 감수하려는 마음뿐 아니라, 언제나 우리의 대응은 불완전하고 부적절할 수 있다는 인식을 끊임없이 밀어내면서 우리의 한계 가운데 살아가는 용기가 필요하다. 동시에 충분한 자원을 댈 수 있는가 없는가의 경계선에 바짝 다가가 있음으로, 우리는 하나님의 간섭과 섭리를 더 의존하고 의식하게 된다.

그렇다면 우리는 오는 사람을 모두 받아들일 수 있는가? 손대접을 제한한다면, 예수님을 거부할 수도 있지 않을까? 모든 사람을 받아들이려 한다면, 섬김이 점점 더 약화되고 부적절해지며 비인격화되는 것은 어떻게 막을 수 있을까? 골칫거리인 사람을 영접할 때, 이미 우리 삶에 영접해 들인 사람들은 어떤 영향을 받을 것인가? 우리가 그들을 특별히 책임져야 하는가? 아니면 우리 자신의 필요에도 유의해야 하는가? 우리가 가진 힘이 얼마나 많은 일을 맡든 상관없이 그 임무를 달성할 정도로 충분한가? 몇 달 안에 완전히 탈진해 버린다면 그 다음은 어떻게 할 것인가?

라브리 공동체의 이디스 쉐퍼는 손대접을 행하는 많은 사람들이 겪는 긴장 일부를 다음과 같이 표현한다. "우리가 개인적으로 시간과 힘을 들여 만나고 돌볼 수 있는 사람은 한계가 있기 때문에, 한정과 제한은 죄가 아님을 반드시 기억할 필요가 있다."[2] 손대접이 사회 전체적으로 널리 시행되지 않을 때, 또는 자원이 공평하고 적절하게 분배되지 않을 때, 개인적 손대접으로 모든 필요를 다 채울 수는 없지만 약간의 필요는 충족시킬 수 있다. 그것은 사람들이 돌볼 때 어떤 일이 일어날 수 있는지를 보여주는 살아있는 예다.

오늘날 손대접을 무상으로 제공하게 되면, 너무 많은 필요를 채우느라 허덕이게 될 때가 있다. 제한된 자원을 가지고 가진 것이 얼마 없는 사람들에게 나눠 주는 개인이나 가족, 교회, 국가 등은 점점 늘어나는 나그네의 필요를 채울 수 없다는 것, 궁극에 가서는 채워 주고 싶지가 않다는 것을 발견한다. 국제적·국가적 차원에서 이런 예들을 볼 수 있다. 가난과 전쟁으로 파괴된 국가의 수많은 난민들을 받아들이고 있는 많은 사회들이 손대접의 한계를 선포하고 있다. 경제적으로 부족해지지 않을까 하는 두려움이 옛 민족주의와 결합해, 최근에 도착한 난민들을 차별하고 반대하도록 부추긴다. 비록 몇몇 사람에게는 그러한 영접이 구원과도 같지만 난민들을 영접한다고 해서 한 국가와 세계의 경제적·정치적 불의가 해결되지는 않는다. 기아와 빈곤을 피해 도피하는 많은 사람들은, 나그네로 무한정 남게 되는 손님이라는 불확실한 지위 때문에 억압되고 주변화된 존재에 머물게 된다. 공동체 참여로 통상 얻게 되는 유익과도 멀어진다.[3]

손대접이 사회의 재물과 힘의 유형을 크게 변화시키는 경우는 드물지만, 큰 노력과 희생을 요할 때가 종종 있다. 어떤 때는 주인들이 사회에 널리 퍼져 있는 재물관과 권세관에 직접 저항하지 않으면서, 자신들이 가진 것들을 충분히 나누어 준다. 손대접은 자발적인 행동이기 때문에 자원과 에너지는 제한돼 있음을 진지하게 고려해야만 한다. 주인들이 지치거나 질려 버리면 나그네의 필요에 대해 무심해지거나 냉소적이 될 위험이 커진다. 그렇게 되면 자선을 베풀고자 하는 충동은 시들해질 수 있다.

손대접에서 제기되는 가장 도전적인 신학적·실천적 질문 중 하나는 영접하는 손님들을 돌볼 만한 자원이 "충분한가" 하는 것이다. 손대접 종사자들은 갖가지 대답을 내놓는다. 어떤 사람은 결코 충분하지 않다고 답한다. 언제나 수용 능력보다 많은 사람들이 손대접을 필요로 하기 때문이다. 경험 많은 다른 손대접 종사자는 열정적으로 말한다 "충분한 것은 없지요. 시간이나 에너지나 장소가 충분한 적은 한번도 없습니다."

다른 한편으로 모든 공동체는 놀랍게 공급을 받았던 경험담을 가지고 있다. 음식, 가구, 돈, 옷가지들이 충분하게 때로는 넘치도록 들어온 적도 있다. 그들의 경험은 고린도후서 9:8의 바울의 말을 생각나게 한다. "하나님이 능히 모든 은혜를 너희에게 넘치게 하시나니 이는 너희로 모든 일에 항상 모든 것이 넉넉하여 모든 착한 일을 넘치게 하게 하려 하심이라." 그들의 간증은 사르밧 과부 이야기도 생각나게 한다. 그녀는 마지막 남은 음식을 엘리야에게 나눠 주었지만, 오랫동안 충분하고도 남을 만큼 기적적으로 공급을 받았다.

흥미롭게도 거의 모든 손대접 종사자들은 얼마나 많은 손님들을 영접했든 상관없이 음식은 언제나 충분했었다고 말한다. 반찬 가짓수가 별로 없고 때로 각자의 몫이 줄어들 때도 있었지만, 굶주리는 사람은 없었다. 이것은 우리 사회에 값싼 음식물이 풍성하다는 반영일 수도 있고, 성경에 나오는 오병이어 기적과의 어느 정도 신비로운 연관일 수도 있으며, 혹은 둘 다일 수도 있다. 어떤 의미에서 음식의 공급은, 하나님 나라의 풍성함을 나타내는 작은 표시다.

한 사람에게 얼마만큼의 공간이 필요한가 하는 개념은 문화적으로 형성되지만, 한 집이나 공동체에 들일 수 있는 사람들이 어느 정도인가 하는 문제에는 실제적인 한계가 있다. 어떤 사람은 이렇게 말한다. "가톨릭 워커 안에서는 집에 〔손님들을〕 몇 명 들이느냐 하는 것 때문에 갈등이 그치지 않는다. 나그네가 문을 두드릴 때 그가 그리스도이시기 때문에 들어오게 해야 한다는 주장이 있는가 하면, 그리스도를 들어오시도록 하고 싶지만 싱크대 아래에서 주무시게 하고 싶지는 않으며, 이미 거기 있는 다른 그리스도를 다 밀어내고 싶지도 않다는 주장도 있다."[4]

공간 문제는 심리적·정서적 한계와 결합해 주인들이 얼마나 많은 사람들을 영접할 수 있는가에 영향을 준다. 손대접을 많이 하는 사람들은 때로는 닥쳐오는 피로감에, 때로는 한 명이라도 더 맞아들이는 것은 불가능할 것 같은 느낌에 어쩔 줄 몰라한다.

경계짓기가 어렵고 때로는 주인과 손님들이 그것을 놓고 다투기도 하지만, 한계를 무시하는 것은 일종의 교만이요 우리의 유한성을 깨닫는 것을 거부하는 것이다. 한 손대접 종사자는 한참이 지나서야 난민을 영접하면서 동시에 정신병자들까지 보살필 수 없다는 사실을 알았다고 설명했다. 그들은 어떤 일들에는 자신들의 구조, 기술, 에너지가 부족하다는 것을 인정해야 했다. 그 종사자는 이렇게 말했다. "오는 사람들을 무조건 다 도울 수 있다고 생각하는 것은 일종의 교만입니다. '우리에게 뭐든 보내주시오. 우리가 다 처리하겠소' 하는 태도지요. 우리는 오래 전에 그것이 진실이 아님을 배웠습니다."

많은 손대접 종사자들은 사역에서 가장 어려운 점이 "안된다고 말하는 것, 문을 닫는 것, 한계를 설정하는 것"이라고 말한다. 에드 로링은 이렇게 설명한다.

> 이웃의 고난에 개방되어 있는 사역에는 날마다 안된다고 말해야 하는, 한계를 설정하는 끔찍한 고통과 대가가 따른다. 이것은 거부당한 사람들과 그 사실을 말해야 하는 사람들을 매우 가슴 아프게 한다. 우리는 이 문제를 놓고 서로 화를 냈으며, 자원봉사자들은 가버렸다.[5]

많은 손대접 종사자들이 유한성과 은혜, 비통함과 기적, 비극과 선물 사이에서 긴장하며 살고 있다.

손대접을 잘하는 가족과 공동체들이 때로는 문을 닫고 사람들을 들이지 않는다는 사실에 당황하는 그리스도인들이 있다. 아이러니컬하게도 바로 이런 그리스도인들 가운데, 자신들이 할 수 있는 일에는 한계가 있다고 주장하는 사람들이 있다. 손대접 종사자들은 자신들이 모든 것을 할 수 없다는 것을 안다. 그러나 기꺼이 무엇인가를 하려고 한다. 손대접을 하다 보면 영접해 들이지 못한다는 것이 너무나 고통스럽고 금세 눈에 띄게 된다. 하지만 사람들과 공동체의 자원은 제한되어 있다.

손대접을 생활방식으로 삼는 사람들을 보고 그들을 "손대접 전문가들" 또는 "어떻게 손대접하는지를 아는" 사람들이라고 말하기는 쉽다. 내가 출석하던 작은 교회가 한창 때는 수백 명의 난민들을 받아들이던 기억이 생생하다. 우리는 엄청나게 바빴고, 공간이나 에너지 면에서 상식적인 한계를 훨씬 넘어서고 있었다. 그 지역의 어떤 목사가 전화를 걸어 노숙자 가족이 자기 집 현관에 와서 도움을 청한다고 말했다. 그는 우리 교회가 "그런 종류의 일에 경험이 있으니" 우리가 그들을 받아들이면 어떻겠느냐고 물었다. 기진맥진한 우리는 그 목사가 도움이 될 사람들과 그 가족을 연결시키려 애쓰는 것에는 감사했지만, 그 목사의 교회에는 영접에 필요한 기술과 친절함을 배우려는 사람이 정말 한 명도 없는지 궁금했다.

우리들 대부분은 풍족하게 살고 있다. 부족하게 살고 있지 않다. 특히 세계의 대다수 사람들과 비교해 볼 때 더욱 그렇다. 하지만 우리는 종종 자원이 부족한 듯이 행동한다. 우리는 가진 것을 나누기도 전에 충분하지 않을까 봐 두려워한다. 문제는 자원의 양보다는 기꺼이 도움을 주려는 마음이 있는가 하는 것이다.

실제 손대접에서는 거의 언제나, 영접할 때 계산했던 것보다 더 풍성함을 경험한다. 주인들은 도저히 손님을 더 이상 받을 수 없다고 염려하다가도 막상 영접하다 보면 홍겨워하며 은혜를 누리고 있는 자신들을 발견하게 된다. 우리의 한계를 인정하는 것은 중요하지만, 우리가 목숨을 내주는 것이 곧 우리 목숨을 구하는 것이라는 예수님의 말씀을 기억하는 것도 똑같이 중요하다(마 16:24-25).

공동체의 경계선들

자원에 대한 염려보다 어떤 면에서 훨씬 더 복잡한 것이 경계 문제들이다. 정체성을 유지하면서 나그네를 영접하다 보면 중요한 긴장들이 야기된다. 나그네를 영접하는 장소는 갖가지 이야기, 의식, 역사 등이 얽혀 있는 곳이다. 그곳은 삶을 자라게 하는 소중한 곳이다. 단순히 물리적인 장소가 아니라, 헌신과 관계들로 살아 움직이는 곳이다.

경계들은 가정, 가족, 교회, 또는 공동체가 귀중하게 여기는 것이 무엇인지 뚜렷하게 보여준다. 하지만 현대사회는 경계들과 공동체에 대해 아주 양면적이다. 우리는 가정과 속할 곳을 갈망하면서도, 종종 "우리만의 노래를 부르고" 우리의 계획들을 수행할 수 있는 공간에 있을 때 더 편안해지는 것을 발견한다.[6] 손대접은 기본적으로 장소, 곧 헌신과 가치와 의미들로 둘러싸인 공간과 연결되어 있다.[7] 손대접을 회복할 때 어려운 점 가운데 하나는, 우리가 공동체와 특정한 정체성에 대해 확신이 없다는 것과 관련 있다.

주인은 자신의 "장소"를 귀중히 여기며 기꺼이 나누려 하고, 나그네들은 의미와 관계로 가득 찬 풍성한 삶이 있는 장소로 영접되기를 바란다. 하지만 나그네를 영접함으로써 공동체의 정체성은 작게라도 언제나 도전받고 수정된다. 그것은 종종 공동체를 풍성하게 해주지만, 때로는 도저히 이해할 수 없을 정도로 왜곡할 수 있다.

성경의 많은 부분을 보면 구별된 삶을 사는 것, 여호와께 거룩한 것, 나그네를 영접하라는 명령 사이에는 긴장관계가 있다. 그들의 관계는 언약—손님과 주인과 하나님을 연결해 주는 책임과 신실함의 끈—이라는 신학적 틀을 통해 보아야 가장 잘 이해가 된다. 이러한 맥락에서라야 우리는 포함과 분리가 동시에 이루어져야 한다는 것을 바로 이해할 수 있다. 손대접하는 신실한 신자들은 자신들이 하나님과의 관계 속에 있다고 이해한다. 예배하는 데에 거룩함, 구별된 정체성, 그리고 다른 사람의 필요에 주의를 기울이는 것 등을 요구하시는 하나님 말이다.[8]

거룩한 삶을 사는 것과 나그네를 손대접하는 것 사이의 복잡한 관계는 초기 이스라엘에서 시작된다. 이스라엘은 자신들이 하나님께 택함받았으며, 그렇기 때문에 하나님께만 충성과 순종을 바쳐야 한다고 이해했다. 이방인들을 사랑하고 그들에게 사회적·경제적·법적으로 책임을 다하라는 이스라엘이 부여받은 요구와 그렇게 할 수 있는 능력은, 이스라엘과 하나님의 관계 안에 깊이 새겨져 있었다.[9] 이스라엘의 율법 안에 나타난 상호 관련된 두 관심사—연약한 자를 보호하고 받아들이는 것과 하나님께만 충성하는 것—는 분리할 수 없는 것이다. 하나님의 거룩함에는 약한 자를 돌보는 것이 포함돼 있기 때문이다.

이방인을 돌보는 것에 관한 율법은 언약적 사랑과 거룩함이라는 주제와 밀접한 연관이 있다. 이스라엘은 그들 가운데 있는 이방인을 사랑하고, 궁핍한 이스라엘인을 돌보듯이 그들을 돌보며, 특정한 이방인들은 이스라엘의 종교생활에 참여시키라는 명령을 받았다. 다른 한편으로, 이스라엘의 하나님께 일심으로 헌신하는 데 해가 될 만한 이방 요소들은 엄격히 금지되었다.[10]

이스라엘 사람들이 나그네를 포함할 것인가 분리시킬 것인가 하는 점은, 부분적으로는 그들이 이스라엘의 정체성과 하나됨을 위협할 가능성이 있는가에 달려 있었던 것 같다.[11] 나그네들이 고국을 떠날 때 가족·종교·정치적 연고도 떠났다면, 그들은 이스라엘의 보호와 보살핌을 받았다. 나그네들은 이스라엘 공동체의 사회적 의미—절기, 율법, 남자의 경우 할례와 같은 정체성을 규정하는 행동에 참여하는 것—에 충분히 동화될 때 이스라엘 사회의 일원이 될 수 있었다.[12]

마찬가지로 교회는 구별된 공동체로 부름받았지만, 동시에 나그네도 영접해야 한다.[13] 1세대 그리스도인들은 문화·사회경제·인종적 배경이 다른 회심자들과 좋은 관계를 맺게 해줄 만한 최소한의 경계들을 규정하려고 애썼다. 사회적으로 중요한 어떤 경계들은 새로운 공동체에서는 적절해 보이지 않았다. 유대인과 헬라인, 종과 자유인, 남자와 여자의 통상적 구분은 "그리스도 안"(갈 3:28)에서는 더 이상 적용되지 않았다.

우리는 초대 그리스도인들이 남자 이방인 회심자들에게 할례를 주는 문제를 놓고 크게 고민했다는 사실을 어느 정도 알고 있다. 할례는 유대인의 정체성에 특별히 중요한 것이었으나, 그리스도인의 정체성을 나타내는 표시로는 적절하지 않다고 선포되었다(갈 5:6; 6:15). 바울은 갈라디아서에서 이방인들이 실제로 할례를 받아야 한다면 그리스도는 그들에게 아무 유익이 없는 존재가 되어버릴 것이라고 주장했다(갈 5:2). 하지만 그 문제는 계속 골칫거리가 되어, 예루살렘 공의회에서 검토되었다(행 15:1-21). 최종적으로 지도자들은 다음과 같이 결론내렸다. "이방인 중에서 하나님께로 돌아오는 자들을 괴롭게 말고 다만 우상의 더러운 것과 음행과 목매어 죽인 것과 피를 멀리 하라고 편지하는 것이 가하니"(행 15:19-20). 이것은 유대 그리스도인들이 살아가는 데 필요한 최소한의 것이었다. 이러한 최소한의 경계들로 그 두 집단은 사회적 관계를 맺었을 것이다. 하나님의 "영접"이라는 더 큰 맥락에서는 음식에 대한 규정과 신성한 날을 지키는 면에서 상당한 자유가 있었다. 그 자유가 약한 지체에게 걸림돌이 되지 않는다면 말이다(롬 14:3, 13).

경계를 짓는 것은 역사가 짧은 공동체들을 거짓 가르침과 손대접의 오용에서 보호하기 위해서도 중요했다. 모든 사람을 영접해야 했지만 삶이나 교리에서 "거짓"되거나 부도덕한 모습을 드러내는 신자들은 손대접받지 못했다. 요한이서에서 신자들은 누가 그리스도의 가르침과 다른 가르침을 가지고 온다면, "그를 집에 들이지도 말고 인사도 말라. 그에게 인사하는 자는 그 악한 일에 참예하는 자임이니라"(요이 9-11)라는 경고를 받는다. 참된 신자들을 영접하는 것은 그들과 그들의 메시지 둘 다를 영접하는 것이며, 그들을 후원하고 그 메시지가 전파되는 데 기여하는 것이다. 마찬가지로, 거짓 교사들에게 물질적·사회적 후원을 하는 손대접은 그들로 하여금 권위와 도덕을 훼손하고 분열을 야기시키도록 하는 것이다(유 4, 8, 12, 19).

요한삼서에서 가이오는 낯선 나그네 형제들에게 손대접을 베푼 것 때문에 칭찬받는다. 이러한 사람들에게 손대접을 베풂으로써, 신자들은 "진리를 위하여 함께 수고하는 자"가 되었다. 다른 한편, 디오드레베는 악한 말과 어떤 신자들을 영접하지 않은 것 때문에 비난을 받는다. 누구의 권위와 가르침이 우세한가에 대한 다툼은 손대접을 할 것인가 말 것인가 하는 문제를 두고 일어났다(요삼 5-10).[14]

후에 수도원 전통에서도 "영접하는 것과 구별되는 것이라는 두 주제"는 그리스도와 관련된 규정 때문에 여전히 큰 문제로 남았다.

> 그러므로 구별됨과 손대접은 동일한 사랑에 대한 두 가지 표지이다. 곧 그리스도를 따르는 것과 그리스도를 영접하는 것이다. 그리스도를 따르면 우리는 세상과 구별된다. 하지만 그리스도는 세상에 있는 사람들의 모습으로 우리에게 다시 오시며, 우리는 그분을 영접한다. 우리는 그리스도를 사랑함으로 세상과 구별되었지만, 손대접을 하면서 그 사랑을 입증하는 것이다.[15]

기독교 수도원의 역사에서는 "영적인 삶을 손님 영접과 조화시키려고 할 때마다 긴장이 따랐다." 손님들이 금욕적 규율을 흐트러뜨리고 거짓 가르침을 소개할 수도 있었지만, 그럼에도 그리스도처럼 영접받고 보살핌과 공급을 받아야 했다.[16] 세상으로부터 구별되는 것과 나그네를 영접하는 것은 둘 다 그리스도를 위한 것으로 여겨졌다.

경계나 지침들은 손님들을 보호하고, 공동의 정체성과 헌신을 유지하며, 종사자들을 지탱시켜 준다. 그러한 경계와 지침들은 우리가 누구인지 규정해 주며, 삶에 필요한 질서를 제공해 준다.[17] 우리는 모든 사람이 독특하고 귀한 존재라고 생각하면서 차이점 역시 인식할 수 있어야 한다.[18]

더 자유롭거나 덜 자유로운 가정이 있고 더 조직적이거나 덜 조직적인 가정이 있는 것처럼, 손대접할 때도 주인들은 계속 그 일을 할 수 있도록 경계와 자유의 적절한 균형을 찾아내야 한다. 경계·제한·지침들은 손님의 종류, 환경 유형, 주인의 필요, 자원의 이용 가능성에 따라 달라질 것이다. 장 바니에는 나그네를 영접해 들이는 공동체는 획일성은 최소화하고 다양성은 최대한 열어 놓아야 한다고 주장한다. 그의 경험에 따르면, 공동체가 처음부터 자신들이 할 수 있는 일·규칙·기대들을 분명하게 밝힌다면, 어떤 사람들은 영접을 거부당하는 것이 아니라 스스로 그 공동체에 들어오지 않는다.[19]

경계들은 어떤 장소를 물리적으로나 심리학적으로 안전하게 만들기 위해 중요하다. 많은 궁핍한 나그네들(난민, 노숙자, 학대받는 여성과 아이들)은 고질적인 두려움 가운데 살다가 온다. 안전한 장소에서 그들은 편히 쉬고 치유받으며, 재활의 기회를 얻는다. 손대접이 보호받고 존중받는 안전한 장소 제공과 관련된다면, 어떤 행동은 차단돼야 하고 무언가 실용적인 구조가 뒤따라야 한다. 폭력적인 행동은 분명 안전을 해친다. 그런데 폭력적인 말 또한 그렇다. 알코올과 마약 사용 제한은 안전장치가 된다. 최소한의 질서와 청결은 사람들에게 안정감과 존중받고 있다는 느낌을 준다.

경계에 관한 가장 어려운 문제 가운데 일부는 손대접과 관련된 것이라기보다는 공동체의 일원이 되는 것과 관련돼 있다. 어떤 손님은 더 이상 이동하지 않고 공동체 안에 머무른다. 장기간 손님 노릇을 하기는 어려운 일이기 때문에, 대부분의 공동체에서는 손님이 계속 머무르다 보면 결국 역할에 변화가 일어난다. 손대접과 공동체생활이 마구 뒤섞여 있는 가톨릭 워커를 보면, 이것을 더욱 분명히 알 수 있다. 해리 머레이(Harry Murray)는 가톨릭 워커의 손대접에 대한 연구에서 "손님들은 공동체의 일원이 될 수 있고, 그러므로 주인이 될 수 있다"

고 말한다.

이렇게 공동체와 손대접이 섞여 있으면 불가피하게 갈등이 일어난다. 손님/공동체, 회원/주인이 가톨릭 워커의 손대접 철학을 철저히 자기 것으로 만들지 않는 경우가 종종 있기 때문이다. 그들은 특정한 측면들, 특히 비폭력이라는 측면을 거부할 수도 있다. 그럼에도 불구하고, 그들은 공동체의 "평등한" 일원이기 때문에 주인의 역할을 하는 기회를 빼앗길 수는 없다.[20]

그런 주인들은 나그네/손님이었던 경험이 있기 때문에 더욱 세심하게 손대접을 할 수도 있지만, 또한 특정한 약점들로 인해 다른 사람들에게 손대접을 베푸는 일이 더 어려워질 수도 있다. 정신장애나 정서장애 혹은 과거의 중독 경험 등 특별한 어려움을 겪고 있는 사람들은 종종 더 많은 지원과 보살핌이 필요하다. 거의 모든 공동체가 씨름하고 있는 문제는 공동체의 일원이 되려면 어느 정도의 헌신과 가치관을 공유해야 하는가 하는 문제다.

나그네를 영접할 때, 특별히 그들의 수가 많거나 영접해 들이는 공동체와 상당히 다르다면 정체성의 충돌이 있을 것이다. 공동체는 그 공동체가 맞아들이는 사람들에 의해 변할 것이다. 변화의 정도는 다양하다. 나그네가 잠시 동안 머문다면 영향을 덜 받겠지만, 장기간 머물거나 공동체에 참여하기를 원한다면 믿음의 내용과 행동에 관해 상당히 복잡한 문제들이 불거진다.

우리가 만나는 모든 사람의 삶에서 하나님께서 이미 역사하고 계시다는 것을 깨달을 때, 경계 문제들은 언제나 약간 모호해진다. 이 점을 인식하면 각 공동체는 하나님께서 말씀하고 계시는 것이 무엇인지, 나그네/손님으로부터 배울 수 있는 것이 무엇인지에 마음을 열게 된다. 그 때문에 경계는 언제라도 다시 그을 수 있다.

이익을 얻거나 이용하려는 유혹

손대접은 매우 영향력 있는 관행이기 때문에 취약하다. 손대접은 인간관계를 조성하고 자원이 오가는 문제이기 때문에 주인이나 손님이 그것을 오용할 수 있다. 개인과 공동의 이익을 위한 도구로 사용할 수 있는 것이다.

과거 수세기 동안 손대접은 권위나 권세나 명성을 얻거나 유지하는 데 유용한 사회적 유대를 든든히 해줌으로써 주인들의 목적을 만족시켰다. 4세기에는 락탄티우스와 크리소스톰이 이에 대해 염려했다. 그들은 주인들이 이익을 얻기 위해 손대접을 이용하는 것, 그들의 손대접이 "야심을 품은" 것이 되는 것을 염려한 것이다.

손대접을 통해 이익을 보려는 주인들은 누구를 영접하고 누구를 배제할 것인지 주의깊게 계산한다. 종종 영접이 가장 필요한 사람들이 간과되는 것은, 그들이 주인에게 줄 수 있는 것이 거의 없어 보이기 때문이다. 손대접을 통해 이익을 보려는 것은 도덕적 관행으로서의 손대접을 손상시킨다. 계산된 손대접은 주인과 손님 사이의 도덕적 유대를 무너뜨린다. 주인들은 친절이나 사랑으로 손님들을 돌보고 그들의 필요를 채워 주기보다는, 또 다른 목적을 위한 수단으로 그들을 이용하는 것이다.[21]

손대접은 오직 호의에서만 베풀어야 하기 때문에 취약하다. 역사적 시기마다 손대접하면서 이익을 추구하려는 유혹이 있었으며, 그때마다 손대접은 그러한 야심에 기여했다. 주인이 손대접하면서 유익을 얻는 경우가 간혹 있기는 하지만 일부러 추구해서는 안된다.

고대교회에서 그리스도인들은 "위대하거나 또는 저명한 사람"을 접대함으로써 유익을 얻을 수 있었다. 그러한 대접으로 사람들의 주목을 받을 수 있고, 그 보답으로 뭔가를 얻을 수도 있었기 때문이다. 그들은 또한 자신보다 지위가 높은 사람을 손님으로 받아들임으로써, 공적인 명망이 높아지는 유익을 얻을 수도 있었다. 크리소스톰은 그리스도인들이 손대접을 권세 있는 사람들과 "친밀"해지는 수단으로 이용하는 것에 대해 경고했다. 그러한 계산된 손대접은 "자신의 일과 가족에게 유용한"[22] 이득을 제공하기 때문에 아주 매력적이었다.

같은 시기, 수도원이 이익을 추구할까 염려하던 바실(약 330-379)은 수도자들에게 손님에게 검소하고 간소한 식사를 제공할 것을 촉구했다. 손대접은 세상적 장식과 겉치레 없이 이루어져야 했다. 그렇지 않으면 "사람을 기쁘게 하려는 마음"과 "과시"가 되었다.[23] 몇 세기 후 캘빈은 보답을 받으려는 마음으로 손대접하는 것은 "관대함이 아니라 상업적 거래"[24]라고 경고했다.

하지만 상호 덕을 세우는 것이 손대접의 중대한 특징이 되었던 종교개혁 이후에는 이익 추구에 대한 거부가 새로운 양상을 띠게 되었다. 상호성이 새롭게 강조되면서 손님에게나 주인에게나 더 많은 것이 기대되었다. 특히 손님과 주인의 신앙이 같을 때 손대접은 상호 덕을 세우는 대화와 믿음 성장의 장으로 보였다. 이것은 손대접에 대한 도구적 접근은 아니었지만, 상호 이익을 강조한 것은 호혜적인 관행을 더 강조하게 된 중대한 변화였다.[25]

손대접에 대한 태도에서 훨씬 더 중대한 변화는 17세기 영국 청교도 리처드 백스터(Richard Baxter)의 글에서 찾아볼 수 있다. 백스터는 호화판 접대에 대한 질문에 답하면서, 빈궁한 가족들을 구제하는 데 사용될 수도 있었던 것을 "저명한" 손님을 위해 써버린 것은 무엇이든 죄된 낭비라고 말했다. 하지만 그는 사치스런 접대에 대한 전통적인 비판을 넘어서서, 계산적인 손대접에 대해 아주 분별 있는 논의를 펼쳤다.

> 다른 한편으로, 사회적 지위가 높은 사람은 자신과 대등한 지위에 있거나 더 지위가 높은 사람들을 신중하고 후하며 공손하게 대접함으로써, 그만한 금액을 가난한 사람들에게 베풀었을 때보다 더 큰 효과를 거둘 수도 있다. 그는 권세를 잡고 있는 사람들의 비위를 거스르지 않음으로써 자신이 소비한 것보다 더 많은

것을 절약할 수 있고 자기 자리를 보존할 수 있을 것이다. 더욱이 그가 신실하다면, 그만큼을 가난한 사람들에게 주었을 때보다 하나님과 그 나라에 더 많이 공헌할 수 있을 것이다. 그리고 더 큰 선을 위해 그것이 정말로 필요하다면, 그렇게 하는 것이 의무다. 오히려 그렇게 하지 않고 그만큼의 비용을 가난한 사람에게 주는 것이 죄가 될 것이다.[26]

백스터의 논증에 모호한 점이 있다는 것이 중요하다. 호사스러운 대접은 낭비이며 죄이다. 돈은 가난한 사람들을 후원하는 데 사용해야 한다. 그 돈으로 영향력 있는 사람을 대접함으로 더 큰 선을 이룰 수 없다면 말이다. 그리스도인들은 물론 여러 세기 동안 영향력 있는 사람들을 접대해 왔다. 그러나 그렇게 함으로써 더 큰 선을 이룰 수도 있다고 솔직하게 묘사한 적은 좀처럼 없으며, 그렇게 하지 못하는 것을 그리스도인의 의무를 어기는 죄된 것으로 간주한 적도 없었다. 백스터의 생각에는 어느 정도 실용주의와 실리주의적 계산이 눈에 띄게 나타난다. 18세기 영국의 손대접을 언급한 새뮤얼 존슨 역시 매우 중대한 계산적 성향을 보여준다. 그는 손대접이 이전에는 주인에게 유용했지만 현재는 비슷한 이득을 얻는 데 실패하고 있음을 대비시키면서 "마구잡이식 손대접으로는 진정한 영향력을 얻을 수 없다"고 결론내렸다.[27]

손대접을 이용해 이익을 얻으려는 유혹이 오늘날에도 여전히 중요한 논쟁거리가 되는 것은, 우리 생각은 매우 도구적이고 계산적이며, 비용과 유익을 매우 의식하는 경향이 있기 때문이다. 우리는 선한 청지기처럼 끊임없이 이렇게 묻는다. "그래, 그것으로 뭘 이룰 수 있지? 얼마나 유용할까?" 손대접은 은혜로 풍성하지만 그러한 유익은 선물로 주어지는 것이다. 그러므로 우리는 손대접을 상업적 거래로 바꾸려는 노력을 경계해야 한다.

현대의 손대접에 대한 관심 대부분은 손대접을 접대나 상업성과 연결짓는다. 오늘날 "효과적인 주인"은 그것이 완벽한 여주인이 되었든 우아한 호텔들이 되었든, "지속적인 인상을 남기는" 손대접을 한다. 접대를 하려면 자신과 자신이 속한 장소를 특별한 방식으로 내보일 필요가 있다. 주의깊게 준비하고 계획한 접대란 좋은 분위기를 창출하고 좋은 이미지를 투사하는 것이다.

한 손대접 종사자가 설명하는 것처럼 접대는 "사람들에게 뭔가 대단한 존재인 척하는 것", 그래서 "완벽한 집에 있는 완벽한 사람"이라는 인상을 주려고 하는 것이다. 그러나 그녀의 다음 글을 보면 손대접의 초점은 다른 곳에 있다. 그것은 "'내 것을 먼저 챙기지 않고 어떻게 하면 당신을 위해 베풀 수 있을까요?'라고 묻는 것이고… 또는 '들어오세요. 이게 우리 사는 모습이랍니다'라고 기꺼이 말할 수 있는 것이다. 내 생각에 그렇게 할 수 있으려면 상당한 자기 부인이 있어야 할 것 같다."

수많은 접대, 특히 사업관계에서의 접대는 이득을 얻기 위한 것이다. 교회 역시 유혹을 받는다. 신실한 그리스도인들에게는 이웃과 동역자들을 대접하라는 부추김이 있다. 손대접이 최신 전도 프로젝트를 위한 좋은 수단이기 때문이다. 관심 있는 목회자들은 포괄적인 "손대접 프로그램"을 교회성장 수단으로 채택하라는 도전을 받기도 한다. 손대접이 종종 마케팅 도구 정도로 여겨지는 것 같다.

손대접을 목적을 이루는 수단이나 도구로 이용하는 것은, 그것을 하나의 생활방식으로, 사랑의 구체적인 표현으로 보는 것과 대조를 이룬다. 아마 따뜻하게 영접하는 분위기보다 복음을 나누기에 더 좋은 환경은 없을 것이며, 사람들은 손대접을 잘하는 교회에 점차 더 많이 몰릴 것이다. 하지만 이따금씩이라도 손대접을 도구로 사용한다면, 그것은 손대접을 왜곡시키는 것이며 우리가 "영접하는" 사람들은 자신들이 이용당하고 있다는 것을 재빨리 알게 될 것이다. 손대접을 그처럼 오용하는 것은 헨리 나우웬이 우리 시대의 특징이라고 언급했던 외로움을 더욱 크게 만든다. 외로움이라는 뿌리는 "아무런 조건 없이 보살피고 사랑해 주는 사람이 아무도 없다는, 그리고 우리가 이용되지 않고 연약한 모습을 드러낼 수 있는 곳은 아무데도 없다는 막연한 생각 속에서 자란다."[28]

오늘날 수많은 개인적 접대, 접대산업, 심지어 치료기술의 특징인 친밀함과 상업화와 도구적 사고의 복잡성은 거부하기 어렵다. 손대접을 오용하지 않기 위해서는 특별한 긴장이 있어야 한다. 나그네에 대한 손대접을 모든 재정적 이득과 엄격히 분리시키는 몇몇 공동체에서 이 같은 경계심을 보게 된다. 한 손대접 종사자는 이렇게 설명했다.

우리는 묵어가거나 음식을 먹는 것에 대해 전혀 돈을 청구하지 않습니다…. 절대로 그렇게 하지 않지요…. 그건 마치 어머니에게 돈을 청구하는 것과도 같을 것입니다. 예수님께 돈을 청구할 수 있나요? 〔이곳에 오는〕 손님들은 예수님이 사람의 모양으로 오신 것입니다…. 우리는 돈과 완전히 분리된 삶의 부분, 거기서 다른 사람과 우리의 관계를 유지하는 것이 훨씬 낫습니다.

그 공동체는 나그네를 영접하고 전혀 비용을 받지 않는 것으로 전문적인 사회 복지사업이나 손대접 산업과 구분된다. 모든 공동체가 손대접하면서 그처럼 전혀 비용을 받지 않는 것은 아니지만, 모든 그리스도인 주인은 은혜롭던 손대접에 미친 시장성의 영향을 심각하게 고려해야 한다.

그러나 손대접 고유의 한계 가운데 하나는 주인들이 그것을 자신의 이익을 위한 도구로 사용할 수 있다는 것이고, 다른 하나는 손님들이 주인의 자비심을 악용할 수 있다는 것이다. 손대접이 친절한 마음에서만 제공될 수 있으려면 수혜자들이 주인들을 이용하지 말아야 한다. 자비롭고 친절한 주인이 손님들을 꼼꼼히 조사한다는 것은 결코 마음 편한 일이 아니다. 하지만 손님들이 어느 정도 책임을 지고 함께 관계를 유지하기 위해 애쓰지 않는다면, 손대접은 고갈되거나 매우 제한될 수 있다. 초대교회 문서들에서 그리스도를 "거래"하는 손님들을 비판하는 것은 이러한 긴장들이 있었다는 증거다. 손대접을 받는 사람들이 게으르고 빈둥거리며 손대접을 "이용한다"는 불평 역시 이러한 점을 반영한다. 전통적으로 주인들이 이익을 얻기 위해 손대접을 이용할지 모른다는 염려와, 손님들이 이익을 얻기 위해 손대접을 이용하고 있다는 걱정이 번갈아 나타났다.

손님들이 손대접을 오용하지 못하도록 한 보호책은 구조적인 경향을 띠었다. 주인은 손님들이 이익을 추구하지 못하도록 추천서, 간단한 테스트, 복잡한 규정, 보존된 기록 등을 참고했다. 초대교회는 이동이 상당히 잦았고 나그네 영접을 강조했기 때문에, 손대접 오용을 방지하는 보호조항들이 빠르게 확립되었다. 신약은 행동이나 가르침이 분명하게 파괴적이지 않다면, 모든 사람을 잘 대접하라고 말했던 것 같다.[29] 어떤 신약교회는 영접해야 할 나그네를 반드시 영접하고, 손님을 대접하는 집에 부당한 요구를 하지 못하게 하며, 거짓 가르침이 퍼지는 것을 제한하기 위해 추천서를 이용했다. 추천서를 쓴 사람은 그것을 가지고 있는 사람이 동료 일꾼이라고 밝히고, 자신과 모든 신실한 일꾼들에게 하듯 이 사람을 영접해 달라고 요청했다.[30]

바울은 그리스도인들에게 손대접을 하도록 촉구했고 자신이 사역을 할 때도 손대접에 의지하는 한편, 손대접이 남용되고 오용되는 것을 바로잡으려고 했다. 바울의 설명에 따르면, 참된 지도자는 지역 공동체를 이용하지 않는다는 것이다. 오직 협잡꾼만이 손대접을 이용한다. 탐욕과 거짓 가르침은 밀접하게 연결돼 있다. 사도행전 20:32-35를 보면 바울은 에베소 교회 지도자들에게 자신이 스스로 일하여 자신과 동료와 약한 사람들의 필요를 돌보았음을 상기시킨다. 나그네와 궁핍한 사람들을 손대접하는 일이 매우 중요했던 때에, 특별히 바울은 공동체의 제한된 자원에 책임을 느끼며 민감한 역할 모델이 되고자 유의했다.[31]

많은 신약본문들을 살펴보면, 각 집에서 손대접할 것을 분명히 요구한다. 베드로전서 4:9에서는 교회에 불평을 늘어놓지 말고 "원망 없이" 손대접할 것을 명한다. 왜 그들이 불평을 늘어놓았는지 본문에는 분명하게 나와 있지 않다. 하지만 다른 몇몇 신약본문에는 손님들이 지역 공동체에 짐이 되지 말아야 한다고 명백하게 나와 있다. 바울은 자신이 거짓 사도들과는 반대로 고린도 교회에 있는 "아무에게도 누를 끼치지 아니"하였고(고후 11:8-9), 다음 번에 방문할 때도 "나의 구하는 것은 너희 재물이 아니요 오직 너희"이기 때문에(고후 12:14) 누를 끼치지 않을 것이라고 편지했다. 데살로니가전서 2:9에서는 자신과 동역자들이 데살로니가 교인들에게 어떻게 행했는지도 상기시킨다. "너희 아무에게도 누를 끼치지 아니하려고 밤과 낮으로 일하면서 너희에게 하나님의 복음을 전파하였노라."

초대교회 당시의 정경 외의 글들을 보면, 손대접 오용에 대해 상당히 주의깊게 다룬다. 손대접은 믿음의 메시지를 상당 부분 실천할 수 있는 관행이었기 때문에, 그 글을 쓴 사람들은 손대접을 오용할 만한 사람들로부터 연륜이 짧은 공동체들을 보호하는 일에 계속 관심을 가졌다. 그들의 가르침에는 연합과 권위를 확립하고, 경제적 자원을 제대로 이용하도록 하려는 노력이 반영되어 있다. 도덕과 교회의 관행에 대한 초기의 기독교적 지침인「디다케」(*Didache*)[32]를 보면, 손대접을 남용하지 못하도록 하는 안전장치들이 나온다. 주님의 이름으로 오는 사람들은 모두 영접받아야 했지만, 또한 시험도 받아야 했다(12:1).

> 오는 사람이 여행자라면, 할 수 있는 한 많이 그 사람을 도와주라. 하지만 그는 이틀 이상, 필요하더라도 사흘 이상 머무르면 안된다. 그리고 그가 당신들 있는 곳에 자리를 잡고 싶어하거나 기술을 가지고 있다면, 일해서 먹을 것을 벌게 하라. 만약 그에게 아무런 기술이 없다면 잘 분별하여 그에게 먹을 것을 주라. 그래서 어느 누구도 게으르게 살지 않도록 하라. 그는 그리스도인이기 때문이다. 그러나 그렇게 하지 않으려 한다면, 그는 그리스도를 놓고 거래를 하고 있는 것이다. 그런 사람들을 주의하라(12:2-5).

핍박을 피해 정착할 새로운 공동체를 찾고 있는 그리스도인들은 영접과 도움을 받아야 하지만, 한편으로 자신들의 책임을 다해야 했다. 더 이상 그럴 필요가 없음에도 공동체의 도움에 의지하는 그리스도인은, 누구든 기독교 신앙을 가졌다는 이유로 이득을 취하고 있는 것이었다.

「디다케」의 가르침은 손대접이 오용되지 않도록 하는 동시에 손대접을 실천하도록 격려하려는 것이었다. 여행하는 교사, 사도, 선지자들에게는 가장 엄격한 제한들이 적용되었다. 그 문서는 복음을 곡해하거나 "다른 교리"를 가르치는 교사의 말은 듣지 말아야 한다고 공동체들에게 경고했다. 하지만 와서 "주님의 의와 지식을 더하기 위해" 가르치는 사도들은 모두 "주님처럼" 영접받아야 한다고 나와 있다. 그런 사람들이라 해도 하루나 이틀 이상 머물도록 해서는 안되었다. 어떤 사람이 사흘 동안 머문다면, 그는 "거짓 선지자"였다. "어떤 사도가 떠날 때는 밤에 머물 곳에 이를 때까지 먹을 빵만 받아 가도록 하라. 돈을 요구한다면 그는 거짓 선지자이다"(11:1-6). 하지만 모든 참된 선지자와 교사들은 "자기 음식을 먹기에 합당한"(13:1) 사람이었으며, 공동체의 첫열매에서 후원을 받아야 했다.

손대접은 자발적이지만 자원을 상당히 많이 나누어 주는 것이었기 때문에, 주인들이 이용당하고 있다고 느끼게 되면 희생적으로 손대접을 제공하려는 마음이 순식간에 사라질 수 있었다. 어느 정도는 이러한 이유 때문에 손대접을 받을 만한 나그네와 그렇지 못한 나그네를 명확하게 구분하려는 경향이 전통적으로 있었다. 그러나 "대접을 받을 만하지 않아도" 도와주는 경우가 있었다. 사람들이 궁핍하게 된 원인이 무엇이든, 그들의 필요를 채워 주고자 하는 마음이 정해진 범주를 번복하게 했던 것이다. 성경본문은 도움을 받을 만한 궁핍한 사람과 그렇지 못한 사람들을 이후에 나온 글들보다는 덜 분명하게 구분하고 있다. 크리소스톰은 특히 그러한 구분의 특징들을 인식하면서 문제를 다루었다. 그것은 거지와 궁핍한 사람들을 "무차별적으로" 구제하는 것이 과연 적절한가 하는 문제를 놓고 오랫동안 토론한 결과의 일부였다. 공동체들은 종종 자기 동네의 "도움받을 만한" 가난한 사람들에게 더 동정적이었다. 반면 궁핍해진 나그네나 "신체 건강한" 실업자들에게는 어느 정도 책임은 졌으나, 동정심은 덜 보였다.

캘빈은 진짜 궁핍한 사람을 구제하는 것은 아주 중요한 일이며, 궁핍한 이들의 환경을 조사해 보는 것 또한 대단히 필요하다고 언급했다. 그는 어느 정도 정밀하게 조사하고 분별하지 않으면, 뻔뻔한 사람들이 모든 것을 다 취하지 않을까 우려했다. 하지만 캘빈은 도움을 받을 만한 나그네와 그렇지 못한 나그네에 대한 모든 논의에 대해 강력하게 경고한다. "우리의 인색함을 신중함이라는 그늘로 가리지 않도록 주의하자." 조사가 결코 "너무 엄격한" 것이 되어서는 안 된다. 그것은 "동정과 연민을 지닌 인간적인 마음"[33]으로 행해져야 한다.

대접을 받을 만한 자격이 있는 손님과 없는 손님을 구분하려는 것은, 감히 그런 구분을 하는 것에 대한 비판만큼이나 전통이 깊다. 그런 관심사는 오늘날 사회보장 기금이 오용되는 것에 대한 불평이나 어떤 사람이 "정말로" 노숙자인가에 대한 질문들, 그리고 정치적 난민과 경제적 난민을 구분하는 것에서도 분명하게 나타난다.

손대접이 오용될 가능성을 배제할 수는 없다. 대부분의 자비로운 주인과 손대접 공동체들은 자신들이 때로는 "이용당한다"는 것을 안다. 그러면서도 나그네를 영접한다. 이 문제에 대한 완벽한 해결책은 없다. 호의가 얼마나 취약한 것인가에 대한 마르타 누스바움(Martha Nussbaum)의 언급은, 손대접을 덜 취약하며 오용되거나 왜곡되지 않게 하려는 노력이, 종종 손대접의 본질적인 특성을 축소시킬 수 있다는 것을 상기시켜 준다.

> 특히나 인간의 미덕에 포함되어 있는 위험들을 없애 버리려 할 때마다 그 가치는 상실된다. 온전히 믿을 만한 사랑에는 존재하지 않는 사랑의 불완전함과 세속성 앞에서도 누군가를 기꺼이 사랑한다는 것에는 아름다움이 있다. 사회적 미덕에서 통제할 수 없는 우발사건을 제거시켜 버리면, 사회적 미덕의 어떤 귀중한 특성들 또한 잃게 된다.[34]

그녀는 이렇게 주장한다. "**인간의 탁월성이 지닌 독특한 아름다움은 바로 그 취약성에 있다.**"[35]

죄와 불의와 상처로 왜곡된 세상에서 손대접을 한다는 것은 좀처럼 쉽지 않다. 은혜와 지혜가 그만큼 필요하다. 나그네에게 실제로 손대접을 베풀기 위해서는 영적·도덕적 직관력, 기도로 성령께 의지하는 것, 전통적으로 축적돼 온 지혜, 각 상황에 대한 실제적인 평가 등이 필요하다.

그러나 언제나 은혜가 중심이 되어야 한다. 미로슬라프 볼프(Miroslav Volf)가 「배제와 용인」(*Exclusion and Embrace*)에서 언급한 것처럼 "우리 자신을 다른 사람들에게 내주고 그들을 '영접'하려는 의지, 그들을 위한 자리를 마련하기 위해 우리의 정체성을 재조정하려는 의지가 다른 사람들에 대한 모든 판단보다 선행되어야 한다."[36] 분별해서 때로는 물리쳐야 할 때도 있지만, 첫번째 우선순위는 언제나 영접하고, 받아들이고, 손대접하는 것이 되어야 한다. 나그네 영접에 대해 처음부터 긍정적 자세로 시작할 때, 모호한 상황들을 접하더라도 잘 대처할 수 있게 될 것이다.

8. 손대접을 위한 장소 만들기

"마음에 방이 있으면 집에도 방이 있다."

덴마크 격언[1]

손대접은 예수님의 제자들에게 기본이 되는 것이기 때문에 우리 삶의 모든 측면이 손대접의 영향을 받을 수 있다. 손대접이라는 렌즈를 통해 우리의 집과 교회와 직장과 학교와 보건복지와 정치를 살펴본다면, 그것들을 다르게 볼 수 있을까? 우리 삶을 만들어 가며 날마다 시간을 보내는 장소를 좀더 손대접 잘하는 곳으로 만들 수 있을까? 지금 이런 곳에서 이루어지는 것들이 손대접을 왜곡하거나 나그네를 쫓아 버리는 것은 아닐까?

손대접을 위한 구체적인 환경을 살펴보는 것이 중요하다. 영접은 언제나 물리적 공간, 사회적 관계, 특별한 의미와 가치들을 결합시키는 "장소" 안에서 이루어지기 때문이다.[2] 손대접을 위한 장소를 만든다는 것이 물리적 환경을 만들거나 변화시켜서 몇 사람을 더 받아들일 공간을 만드는 것만을 의미하지는 않는다. 그 여건을 형성하는 인간관계와 헌신이 그곳의 환대하는 분위기 여부에 영향을 미친다.

마태복음 25:35에 나오는 "내가 나그네 되었을 때에 영접하였고"라는 예수님의 말씀에는, 손대접을 행하는 물리적 장소에 대해 전혀 언급이 없다. 대신 그 구절은 모든 상황에서 우리의 나그네 영접 관행을 살펴보게 한다. 예수님의 말씀은 장소보다는 관계—내가 나그네 되었을 때에 너희는 나를 너희 무리 속으로 영접했다—와 더 밀접하게 관련돼 있다. 어떤 장소든 초대가 없는 곳은 나그네가 자유롭게 들어가지 못한다. 그곳은 울타리가 쳐진 공간, 관습상 나그네에게 개방하지 않는 관계를 가리킨다.

아브라함이 천사들을 손대접한 이야기(창 18장)는 손대접 장소에 대해 생각해 볼 때 참고할 만하다. 아브라함과 사라는 나그네를 집 안으로 영접해 들였다. 당시의 집은 경제·정치·종교·가족 활동들을 포함했다. 고대사회에서는 집이 이러한 삶의 요소들과 명확히 구분되어 있지 않았으므로, 손대접은 그 모든 것들과 얽혀 있었다. 오늘날에는 손대접에 관한 생각을 의도적으로 현대생활의 복잡하고도 서로 분리된 영역들에 적용해 볼 필요가 있다.

하지만 손대접을 위한 장소를 마련할 필요가 있다는 것에는 의문의 여지가 없다. 엘리 위젤(Elie Wiesel)은 이렇게 말했다. "20세기를 특징짓는 것은 함대 규모의 이동이다…. 이전에는 그렇게 많은 사람들이 그렇게 많은 집으로부터 도피했던 적이 없었다."[3] 난민들의 필요에 대해서만 생각해 보아도, 우리는 여러 차원에서 손대접을 해야 한다는 것을 이내 알게 된다. 난민들은 국제적인 공동체들로부터 인정어린 도움을 받아야 한다. 또한 각 국가·공동체·교회·가정들도 그들을 위한 자리를 기꺼이 만들어야 한다.

나그네의 필요에 대해 현재 우리의 반응은 최소한의 개인적 투자와 책임을 요구한다. 반면 삶의 거의 모든 분야에서는 대규모 기관과 전문가들을 의지한다. 이는 나그네에게 개인적으로 손대접의 책임을 다하는 것을 주춤하게 할 수 있다. 하지만 손대접을 하려면 개인적 헌신과 공동적 헌신 둘 다가 필요하며, 공적 삶과 개인적 삶의 측면들이 함께 결합되어야 한다.

손대접을 위한 장소를 마련하는 첫 단계는 먼저 우리 마음에 장소를 마련하는 것이다. 우리 집에서 장소를 늘 찾을 수 있든 없든, 영접은 사랑과 관대함으로부터 시작된다. 하나님께 우리 주변에서 주어지는 기회들을 볼 수 있는 눈을 달라고 기도하고, 영접받을 필요가 있는 나그네를 만날 만한 곳에 스스로 가봄으로써 마음이 넓어질 수 있다.

  삶의 각 시기마다 손대접할 수 있는 능력은 다를 것이며, 여러 부류의 나그네들이 갖가지 유형의 반응들을 요구할 것이다. 어떤 가족은 노숙자를 자기 집으로 데려올 수 없을지는 모르나, 다른 사람과 함께 노숙자를 맞을 수 있는 장소를 만들 수는 있다. 우리 삶을 손대접에 열어 놓을 때, 다른 사람들을 위한 자리를 내줄 기회가 올 것이다. 그렇게 하면서 결국 우리의 장소와 삶도 풍성해지고 변화될 것이다.

손대접에 적합한 장소의 특징들

  어떤 장소가 특별히 사람들의 마음을 끄는 이유는 무엇인가? 개인적인 장소들—집이나 다른 비공식적인 소규모의 환경들—을 살펴보다 보면, 좀더 큰 환경에도 해당되는 특징들을 분별할 수 있다. 손대접 장소는 무엇보다 편안하고 사람들이 살며, 사람들이 그 속에서 활동하는 곳이다. 꼭 아름답게 유지되거나 잘 꾸며져 있지 않다 해도, 분명 돌보는 손길이 느껴지는 곳이다. 그런 장소들은 그곳에 사는 사람들에게 가장 깊은 의미에서의 쉼터—물리적 건물로서의 쉼터일 뿐 아니라 관계들의 쉼터—와 성역을 제공해 준다. 그곳은 안전하고 안정되며, 사람들이 "자신을 가다듬기 위해 잠시 휴식을 취할 수 있는" 곳이다. 손대접 장소는 그 안에 있는 사람들은 바쁘겠지만, 흥분에 가득 찬 곳은 아니다. 성소와 느린 속도가 어우러져 있을 때, 사람들은 평안을 느끼게 된다.

  그런 장소에서는 삶이 경축된다. 또한 그런 곳에는 낙심하고 깊이 실망한 사람들을 위한 자리도 있다. 그곳에서는 신앙과 손대접하는 생활방식이 억지스럽지 않고 자연스러워 보인다. 손대접을 잘하는 환경들은 단순한 창조미로 더욱 견고해지며, 맛있는 음식이나 인근의 정원에서 꺾어온 꽃과 같이 작은 것에 주의를 기울임으로써 몸과 마음과 영혼을 만족시키는 곳이다. 이처럼 세세한 것들에 주의를 기울이는 것은, 돈을 갖고 있는 삶보다는 느리되 여유롭게 즐기는 삶을 존중한다는 것을 의미한다.

물리적 환경을 설계할 때 중요하게 고려해야 할 점이 환영하는 분위기를 전달하고 손대접이 잘 이루어지도록 해주는 건축 및 배치 유형을 밝히는 것이다. 보기에 좋은 입구와 이용하기 편리한 시설들, 편안한 가구와 적절한 조명이 중요하다. 또한 다소 공적인 듯하지만 개인적 대화를 편안하게 할 수 있도록 설계한다면 나그네들은 더 쉽게 마음을 터놓을 수 있을 것이다.

손대접 장소는 그 특유의 헌신과 실천들로 활기에 넘친다. 하지만 손님들이 꼭 거기에 참여해야 하는 것은 아니다. 그곳에서의 인간관계는 하나님의 임재를 나타내고, 하나님의 사랑을 전달하며, 반응을 유도한다. 그렇다고 접대를 핑계로 나그네의 정체성과 온전성을 침해하지는 않는다. 캐서린 노리스(Kathleen Norris)는 베네딕트 수도원의 손대접이 "유혹적이지 않으면서 강력"[4]하다고 묘사한다.

손대접 장소는 우정을 자라나게 한다. 그런 환경에서는 음식과 쉴 곳과 동료 의식이 서로 관련돼 있어서, 지치고 외로운 사람들이 삶을 회복할 수 있다. 장 바니에는 이렇게 기록한다. "사람들이 자신들이 있는 그대로 인정받고 사랑받는다는 것과 자신들이 어떤 장소를 가졌다고 느낄 때, 그곳에 진정한 변화가 일어나는 것을 목격한다. 나는 그것을 심지어 '부활'이라고까지 말하고 싶다."[5] 오래 전 존 코글리(John Cogley)는 가톨릭 워커 손대접의 집에서 사람들이 회복되는 모습을 목격하고는 다음과 같이 묘사했다.

검소하지만 규칙적인 식사, 안정된 잠자리, 해야 할 일, 다른 사람들에게 도움이 되는 존재임을 아는 것…그리고 격의 없으면서도 진정한 의미의 교제 같은 손대접의 집이 지닌 안정성이면 충분했다. 종종 눈앞에서 변화가 일어나는 것을 볼 수 있는 듯했다. 창백하던 얼굴에 화색이 다시 도는 것처럼, 마치 뭔가 눈에 보이는 일이 일어나고 있는 것 같았다.

그는 계속해서 이렇게 말한다. "가장 미숙한 손대접이라도 기적을 일구어 낼 수 있다."[6]

우리 집 안의 장소

사람들이 종종 손대접을 "누군가를 편안하게 느끼도록(feel at home) 하는 것"이라고 정의하는 것으로 보아, 우리의 경험상 손대접과 집과는 뗄 수 없는 관계가 있음을 알 수 있다. 이러한 연관은 남미계 사람들이 일반적으로 사용하는 환영의 표현인 "*mi casa es tu casa*"(내 집이 당신 집이요)라는 말에서도 나타난다. 집은 우리가 사람을 초대할 수 있는 가장 인격적인 환경이다.

고대교회에서는 가정 중심의 손대접에 대해 가르치면서, 손대접을 통해 예수님을 영접할 수 있음을 강조했다. 크리소스톰은 그의 교구민들에게 이렇게 명했다. "당신의 집에 손님방을 만드시오. 거기에 침대를 놓고, 식탁과 촛대를 마련해 놓으시오〔왕하 4:10 참고〕. …그리스도께서 들어오실 방을 마련해 놓고 '이 방은 그리스도의 방이야, 이 건물은 그분을 위해 따로 떼어 놓은 거야'라고 말하시오."[7] 크리소스톰은 그리스도의 방은 "불구자, 거지, 노숙자"를 위한 방이 될 것이라고 말했다. 그것이 불충분하더라도 "그리스도께서는 무시하지 않으실 것이다."

피터 마우린과 도로시 데이는 가톨릭 워커에서 고대교회의 전통에 따라 손대접 형식을 정할 때, "그리스도의 방"이란 형태로 나그네를 위한 방을 따로 떼어 놓는 것이 중요하다고 생각했다. 데이는 마우린이 "모든 집에는 궁핍한 형제를 위한 '그리스도의 방'이 마련돼 있어야 한다"[8]는 성 제롬의 말을 인용한 것을 보고 감동을 받았다고 고백한다. 우리가 가지고 있는 여분의 침대나 손님방을 그리스도의 것으로 여긴다면, 예수께서 자신과 동일화하신 "지극히 작은 자" 몇 명에게 우리 가정을 개방하는 것은 그리 어렵지 않을 것이다.

여분의 공간이나 생활 편의시설이 없는 수수한 집이라도 놀라운 손대접 장소가 될 수 있다. 사람들이 환영받고 있으며 "편안하다"(at home)고 느끼게 하는 것은 접대와는 다르다. 오랜 세월 동안 날마다 수없이 많은 사람들에게 손대접을 해온 한 부부는 이렇게 말했다. "손대접을 접대라고 여기면 그 집은 절대 준비되지 못하지요."

사람들, 특히 나그네를 우리 집으로 영접하려면 누군가가 집에 있어야만 한다. 혼자 살면서 직장생활을 하는 사람들이나 어른들이 모두 집 밖에서 일하는 가족들에게 이것은 작은 문제가 아니다. 집에서 손대접을 하려면 일과 가정의 관계, 우리가 택하는 삶의 우선순위, 업무 외의 다른 일에 보내는 시간에 어느 정도 중요성을 부여해야 하는가 하는 문제들을 재고해 봐야 한다.

현대사회에서는 상당수 사람들이 건강한 결혼이나 가족의 모델을 보지 못하는 환경에서 살아가고 있다. 독실한 기독교 신앙과 서로에 대한 강한 사랑으로 형성된 가족들은 다른 사람들을 자기 집에 영접함으로써 크나큰 선물을 베풀 수 있다. 손님들 앞에서 자신들의 생활을 보여주면서 건강한 가정의 모델을 있는 그대로 제시한다. 이것은 라브리 가정들이 오랜 세월 동안 해온 아주 중대한 공헌 중 하나다. 손님들은 날마다 서로 도움을 주고받는 가족과 함께 살면서 그리스도인의 삶에 대해 배운다. 라브리의 공동설립자인 이디스 쉐퍼는 이렇게 말했다. "어떤 젊은이들에게는 라브리가 그들이 본 최초의 진정 행복한 가정일 것이다…. 그처럼 다양한 집에서 먹고, 설거지하고, 감자껍질 깎는 것을 돕고, 대화와 가족기도에 참여함으로써 어떤 일이 일어나는지 상상하기 어려우리라. 아무리 많은 강의와 '가정생활 강좌'라도 결코 그런 일을 할 수 없다."[9]

사람을 기독교 신앙으로 양육하는 데 관심 있는 사람들에게는 가정 중심의 손대접은 귀중한 자산이다. 손대접을 잘하는 가정에서 대화와 식사는 밀접하게 연관돼 있으며, 사람들은 그 둘에서 자양분을 얻는다. 마틴 루터는 식사 때 대화를 즐겼다. "담화는 음식의 진정한 양념이다…. 그것이 소금으로 맛을 냈다면 말이다. 말이 말을 자극하기 때문이다. 배만 음식으로 영양분을 공급받는 것이 아니다. 마음 또한 교리로 영양분을 공급받는다."[10] 종교개혁가들은 집과 식사를 "덕을 세우는 담화"와 믿음의 성장에 중요한 배경으로 보았다. 베네딕트 수도원의 한 수도사에 따르면, 지금 우리가 말하는 영적 지도란 과거에는 이웃의 어머니와 할머니들이 부엌에서 차를 끓이면서 늘 함께 말해 주던 것이었다. 사람들은 지나가다 들러서 이야기를 나누고, 한층 확실한 통찰을 얻고서 떠나갈 수 있었다. "그 지혜로운 여인들은 그저 그들에게 커피를 한잔 주었을 뿐이다."

저녁식탁에 둘러앉아서 가족과 손님들은 음식과 삶을 나눈다. 손님에게 음식을 제공한다고 해서 반드시 대단한 메뉴가 있어야 하는 것은 아니다. 그들을 영접하기 위해 가구가 잘 갖추어진 손님방이 꼭 필요하지 않듯이 말이다. "손님을 존중하는 것은 음식이 아니라 먼저 그들에게 관심을 집중하는 것이다. 요리하기 쉽고 접대하기 쉽고 먹기 쉬운 음식들을 대접할 때, 손대접은 주인에게나 손님에게나 가장 만족스러운 것이 될 것이다."[11] 요리를 못하는 것이 사람들을 영접하는 데 장애가 되어서는 안된다. 손대접 종사자들은 피자를 한 판 시키거나 깡통에 든 수프를 따서 나눠 먹더라도, 변명하지 않고 기쁨으로 베풀면 되는 것이다.

손대접을 회복하는 예비단계는 즐거운 주일 저녁식사를 회복하는 것이다. 음식 준비는 최소화하고, 음식과 교제의 행복한 결합을 반가워할 사람을 의도적으로 몇 명 더 포함시킬 수 있을 것이다. 가정들은 몇 사람을 초청해 주일을 경축하고 특별한 행사를 함께 할 수도 있다. 독신자는 독신자끼리 힘을 합해 다른 가족들과 함께 음식을 준비하고 손대접을 위한 자리를 만드는 데 참여할 수 있다.

가정은 가장 좋은 의미에서 안정, 안식, 공급의 장소다. 거기에는 가장 근본적이고 친밀한 관계와 헌신들이 있다. 하지만 가정 안에서도 사람들끼리 소원해지거나 폭력을 휘두를 때, 가정은 근심과 위험과 불의로 가득 찰 수 있다. 그렇게 가정이 깨졌다고 해서 가정이나 가정을 기반으로 하는 손대접이 소용없거나 필요없어지는 것은 아니다. 하지만 깨어진 가정을 보면서, 왜곡될 수 있는 것들에 유의하고 감상적인 생각을 버려야 한다는 것도 알게 된다. 그런 가정들이 손대접하게 되면, 손님들은 분노와 고독이라는 복잡한 거미줄에 걸릴 수도 있다.

손대접을 위한 장소를 만들면서, 부모들은 나그네들이 끊임없이 들고나는 것이 자녀들에게 어떤 영향을 미칠지 염려한다. 분명 좋은 영향을 줄 수도 있고 나쁜 영향을 줄 수도 있다. 그것은 부분적으로 어떤 나그네를 맞아들이는지에 따라, 또 가족의 역동성에 따라 좌우된다. 하지만 손대접하면서 자녀들을 키운 많은 가정의 간증을 들어 보면, 그로 인해 아이들의 삶이 매우 풍성해졌다고 회상한다. 아이들의 삶은 손님들이 그들의 가정에 가져다 준 선물이나 기술이나 경험들 때문에 훨씬 더 충만해졌다. 자녀들은 몇몇 손님들에 대한 깊은 애정을 키워 가면서 상심한 마음을 쉽게 치유받지 못하는 사람들을 사랑하는 법을 배웠다. 아이들은 남보다 일찍 성숙하게 되었고 다른 사람들에게 더욱 깊은 동정심을 갖게 되었다.

가정은 안전한 치유공간을 제공한다. 개인과 가족들은 가족과 사별한 사람들, 지칠 대로 지친 사람들과 병든 사람들에게 건강을 회복하고 다시 힘을 얻을 수 있도록 공간을 내줄 수 있다. 또한 가정은 문화적·인종적·민족적 차이를 초월하는 관계를 형성하는 중요한 곳이기도 하다. 다른 나라에서 온 수많은 방문객들은 미국 가정에 초청받는 경우가 너무 드물다는 것에 놀라고 실망한다. 다른 많은 나라들에서는 자국을 방문하는 외국인을 집에 초청해 함께 식사를 나누는 것이 일상적인 예의다. 오늘날에는 식당에서 함께 식사를 하는 것이 일반적이지만, 그것이 가정에서 이루어지는 좀더 인격적인 손대접을 대신해 주지는 못한다.

그리스도인 가정에서 이루어지는 손대접은 교회에서 이루어지는 손대접의 중요한 토대다. 로스엔젤레스의 한 활기찬 다인종 교회의 목사의 고백처럼, "집의 앞문은 교회의 옆문이다."

교회 안의 장소

교회를 하나님의 집으로 이해하는 것이 손대접에서는 중요하다. 다른 어느 곳에서보다도 교회로 모일 때 우리의 손대접 관행은 하나님의 자비로운 영접을 반영해야 한다. 하나님은 주인이시며 우리는 모두 하나님의 은혜로 초청받은 손님이다. 그러나 각 교회 안에서 우리는 다른 이들을 영접하고 나그네와 거류자를 위한 공간을 만드는 주인 역할을 할 수도 있다.

교회는 손대접의 삶을 개발해 나가기 좋은 곳이다. 어떤 교회에서는 교인들이 서로에게 더 많이 손대접을 베푸는 것이 중요한 첫걸음이 될 것이다. 교인끼리 공동생활을 해보지 않은 교회는 나그네에게 손대접하는 것이 상당히 어렵다는 것을 알게 될 것이다. 하지만 교회가 풍성한 공동생활을 한다고 해도, 서로에게 신경 쓰고 돌보느라 정작 나그네들을 간과할 수도 있다.

이따금씩 교회는 인종과 민족, 그외 다른 구분들을 넘어서기 위해 나그네를 손대접한다. 환대와 평등과 보살핌에 내재한 자비로운 정신은 인종적 분열과 소외를 치유하는 데 도움이 된다. 뿐만 아니라 배경이 서로 다른 신자들끼리 관대하고 꾸준하게 손대접하는 것은 중대한 화해의 시작이 될 수 있다.

그러나 그러한 손대접은 "그들을 **우리** 교회"로 영접해 들이거나 "**우리** 식탁에 자리를 만드는 것"보다 더 복잡한 일이다. 특히 교회에서는 사람들을 우리 식탁으로 영접하는 것이 아니라 하나님의 식탁으로 영접하는 것이며, 우리 역시 동등한 사람들로 그 식탁에 참여하는 것이다. 우리는 특정 교회에서 사람들을 영접하며 주인 역할을 할 수는 있지만, 교회를 하나님의 집으로 이해할 때 상황은 더 복잡해진다. 교회 안에 지금까지 소수집단의 사람이나 장애자들이 출석한 적이 없다면 회중들은 회개해야 할 것이다. 교회가 하나님 집의 책임 있는 청지기였다면, 이 새로운 "손님들"은 처음부터 하나님의 집에서 동등한 자리를 차지하고 있었어야 한다는 것을 인식해야 한다.

교회도 가정과 마찬가지로 공동체로서의 정체성을 계속 유지하기 위해서는 함께 먹어야 한다. 가정과 교회의 손대접 관행에서 그 중심은 식탁이다. 거기서 우리는 육체적·영적·사회적인 자양분을 얻는다. 성만찬을 위해 모였든, 간단한 식사를 위해 모였든 우리는 그러한 공동식사를 통해 튼튼한 공동체로 자라간다.

함께 식사하는 것의 중요성을 우리 시대에 증언해 주고 있는 곳이 흑인교회이다. 주얼린 닷슨(Jualynne Dodson)과 체릴 타운젠드 질크스(Cheryl Townsend Gilkes)는 이렇게 설명한다.

> 미국의 흑인교회 교인들은 영혼의 양식을 공급하듯이 서로에게 육체의 양식을 공급한다. 좀더 성경적으로 말하면, 서로에게 "성령의 전"(temple)을 먹인다. 그 과정에서 특별히 음식을 나눌 때는 사랑의 윤리와 손대접이 강조되는데, 그것은 더 큰 문화권에 영향을 미친다. 대부분의 흑인들은 집과 교회에서 갖가지 의식들을 행하는데, 그 의식들은 음식·식사·그들의 추억 등과 연관이 있다.[12]

또한 그들은 그러한 식사가 종말론적 잔치와 풍성한 "환대의 식탁"에 대한 기대에 맞닿아 있다고 말한다.

> 음식을 준비하고 제공하는 것이 상징하고 있는 것은 손대접과 사랑이다. 흑인 교회에 스며들어 있는 사랑의 윤리는, 음식을 주고받으며 교회행사 때마다 성대한 식사를 나눔으로써 끊임없이 강조되고 재확증된다. 이러한 사랑과 손대접은 회중들에게 그들이 순례자요 나그네라는 사실, 누군가에게 먹을 것을 주는 것처럼 또한 자신들에게도 궁핍한 날이 있을 수 있다는 것을 기억하게 한다.[13]

닷슨과 질크스는 이렇게 결론내린다. "인종 차별과 궁핍함에 대한 증오와 갈등이 범람하는 세상에서도, 성도들은 손님맞이 식탁에 함께 앉아 음식을 주고받으며 '그중에 제일은 사랑이라'는 말만은 여전히 믿을 만한 것임을 상기한다. 그 어느 것도 교회 음식만한 것은 없다."[14]

교회에서 함께 식사를 나누다 보면 관계를 유지하고 새로운 관계를 형성할 기회가 생긴다. 식사 때는 너무 사사로운 데까지 들어가지 않으면서 인격적인 만남을 가질 수 있다. 그 시간이 나그네와 우정을 맺는 데 더없이 좋다. 더 나아가 각자 음식을 가져와서 나눠먹는 식사가 얼마나 소중한지를 인식하면, 종종 손대접의 표현으로 인정받지 못하는 이 관행을 지속해 나갈 수 있다.

궁핍한 사람들을 열심히 섬기는 회중들은 때로 그들의 가장 큰 자원을 간과한다. 바로 신자들의 교제다. 케서린 모우리(Kethryn Mowry)는 "교회"와 "선교"의 구분에 대한 통찰력 있는 글에서,[15] 주변이 변해도 계속해서 그 자리에 남아 있기로 한 도시교회들을 예로 든다.

> 도시교회의 한 가지 추세는, "선교"는 사회참여가 되고 있는데, "교회"는 여전히 도시 선교사들의 교제권으로 국한되어 있다는 점이다. 이것은 전형적인 요새지로서의 사고방식은 아니다. 교회는 나그네들에게 음식을 나눠 주고 주택공급과 취업 프로그램도 제공하지만, 공동체를 그들에게까지 확장할 것인가 하는 문제에 대해서는 계속 씨름하고 있다. 많은 도시교회들이 복잡하고 비용이 많이 드는 프로그램을 통해 나그네와 접촉해 왔지만, 여전히 직업상의 거리감이 있다. 그들은 나그네를 자신들과 하나가 되도록 하지 못했다.[16]

모우리는 교회에 어떤 "울타리"가 필요하기는 하지만, 교회 주위의 눈에 보이지 않는 다른 벽들이 회중들을 막아 "'우리가 함께 있다'는 가장 변혁적인 자원"을 확장해 나가지 못한다고 인식한다. 모우리는 교회에서 예배 후 다과시간에 나누는 관계와 주중 무료식당에서 나누는 관계들 사이에 차이가 있음을 준열하게 포착하고는 이렇게 말한다. "커피잔을 앞에 놓고 함께 웃는 시간이 아무리 많다 해도, 음식을 타려고 번호표를 들고 줄을 서 있는 심정을 과연 단 한번이라도 이해할 수 있을까."17

일반적으로 교회는 자기 교인과 상당히 다른 사람들을 예배시간에 환영하는 것보다 그들에게 음식을 제공하고 옷가지를 나눠 주는 프로그램에 더 익숙하다. 우정과 교제가 얼마나 중요한지 깨닫지 못하기 때문에, 우리의 가장 좋은 자원이 종종 나그네들에게는 그림의 떡이 되고 만다. 하지만 상당한 사회적 차이를 뛰어넘어 우정을 나누다보면, 그것이 얼마나 도전이 되는지 깨닫게 된다. 교회는 활기차게 손대접할 수 있는 물질적·사회적·영적 자원을 가지고 있다. 그러나 적지 않은 손대접 종사자들의 가슴 아픈 간증에 따르면, 그들이 환영하는 사람들이 지역교회에서 환영받지 못할 때가 종종 있다는 사실이다.

장 바니에는 이렇게 썼다. "영접은 공동체가 살아있다는 한 가지 증거다. 다른 사람을 우리와 함께 살도록 부르는 것은 우리가 두려워하지 않으며, 함께 나눌 진리와 평안의 보물을 가지고 있다는 한 가지 표지이다." 그는 중요한 경고 하나를 빠뜨리지 않았다. "영접을 거부하는 공동체—그것이 두려움 때문이든 사역의 피로나 불안정 또는 편안함을 고수하려는 바람이나 단순히 방문객들에게 싫증이 났기 때문이든—는 영적으로 죽어가고 있는 것이다."18

손대접을 위한 공동체 내의 장소

각 가정이나 교회는 집을 개조하지 않고는 그 많은 수의 궁핍한 사람들을 제대로 손대접할 수 없다. 독신자나 가족들은 외로운 이웃을 초청해 함께 식사를 할 수 있고 수술 후 회복중인 사람을 돌볼 수도 있으며, 괴로움에 싸인 십대에게 치유받고 성장할 수 있는 안전한 장소를 제공할 수도 있다. 성경공부나 도움을 주기 위한 소그룹 모임을 주관하며 곤란을 겪고 있는 난민가족의 친구가 되어 줄 수도 있다. 개별교회는 개인과 가족들을 영접할 수 있고, 필요하다면 어떤 사람을 지목해 교회 대신 좀더 대규모로 손대접하게 하고 다른 교인들은 개인적 규모로 손대접하도록 할 수 있다. 장기간 지속적으로 손대접을 하거나 아주 궁핍한 사람들을 손대접하는 데 드는 부담과 위험은 한 사람이나 가족, 혹은 일반 지역교회가 감당하기 어려운 것이다.

바로 그 때문에 나그네에 대한 손대접을 회복하려면 먼저 친밀한 공동체를 회복해야 하는 것이다. 현대사회에서 가장 활발하게 손대접을 하고 있는 곳이 손대접을 위해 조직된 공동체라는 것도 이런 이유 때문이다. 나그네를 꾸준히 손대접하기 위해 존재하는 공동체가 왜 중요한지 물어보면, 대부분의 손대접 종사자들은 자신들이 그리스도 안에서 한 지체인 형제자매들의 격려와 후원을 의지해 살고 있다고 대답했다. 그들은 또한 나그네를 초청해 들일 수 있는 공동생활의 중요성도 언급했다.

공동체의 형태는 매우 다를 수 있다. 교회 안에서 여러 가족이 힘을 합해 손대접 일을 분담할 수도 있을 것이다. 또 다른 상황에서는 여러 명이 한 집에서 공동생활을 할 수 있을 것이다. 중요한 것은 그들이 함께 살고 함께 헌신하며 책임을 나눔으로써 서로를 지지해 주는 것이다. 그렇게 함으로써 그들은 다른 사람들에게 자양분과 피난처를 제공하고 자신들도 자양분을 공급받는다.

손대접을 위한 공동체에서 살기 위해서는 세상과 상당히 떨어져 생활해야 한다. 하지만 손대접에 헌신하면 동시에 끊임없이 세상에 관여할 수밖에 없다. 많은 손대접 공동체들이 상당히 외딴 곳에 위치하고 있지만, 세계 각처에서 찾아오는 사람들의 수는 손대접의 강력한 흡인력을 증거해 준다. 고독과 손대접 둘 다를 제공하는 수도원은 지치고 힘겨운 도시사람들을 끌어들인다. 조지아 시골에 있는 희년 동역자들은 먼 대륙에서 온 난민들을 영접한다. 라브리 공동체는 지난 40년 동안 세계 각국에서 온 학생과 구도자들을 영접해 왔다.

손대접과 사회복지사업

노숙자와 장애자들을 손대접하는 많은 기독교 공동체들은 손대접이 전문화되고 분화된 세상에서 여러 가지 도움이 필요한 사람들을 돕는 하나의 대안이라고 본다. 그들은 손대접을 철저하게 전문화된 현대적 도움과 구분한다. 그들은 손대접이 공동체 내에 중요한 치유를 가져온다고 주장한다. 손대접을 되찾는 것은 사회복지에 관계적 차원을 회복시키려는 시도이며, 도움이 필요한 사람들에게 권능을 부여하고 그들과 동역하는 것에 관심을 집중하려는 것이다.

오늘날에는 주의깊은 경영, 효과적인 테크닉, 명백하게 규정된 역할, 그리고 복잡한 규정을 가진 사회복지 전문가들이 많은 도움을 준다. 그러나 손대접은 "본질적으로 비전문화된 한 가지 형태의 관계"[19]다. 손대접을 하면서 형성된 관계들은 분리·고립·익명성을 강화하는 관료적 규칙들에 암묵적 도전을 가한다. 손대접은 공급자와 고객 사이의 장벽―이것은 전체 "복지" 방침에 필수적인 것이다―들을 무너뜨리는 방법들을 제시한다. 손대접은 좀더 상호적인 관계를 개발하기 위한 모델을 제공한다.[20]

특정한 필요에 일차적 초점을 둘 때, 사회복지는 "그 사람을 객관화시켜 버리는 경향이 있다. 복지사업의 수혜자들을 손쉽게 처리할 수 있는 범주에 넣기 위해 그 사람의 특정한 자질들을 제거해 버린다는 의미에서 그렇다."[21]

사회복지와 손대접의 이 같은 대조는 묘한 것이다. 좀더 틀에 박히고 예측가능한 사회복지는 자발적인 손대접이 예측하기 어렵고 불확실성을 지니고 있기 때문에 발전한 것이다. 하나의 독립된 분야로서의 사회사업은 19세기 말과 20세기 초에 "친선방문"(friendly visiting)과 함께, 그리고 사람들이 집에 정착해 살면서 시작되었다. 이는 손대접의 여러 측면―특별히 개인적인 접촉 및 적어도 가끔씩 "이질문화와 가치관들에 마음을 열고 손대접하는 것"―을 반영했다. 하지만 오늘날 사회복지의 모든 분야는 상당히 관료적이고 전문적이며, 때로는 손

대접과 불화를 일으키고 상당한 거리까지 있게 되었다.[22]

어떤 손대접 공동체는 사회복지 모델과 명확하게 거리를 둔다. 피터 개스제(Peter Gathje)는 아틀랜타에 있는 '열린문 공동체'에 대해 이렇게 묘사했다.

> 그들은 사회복지의 틀을 반복하기를 원치 않았다. 그들은 전문가와 사회복지 수혜자 사이의 관계로 가난한 사람들을 대하는 사회사업가가 되는 것을 원치 않았다…. 그들은 복음에 순종하는 삶과 가난한 사람들과 결속된 삶을 결합시키고자 했다. 그들은 가난한 사람들의 존엄성과 그들이 인간 공동체의 일원이라는 것을 단언하고 싶어했다.[23]

손대접은 음식과 쉴 곳을 제공할 뿐 아니라 우정도 나누는 것이기 때문에, 열린문 공동체는 도움을 받을 자격이 있는지 없는지 결정하기 위해 "궁핍함"의 정도를 감정하는 '신규 등록자 평가'(intake evaluation)에 반대했다. 그들은 정확한 기록을 하지 않는다. "동료 피조물과 이웃으로서 나그네들에게 값없이 손대접한다는 성경의 이상과, 국가와 공공기관이 수혜자들에게 전문적인 서비스를 한다는 개념"[24]은 대조되는 것이라고 보기 때문이다.

"서비스"보다는 손대접을 옹호하는 많은 현대인들의 독특한 특징은 관료적 형태의 도움을 거부한다는 것이다. 그들은 최소한의 조사만 하고, 존중하고 우정을 쌓는 일에 초점을 맞출 것을 강조한다. 대부분의 손대접 종사자들이 결속과 상호성을 강조하면서도, 개인적 손대접이 정부의 공급이나 정치적 지원을 대체한다고 여기지는 않는다. 그 두 가지는 동시에 이루어진다.

손대접을 지향하는 것은 치료학적인 서비스 모델에 대한 비판을 나타내는 경우가 종종 있다. 그러한 서비스 모델은 개인주의적이며 사람의 필요와 무능에만 초점을 맞춘다. 메어리 오코넬(Mary O'Connell)은 장애자들을 일상활동과 관계에 통합시키는 것을 연구하면서, 사람들을 장애의 유무로 구분하지 않는 것과 장애가 있는 사람을 "장애와 상관없는 상황으로"[25] 영접해 들이는 것이 중요하다고 강조한다.

오코넬은 손대접할 때 어떤 사람이 어떤 종류의 장애를 가지고 있는가 하는 것보다 그 사람 자체에, 부분보다는 전체에, 그리고 어떤 사람의 부족한 면보다는 그 사람의 능력에 초점을 맞출 수 있다고 본다. 그녀는 오직 장애에만 초점을 맞추는 사회복지사업에 대해 상당히 비판적이다. 그것은 때때로 그 사람을 더욱 고립시키기 때문이다. 하지만 손대접은 장애가 있는 사람이 도움을 청할 수 있도록 할 뿐 아니라 그들의 은사를 나눌 수 있는 관계 속으로 들어오게 해준다.[26] 필립 할리는 이 두 접근 사이의 중대한 차이점을 포착한다. "그것은 상호성, 도와주는 사람과 도움을 받는 사람이 자리를 바꾸는 것과 관계가 있다. 그래서 도움을 받던 사람의 삶이 활짝 펼쳐지면서 자신의 존재 깊은 곳까지 들어가게 된다."[27]

손대접은 또한 훈련받지 않은 사람에게 다시 능력을 부여하려는 노력이기도 하다. "전문가들이 급격히 증가함에 따라, 비전문가들이 충분히 해낼 수 있다고 느끼는 활동의 범위가 좁아진다." 손대접은 "비전문가들에게 인간의 사회적 상호작용의 기본 분야들"을 되찾도록 하는 것이다.[28] 사람을 돌보는 일이 전문화됨에 따라 자원봉사활동을 하고 싶어하는 사람들이 위협을 느끼거나 맥이 빠질 수 있다. 그들은 충분히 갖추어지지 않았거나 도움을 줄 수 없다고 느낀다.[29]

우리가 개인적으로 나그네들을 도울 수 있다는 생각은 그들의 필요를 채우기 위해 만들어진 대규모 기관들에 밀려 위축될 수 있다. 하지만 개인적 책임에 대한 우리의 느낌이 불확실하다는 것에 비추어볼 때, 제도적 방법들을 전면적으로 거부하는 것은 순진하고도 위험스러운 생각일 것이다. 문제는 인격적 관계와 예측 가능한 보살핌을 결합시키는 방법을 찾아내는 것이다. 이 문제는 손대접과 그것이 수많은 "서비스"들로 분화된 이래 내내 논의의 대상이 되었다. 나그네를 변덕스러운 개인의 친절에만 의지하도록 하는 것이 능사는 아니다. 하지만 인격적 관계가 없으면 나그네는 고립되고 취약해진다. 손대접은 돌보는 일을 전문화

하는 것과 보편화하는 것이 언제나 동전의 양면이라는 것을 상기시켜 준다.[30]

   손대접이 필요하기는 하지만, 오늘날과 같이 매우 전문화된 세계에서는 그것만으로 충분치 않다. 우리는 고도의 전문기술을 가지고 있는 사람들을 높이 평가하고 그들에게 의존해야 한다. 병원과 같은 대형기관에서 제공하는 서비스는 이제 어떤 사람에게는 생사를 가름하는 것이다. 손대접으로 대표되는 헌신과 관심은 특정한 사람에게 초점을 맞출 것을 주장함으로써, 이러한 기관들이 더 나은 방법으로 사람들을 돌보도록 도와줄 수 있다.

   손님과 주인, 자원봉사자들 사이의 통상적 경계들을 허무는 손대접 장소를 만드는 것은 또 다른 도전이다. 도움을 주는 사람과 받는 사람, 전문가와 수혜자라는 일반적인 역할이 적절하지 않지만, 주인과 손님 사이의 관계를 우정이라고만 보기도 뭔가 충분치 않다. 손대접 종사자들은 친구/형제/자매, 주인/돕는 자/전문가라는 모호한 경계선상에 있다.

   주인이나 손님으로 공동체에 처음 온 사람들은, 이처럼 불확실한 역할들이 활기를 주면서도 혼란스럽다고 생각한다. 이러한 공동체 삶에 경험이 많은 한 부부는, 공동체 내에서 "손님과 자원봉사자들 사이에는 장벽이 거의 없다"고 설명했다. 형식적인 제도적 환경과 비교해 볼 때 더욱 그렇다는 것이다. 이렇게 되면 좀더 평등주의적인 분위기가 형성된다. 주인과 손님들은 특히 처음에는 매우 가까워진다. 하지만 자원봉사자/주인은 규칙들을 시행할 책임이 있기 때문에 종종 긴장이 생겨난다. "여기 오는 성숙한 사람들은 별 문제가 없습니다. 그들은 경계들이 왜 있어야 하는지 이해합니다. 경계들이 경험의 가치를 나누는 것이나 인격적 친밀함, 서로가 다정한 사람이 되는 것의 가치를 줄이는 것은 아닙니다." 그런 긴장들은 공동체 안의 관계들이 얼마나 복잡한 것인지를 드러낸다. 많은 구분들이 무너지는데도, 어떤 구분들은 반드시 남게 되는 것이다. 애매한 역할과 관계들은 활력을 줄 수도 있고 당황스럽게 만들 수도 있다.

   사회복지사업과 어느 정도 연관을 유지하면서 정부에의 기대에도 책임을 져야 하는 공동체는 문제가 훨씬 더 복잡하다. 한 손대접 종사자는 공동체가 필요한 전문적 경계선들을 규정하면서, 한편으로 그 경계선들을 최소화하려 애쓰다가 "불확실하게 어중간" 해질 때가 있다고 설명했다. 손대접 공동체들은 익명으로 행해지는 전문적인 보살핌에 의의를 제기하지만, 그들 역시 국가기관들과 연결돼 있을 때는 어느 정도 불확실한 가운데 계획을 세운다. 사회복지사업과 연관된 공동체에서 일하는 또 다른 손대접 종사자는 손대접하는 사람들이 끊임없이 관계를 뜯어고치고 재협상하며 재규정하고 있다고 말했다. 가정과 같은 분위기를 가능하면 많이, 다시 창조하고자 하기 때문이다.

라르쉬 공동체들 역시 그와 비슷한 긴장 가운데 산다. 그들은 "복음의 가치를 신봉하지만" 한편으로 "그들이 맡아 보살피는 장애자들의 복지에 대해 공공 및 정부당국에 책임져야"[31] 했다. 그러한 공동체들은 손대접을 위한 장소를 만들기 위해 전혀 다른 세계로 나아가는 법을 찾아내지만 몇 가지 지속적인 스트레스와 불확실함 또한 안고 산다. 역할·규정·서비스에 대한 질문들은 전문적인 손대접 공동체에서 더 예리하게 제기될 수 있다. 그 공동체의 손대접은 한층 강하고 지속적이기 때문이다. 하지만 가정과 교회 중심의 손대접에서도 역시 유사한 문제들이 나타난다. 손대접을 하고자 하는 집주인과 교회들은 때로 구획을 나누고 자리를 정하는 일, 음식준비에 대한 규정, 그리고 책임 소재와 같은 문제를 다루어야 한다.

손대접을 위한 또 다른 장소들

난민들의 어려운 처지는 여러 기관에서 그들을 돌보는 것이 중요하면서도, 복잡한 일이라는 것을 보여준다. 강제로 고국에서 추방된 사람들에게 안전한 장소를 제공하는 것을 규정한 국제법과 국가정책이 형성돼 있지 않으면, 개인적 차원에서 손대접을 하기란 매우 어려운 일이다.

난민 영접은 손대접이라는 명백한 용어가 지금도 사용되고 있는 현대정치의 몇 분야 중 하나이다. 사람들은 성소, 도피성, 외국인을 돌보는 것 등의 신학적 개념을 오늘날 강제로 내쫓긴 사람들과 연관시킨다. 그리스도인들은 각 정부가 난민들의 필요를 진지하게 고려하도록 하는 데 중대한 역할을 한다. 그러나 우리의 반응은 공공정책 차원을 넘어 보다 개인적인 참여로까지 이어져야 한다. 거기에는 자원봉사 기관, 공동체, 교회, 집 등 손대접을 통해 세계의 가장 취약한 사람들에게 피난처와 새로운 생명을 제공하는 곳에 개인적으로 참여하는 것이 포함된다.

말기병 환자들을 돌보는 일은 오늘날 손대접의 또 다른 중요한 위치를 시사한다. 특히 호스피스에서 볼 수 있는 보살핌은 죽음에 임박한 사람에게 고도의 임상적 조치를 취하는 것에서 한걸음 더 나아간 것이다. 호스피스는 존중하고 위로하며, 함께하면서 보살피는 손대접으로 되돌아가는 것이다. 그것의 첫번째 관심은 죽어가는 사람의 관계들과 존엄성이다. 가족관계와 연고를 잘 간직할 수 있도록 호스피스 종사자들은 보통 환자의 집으로 가서 환자를 돌보는 가족을 도와준다.

손대접을 위한 장소를 만들 때 사람들을 초대해 "들이지" 못하는 상황도 있다. 여러 가지 이유 때문에 어떤 사람들은 "들어갈" 수가 없다. 의료 지원이 필요한 죽어가는 사람들, 집에 틀어박혀 있거나 시설에 들어가 있는 사람들이 그렇다. 감옥에 갇힌 사람을 손대접하려면 감옥에 가서 그 세계에 들어가야 한다. 몇몇 손대접 공동체들은 감옥에 갇힌 사람들을 대상으로도 사역을 한다. 어떤 그룹은 사형수 감방에 손대접을 베푸는 것이 자신들의 일이라고 말한다. 초대교회에서는 감옥에 갇힌 사람을 돌보는 일을 손대접의 하나로 여겼으며, 많은 전통에서 그것을 자선사역으로 이해했다. 사람들을 보살피기 위해 그들이 처한 장소에서 일해야 할 때가 있다. 하지만 그런 곳에 들어감으로서 손대접을 행할 수 있는 것이다.

어떤 공동체를 방문했을 때 손대접에 대한 매우 감동적인 사례를 듣게 되었다. 희년 동역자들은 자신들이 소유한 아름다운 한 장소를 무덤 부지로 떼어 놓았다. 그 무덤에는 죽기 전 노숙자였던 서너 명의 사람들, 미국에 온 뒤 병들어 죽은 난민 부부, 그리고 사형수로 처형받은 두 사람이 묻혀 있다. 고즈넉이 아름다운 그곳을 바라보면, 여러 면에서 사회의 버림을 받았던 그 사람들이 우리와 같은 인간이었음을 뼈저리게 느끼게 된다. 그들의 죽음을 알고 돌봐 준 공동체가 마련한 검소한 장례의식과 묘비만으로도 그들의 삶은 인정되었다. 손대접의 이런 차원은 매우 오래된 것이다. 초대교회는 나그네, 특히 빈곤한 나그네들을 매장시키는 책임을 다했다.[32]

손대접을 위한 장소를 마련하려면 손대접을 현대생활의 특징들과 연관시키는 창의적인 방법을 찾아내야 한다. 이 분야는 가능성이 매우 풍부한 분야이다. 가톨릭 수녀들이 직원으로 일하고 있는 캘리포니아 오렌지 카운티의 성 요셉 목로주점(St. Joseph's Pub)은, 이민자들을 따뜻이 맞아들이며 그들이 새로운 세계로 좀더 쉽게 들어갈 수 있도록 끊이지 않고 저녁식사를 제공한다.[33] 교회들은 찻집과 회복센터를 세워 대화를 나누고 원기를 회복할 만한 편안한 장소를 창출해 냈다. 이민자들에게 영어를 가르치는 그리스도인 자원봉사자는 강의실을 손대접이 이루어지는 안식처로 만들 수 있는 멋진 기회를 갖게 된다.

전화걸기를 손대접의 한 방법으로 보는 것도 도움이 될 것이다. 현대인들의 이동이 매우 잦고 혼자 사는 사람들이 점점 많아지는 것을 감안할 때, 이제 전화는 중요한 인간관계를 유지하는 수단이 되었다. 지치거나 외로운 사람과 전화로 나누는 대화는 분명 함께 음식을 나누는 것보다는 못하지만, 그것은 누군가를 우리 삶에 영접해 들인다는 표현이다. 대화를 나누려면 비슷한 일에 집중하고 다른 일들을 "따로 떼어 놓아야" 한다. 다른 사람에게 우리의 주의를 집중하기 위해서다. 전화를 거는 것은 종종 상대방을 방해하는 것처럼 보이지만, 실제로는 서로를 돌보는 중요한 방법이 될 수 있다.

현대생활의 주요 특징은 경제생활이 많은 부분을 지배한다는 사실이다. 경제와 손대접은 복잡하게 연관돼 있다. 많은 전통적인 손대접이 상업화되고 있다. 접대산업과 의료직도 점점 더 그런 추세다. 많은 시간을 보내야 하는 직장은, 손대접보다는 효율성과 이윤에 대해 훨씬 더 관심을 가질 수밖에 없는 영역이다. 하지만 인간이 윤택해지는 데 손대접이 중요하다면, 손대접이 구체적으로 표현하는 관심사들을 살펴보고 일터를 달리 만들 수 있는 방법을 제시하려고 할 것이다. 일이란, 사람들의 사회참여와 자신들의 가치 및 존엄성에 대한 자각에 매우 중요하기 때문에, 나그네를 손대접하려면 일자리를 얻을 기회가 없는 사람들의 고용 기회를 창출하는 데 많은 주의를 기울여야 할 것이다.

장 바니에는 앞으로 우리가 어떻게 손대접을 위한 장소를 만들 수 있을까 심사숙고하면서, 한 가지 중요한 도전을 던진다.

> 장차 우리에게는 길 잃고 외로운 사람을 영접할 작은 공동체들이 많이 필요하게 될 것이다. 그들에게 작은 공동체는 새로운 형태의 가족과 소속감을 제공한다. 과거에는 예수님을 따르던 제자들이 병원과 학교를 열었다. 이제 병원과 학교는 매우 많아졌다. 따라서 그리스도인들은 새로운 영접의 공동체를 만들어, 식구가 없는 사람들과 함께 사는 일에, 그들이 사랑받는 존재이며 더 자유로울 수 있다는 것과 그들 또한 다른 사람들을 사랑하고 생명을 줄 수 있다는 것을 보여 주는 데 헌신해야만 한다.[34]

아일랜드 격언을 빌려 말하면 그 이유는 이렇다. "사람들은 각자의 피난처 안에서 살기" 때문이다.[35]

9. 손대접의 영적 리듬

"이렇게 많은 나그네들, 궁핍하고 고통받는 사람들이 밀려들어 올 때는 손대접과 선행을 풍성하게 베풀라."

어거스틴(5세기)

성경에서 명하는 손대접을 행하는 많은 사람들은, 그것을 자신들이 해본 것 가운데 "가장 좋으면서 가장 어려운 것"이라고 고백한다. 그들의 체험에서 손대접의 어려움과 기쁨은 매우 가까이 놓여 있다. 그들은 그 실천 가운데 하나님의 임재를 매우 자주 느끼기 때문에 손대접을 "가장 좋은 것"으로 여긴다. 손대접 종사자들이 날마다 작은 기적들을 경험하면서 성경과 기도는 생생해진다. 손대접은 예기치 못한 축복으로 가득 차 있어 놀랍고, 또한 온갖 부류의 사람들과 친구가 될 기회를 제공해 주기 때문에 재미있다.

그러나 손대접은 고된 일을 해야 하기 때문에 어렵다. 사람들은 지쳐 가며 한계들과 씨름한다. 우리가 사는 사회는 통제와 계획수립과 효율성에 높은 가치를 두는 반면, 손대접은 예측할 수 없으며 비효율적일 때도 있다. 우리는 예측할 수 있는 결과와 임무 완성을 고집하지만, 손대접의 "결과들"은 양으로 측정하는 것이 불가능하며, 그 일은 끝나는 경우도 좀처럼 없다. 우리가 사는 사회는 대단히 이동이 잦으며 개인의 독립성을 즐긴다. 하지만 손대접은 장소를 의식해야 하고 상호의존과 연관되어 있다. 사람들은 우리에게 재정 안정에 신중을 기하라고 권면하나, 손대접은 어느 정도 무모함을 무릅쓰게 된다.

오늘날 손대접이 어려운 이유는 우리가 주체할 수 없을 정도로 바쁘기 때문이다. 이미 과부하 상태인 스케줄 때문에 제대로 손대접을 하려다가는 절망에 빠질 수 있다. 우리 대부분은 상당한 책임들을 맡고 있다. 그러니 견디기 어려운 힘든 일정에 손대접을 그저 추가시킬 수만은 없는 것이다. 손대접을 위해서는 우리의 우선순위를 재고하고 재구성해야 한다.

아주 궁핍한 나그네를 손대접하려 할 때 또 다른 긴장을 만나게 된다. 우리가 영접하는 바로 그 사람들에게 적대적일 수 있는 사회 속에서, 손님들의 상실감과 거절감을 완화시키는 일은 극도로 어려울 수 있다. 이 때문에 공동체의 도움이 필요하다. 그러나 공동체 삶 자체에도 나름의 도전과 어려움들이 있다.

손대접을 하려면 우리는 불확실성, 우발적인 사건, 인간의 비극들을 받아들일 여유가 있어야 한다. 과거와 현재의 훌륭한 손대접 종사자들은 손대접이 주는 기쁨뿐 아니라 그것의 아이러니와 모호함, 어려움에 대해서도 후련할 정도로 솔직하다. 손대접의 어려움을 이해하는 것이 중요하다. 그리스도인들이 나그네를 영접하는 것이 쉬울 것이라고 예상한다면—손님들은 유능한 주인에게 언제나 감사할 수 있어야 한다—그들은 금세 실망하고 낙담하게 될 것이다. 그들은 자신들이 뭔가 잘못했거나 손대접 일을 "잘" 하지 못한다고 생각하고는 쉽게 포기하고 말 것이다. 한 손대접 종사자는 사람들이 정해진 시간 안에 "기대하던" 결과를 낳지 못할 때 손대접을 포기할 수도 있다고 염려한다.

의도적으로 주의를 기울이지 않으면 손대접은 우리 삶이나 교회들에 어떤 모양으로도 일어나지 않을 것이다. 손대접은 대부분 잊혀졌고 수많은 현대의 가치들과 충돌하기 때문에, 우리는 의도적으로 손대접에 대한 헌신을 키워 나가야 한다. 그렇게 해야 하는 이유는, 손대접이 주는 축복과 유익들이 언제나 즉각적으로 분명하게 나타나지 않기 때문이다. 손대접은 우리가 그 일에 점점 친숙해짐에 따라 덜 어려워지고 더 "자연스러워"진다. 은혜와 선물이 쉽게 설명할 수 없는 방식으로 그 안에 녹아든다. 우리는 우리 자신을 줄 때 성취감을 경험한다.

하지만 그것은 설명하거나 예측할 수도 없다.

16세기 전, 그리스도인들이 로마제국의 섬뜩한 분열정책 가운데 살고 있을 때, 어거스틴은 그들에게 이렇게 권면하고 간청했다. "고난받는 자들에게 온순하고 그들과 함께하며, 약한 자를 품으라. 그리고 이렇게 많은 나그네들, 궁핍하고 고통받는 사람들이 밀려들어 올 때는 풍성하게 손대접과 선행을 베풀라."[1] 그의 말은 그 당시처럼 오늘날에도 도전되는 말로, 우리가 어떻게 그 어려운 일을 성숙시켜 나가야 하는지 생각하게 한다.

손대접은 하나의 사역이라기보다는 생활방식이자 우리 자신을 나누는 태도다. 대부분의 손대접 종사자들에게 손대접을 베푸는 일은, 하나님께 신실하고 성경과 주위 사람들에게서 하나님의 음성을 들으려는 노력에서 비롯된다. 그들은 나그네를 만날 수 있는 상황에 자신의 마음을 엶으로써 손대접을 배웠다. 점차 그들에게 손대접은 성향이자 습관이 되었다. 어려움은 늘 있게 마련이지만, 손대접은 우리의 인격과 다른 사람들에 대한 우리의 반응에 깊이 통합되어 있어서, 이제 다른 식의 반응은 도저히 상상할 수도 없다.

감사하는 마음을 개발함

손대접의 삶은, 예배를 드리면서 하나님의 은혜와 자비를 깨닫는 가운데 시작된다. 손대접은 의무와 책임이 아니다. 그것은 먼저 하나님의 사랑과 그분께서 우리를 맞이해 주신 것에 대한 사랑과 감사의 반응이다. 손대접을 하려면 책임과 의무를 성실하게 이행해야 하지만, 손대접은 먼저 감사하는 마음에서 시작된다. 이것은 특별히 중요하다. 손대접이 감사함에서 나온 것이 아니라 마지못해 하는 경우가 있는데, 인색한 손대접은 주인을 지치게 하며 그것을 받는 손님에게조차 상처를 준다.

우리의 손대접은 하나님의 손대접을 반영하는 것이며 거기에 참여하는 것이다. 그것은 사랑의 성향에 좌우된다. 근본적으로 손대접은 바로 행동하는 사랑이기 때문이다. 그것은 충분한 음식이나 장소보다는, 관대한 마음이라는 자원과 훨씬 더 많은 관계가 있다. 크리소스톰은 이러한 관대한 사랑을 잘 묘사했다.

> 손대접을 잘하는 성향을 가지고 있다면, 당신은 동전 한 닢으로도 손대접이라는 보물상자 전체를 소유하고 있는 것이다. 하지만 당신이 사람을 싫어하고 나그네를 싫어하는 사람이라면, 온갖 물질적인 것들을 소유했더라도 손님의 출현만으로도 당신의 집은 답답하고 비좁은 곳이 된다.²

손대접할 때 예수님이 얼마나 자주 임재하시는지를 기억한다면 손대접은 습관이 된다. 그리스도께서 "나그네의 모습으로" 우리에게 오신다는 것을 알면 우리의 반응은 달라질 것이다. 우리는 나그네와 손님 안에서 그리스도를 보지만, 손대접은 또한 우리가 예수님처럼 그 손님들을 대하도록 해준다. 에스터 드 와알(Esther de Waal)은 베네딕트 수도원의 영성에 대한 연구에서 손대접이 끝날 때마다 우리는 두 가지 질문에 직면하게 된다고 강조한다. "우리는 그들 안에서 그리스도를 보았는가? 그들은 우리 안에서 그리스도를 보았는가?"³이다.

이야기를 생생하게 기억함

우리는 손대접에 대한 이야기를 나누면서 손대접 습성을 키워 나간다. 손님을 영접했는데 나중에 알고 보니 천사였다는 성경 이야기도 몇 번이고 되풀이한다. 우리는 예수님의 생애에 대한 이야기들—온갖 부류의 사람들을 영접하셨고, 산 언덕에서 수천 명의 사람들을 먹이셨으며, 자기 제자들을 위해 조반을 마련하신 일—을 기억한다. 우리 또한 손대접할 때 우리의 이야기—기적과 힘든 일과 실망과 즐거운 만남—를 만들어 나가는 것이다. 우리는 진정한 희생과 놀라운 축복의 이야기들을 나눈다.

이야기는 중요하다. "사람들이 나누는 이야기는 그들에게 힘을 주기"⁴ 때문이다. 손대접은 우리가 이야기를 잊어버릴 때 무엇을 잃어버릴 수 있는지 보여주는 좋은 예다. 손대접은 이전 세기에는 중대한 관행이었지만, 지금 그것을 회복하려면 의도적으로 손대접을 재발견하고 다시 그 이야기를 나누려고 애써야 한다. 이전 세대의 그리스도인들이 힘을 얻었던 것이 무엇인지 살펴보고, 우리도 거기서 힘을 얻으려고 애써야 한다. 크리소스톰이나 캘빈이 손대접을 얼마나 중요하게 여겼는지 인식하는 것은, 단순히 역사적 과제만은 아니다. 그것은 전통이 갖고 있는 지혜와 경험도 얻도록 해준다. 철학자 찰스 테일러(Charles Taylor)는 이렇게 말했다.

> 도덕적 원천은 권능을 부여한다. 도덕적 원천에 더 다가가는 것, 그것에 대해 더 분명한 관점을 갖는 것, 관련된 것들을 붙잡는 것은 그것을 인식한 사람들로 하여금 그것을 사랑하고 존중하도록 한다. 그리고 이 사랑/존중을 통해 그들이 그것에 따라 살 수 있도록 하는 것이다.⁵

어떤 사람들에게는, 손대접이 중대한 기독교적 관행이라는 사실을 말해 주는 것이 중요하다. 그것은 그들이 이미 행하고 있는 사역들을 이해하기 위한 신학적·도덕적 틀을 제공해 주기 때문이다. 성경과 교회사에서 손대접의 위치가 부각될 때, 그것은 손대접의 중요성과 가치에 대한 손대접 종사자들의 직관을 확증시켜 준다. 그것은 잠자리를 마련하고 음식을 준비하는 일상적인 과업이 풍성하고 역사적이며 중요한 전통과 어떻게 연관되어 있는지 깨닫게 해준다.

우리는 손대접에 대해 정확하게 가르침으로써 손대접 성향을 기르며, 더 많이 실천하게 한다. 수많은 손대접 공동체들은 의도적으로 교육을 시킨다. 공동체생활에는 손대접이 무엇을 의미하며 어떤 모습인지를 정기적으로 반성하는 것이 포함된다. 가정과 교회와 공동체에서 손대접을 배워 가면서, 실천하려는 책임감도 키워 나갈 수 있다. 손대접을 더 잘하도록 서로 도전하고 격려할 수 있고, 삶이 너무 바쁘거나 일상적 활동에 치여 손대접을 위한 시간을 내지 못할 때, 서로 깨우쳐 줄 수도 있다.

손대접 경험이 많은 사람과 공동체들의 글 속에서 생각해 볼 만한 귀중한 자료들과 그 실천에 대해 배울 수 있다. 손대접의 기쁨과 도전에 대한 통찰을 담은 자료들은 매우 다양하고, 여러 면에서 도움이 된다.[6] 하지만 책과 신문 외에도 공동체의 일상생활 역시 손대접에 대해 엄청나게 많은 것을 가르쳐 준다.

현대의 손대접 종사자들은 모두 다른 누군가—예전의 "구름같이 수많은 증인", 인자한 할머니, 혹은 지혜롭고 관대한 동료들—의 모범을 통해 손대접을 배웠다. 손대접이 자연스러워 보이는 사람들은 손대접을 배울 수 있는 훌륭한 모델들이다. 그들은 영접한다는 것이 무엇인지 생생하게 보여주며, 손대접이 우리 가정과 교회와 일터에서 어떤 모습으로 보일지 그려볼 수 있게 해준다. 우리와 동시대를 사는 그들은, 고대로부터 내려오던 손대접 관행의 상세한 부분까지 우리가 실행하도록 도와준다.

여든까지 가는 습관 키우기

그리스도인의 삶에서 손대접이 얼마나 중요한지를 인식한다면, 자녀들에게 손대접을 실천하는 법을 가르치는 방법에 대해 생각하고 싶을 것이다. 할리는 르 샴봉 사람들의 손대접에 대해 연구를 한 후, 손대접을 잘하는 자녀를 양육하기 위해서는 "당신이 가르치려는 바로 그런 존재가 **되어야 한다**"[7]고 결론내렸다. 자녀들은 자기 가족을 위한 자리뿐 아니라 손님을 위한 자리까지 마련해 놓고 있는 부모들로부터 손대접을 배우게 된다. 손대접을 할 때 자녀들이 참여할 여지가 없다면, 그들은 손대접에 대해 좋지 않은 감정을 가질 것이다. 하지만 생명을 주는 손대접에 참여할 때 자녀들은 손대접을 잘하는 아이들로 자랄 것이다. 할리는 이렇게 경고한다.

> 우리가 자녀를 위해 하는 일이 고작해야 자녀들의 머리 속에 자신의 은신처를 지킬 만한 이유나 집어넣는 정도라면, 그들의 제2의 천성은 그들의…손바닥만 한 넓이밖에 안될 것이다. 한 사람의 삶은 보통 그 사람이 베푸는 사랑만하다. 하지만 우리가 종종 비실제적이지만 위대한 미덕[동정, 관대함 등]을 그들의 삶에 새겨넣어 준다면, 그들의 제2의 천성 또한 그들의 사랑만큼 넓어질 것이다.[8]

자비로운 주인에게는 손대접이 쉽고 즐거운 것처럼 보인다. 그렇다고 누구에게나 그것이 쉽다는 의미는 아니다. 어떤 성격의 사람은 손대접을 더 어렵게 느끼며, 그것을 배우려면 더 열심히 노력해야 한다. 카렌 메인스(Karen Mains)는 손대접에 대한 책에서 이렇게 언급한다. "어떤 사람에게는…손대접이 숨을 쉬는 것만큼이나 자연스럽지만, 어떤 사람에게는 그것이 습득해야 하는 기술이다. 누구에게나 그 은사는 잘 개발되어야 한다."[9] 내성적인 사람은 처음에는 따뜻한 환영을 해주는 것이 힘들 수도 있지만, 아주 사려깊고 돌보기를 잘하는 주인이 되는 경우가 많다. 자신이 "자연스럽게" 손대접하는 축이 못된다고 생각하는 한 손대접 종사자가 말하듯이, 손대접은 우리를 "잡아 늘려서 거기 맞출 수 있는" 그 무엇이다.

다른 나라에 가서, 혹은 손대접을 여전히 존중하는 다른 나라 출신의 사람들과 함께 손대접을 경험하는 것도 매우 도움이 될 수 있다. 그들은 손대접을 당연한 것으로, 인간의 활동과 관계들의 일상적인 부분으로 여긴다는 것이 과연 무엇인가에 대한 본이 된다. 그들은 예상치 못한 손님들 때문에 "불편을 느끼기"보다는 열심과 기쁨을 갖고 사람들을 환대한다.

손대접은 하나의 생활방식이기 때문에 평생에 걸쳐 개발되어야 한다. "손대접은 끊임없이 실천해야 할 일이다. 그렇지 않으면 드물게 기회가 생겨도 행하기 어려운 것 중 하나다."[10] 손대접은 순식간에 능숙하게 되는 것은 아니다. 우리는 날마다 신실하게 그것을 조금씩 배워 나갈 뿐이다.

유대인 난민들을 위해 도피성을 만든 르 샴봉 사람들이 처음에 시작한 일은 자신들이 배급받은 한정된 양식을 나누는 작은 행동이었다. 나중에 그들에게 닥친 위험이 더 커졌지만, 그때쯤에는 영접하는 일이 이미 몸에 밴 상태였다. 그들은 절대로 자신들의 행동이 복잡하거나 어려운 것이라고 여기지 않았다. 그들에게는 손대접을 하는 것이 오히려 자연스럽고 당연하게 여겨졌다.[11]

자비로운 주인들은 다른 사람들이 자신들에게 손대접을 잘한다고 말하면 깜짝 놀란다. 그들은 비슷한 상황에서 다른 사람들은 무엇을 했을까 하고 생각한다. 샴봉의 많은 사람들이 손대접 때문에 칭찬을 듣자 이렇게 말했다. "글쎄요, 그들이 달리 어디로 갈 수 있었겠습니까? 우리가 그 사람들을 집에 들이는 수밖에요."[12] 그들은 자신들이 모범적인 사람이라고 생각하지 않는다. 그러나 그들은 우리에게 훌륭한 모범이 된다.

손대접이 자신의 성향이자 습관이 된 사람들은 나그네를 돌보다가 위험을 겪을까 두려워하기보다는, 나그네의 필요를 외면하게 될까 더 두려워한다. 자신을 집에 기꺼이 초대한 사람들에 대해 썼던 마이크 매킨타이어는 이렇게 말한다.

나는 이 여행을 하면서, 심지어 자신들의 최대 관심사와는 반대되는 듯이 보일 때마저도 나그네를 도우려던 미국인들의 고집스러운 포용력에 놀랐다. 나를 머물게 해준 가정들을 생각해 본다. 보따리만 달랑 들고 들어선 내게 그들은 자기 집과 재산과 아이들을 그대로 다 보여주었다. 내가 겁에 질려 그들을 신뢰하지 못하는데, 그들이 나를 신뢰하는 것은 몇 배나 더 두려운 일이었을 것이다. 하지만 그들을 정말로 두렵게 했던 것은 누군가를 신뢰하지 않는다는 생각일 것이다. 어떤 여자가 내게 말한 것처럼 말이다. 그녀는 나그네를 길 한 모퉁이에 내

버려 두고 마음 한구석이 불편한 것보다 차라리 자기 생명을 걸겠다고 했다.[13]

손대접을 습관화하면, 성장하고 발전할 기회가 풍성해진다. 손대접에 포함된 온갖 종류의 기술과 은사들을 발휘할 때, 우리의 능력은 확장되고 지혜는 깊어진다. 집주인은 더욱 유능한 요리사가 될 가능성 외에도, 평화롭고 안전한 장소를 만들 수 있는 기회, 육체적 양분과 영적 양분을 공급해 주는 식사 환경을 마련할 기회, 손님들에게 믿음으로 사는 삶의 모습이 어떤 것인지 보여줄 수 있는 기회도 갖게 된다. 전세계를 여행한 칼 메이어(Karl Meyer)는 손대접의 집에서 함께 일하는 것에 대한 만족감을 이렇게 설명했다. "저는 여기 있으면 지루하지가 않아요. 우리가 세계의 문젯거리들에게 가는 것이 아니라 세계가 그 문젯거리를 갖고 들어와서, 한 잔의 커피와 한 마디 위로의 말을 들으려 자리에 앉지요."[14]

손대접 습관은 우리 그리스도인들의 정체성에 근본이 되는 것이다. 우리의 첫째 가는 소명은 복음대로 살아가는 것이다. 손대접을 잘하는 생활방식은 그러한 소명의 일부이다. 신중하고 집중적으로 손대접을 하라는 특별한 소명을 받은 사람들도 있다. 하지만 우리 모두에게 손대접은 예수님의 제자됨에 꼭 필요한 것이다.

환영하는 마음을 전달함

우리가 손님이나 나그네가 되어 보았던 경험을 회상한다면, 우리는 어떤 손대접 요소가 환영의 마음을 전하게 되는지 알 수 있다. 우리가 편안하면서도 존중받고 있으며 안전하다고 느끼게 하는 것은 무엇인가? 우리가 불편하거나 방해되는 존재라고 느끼게 하는 것은 무엇인가? 우리로 하여금 새로워지고 자양분을 공급받는다고 느끼게 하는 특정 사람이나 장소들은 어떤 것인가?

손님에게 먹을 것과 마실 것을 제공하는 것이 대부분의 손대접에서 중심이 된다. 그 다음으로 가장 중요한 환대의 표현은 손님에게 최대한 주의를 집중하는 것이다. 손님과 손대접 종사자들이 거듭 중요하게 언급하는 것이, 대화와 서로의 이야기를 들어 주는 데 시간을 들이는 것이다. 짧은 만남일지라도 누군가에게 집중적인 관심을 보이면 환영하는 마음이 전달된다.

"인간이 줄 수 있는 가장 귀한 것은 시간이다."[15] 손대접은 우리 삶에서 다른 사람들을 위한 시간을 낼 것을 요구한다. 하지만 많은 사람들은 시간이야말로 우리에게 가장 부족한 자원이라고 생각한다. 우리 대부분은 아주 바쁘다. 어떤 사람들은 온갖 일로 시달림을 당한다. 어떤 사람에게 주의를 기울이려면 멈춰서 그들에게 초점을 맞춰야 한다. 이것은 몇 가지 일을 동시에 해내는 것을 부러워하거나, 종종 바쁘다는 것을 자랑으로 삼는 현대사회에서는 하나의 도전이 아닐 수 없다. 한 지혜로운 베네딕트 수도사는 이렇게 말했다. "패스트푸드 문화에서도, 어떤 일은 순식간에 해치울 수 없다는 것을 기억해야 한다. 손대접에는 시간이 걸린다."

다른 누군가에게 최대한 주의를 기울인다는 것은, 그 사람을 구체화된 어떤 필요나 방해거리보다는 한 인간으로 본다는 것을 의미한다. 누군가 자신들을 영접해 주었을 때 가장 감사한 것이 무엇이냐고 물으면, 손님들은 종종 그것을 "자기가 방해거리나 부담스러운 존재가 아니라는 느낌을 받았을 때"라고 고백한다. 주인들에게 손대접은 때로는 방해거리―대화를 하거나 음식을 준비하거나 잠자리를 마련하기 위해 다른 책임들을 제쳐 놓아야 하는 방해거리―처럼 느껴질 수 있다.

끊임없이 밀려들어 오는 난민과 손님들을 영접하는 한 여성은 자신이 중앙유럽에 살고 있을 때 손대접이 어떤 것인지를 배웠다고 말했다. 사람들이 시종일관 자신을 그들의 집에 따뜻이 맞아들이면서도, 자신이 그들의 삶을 "방해한다"는 것처럼 느끼도록 한 적이 한번도 없었다는 것을 발견했다. 심지어 그녀가 예기치 않게 도착했을 때라도 말이다. 그들은 자신들이 하고 있는 일들을 완전히 옆으로 제쳐 놓았기 때문에, 꼭 그녀를 기다리고 있었던 것처럼 보였다.

  누군가에게 주의를 기울인다는 것이 꼭 많은 시간을 들여야 하는 것은 아니지만, 집중해서 대해야 하는 일이다. 많은 사람들이 이 문제로 씨름하며, 사람들을 영접하면서 스스로 혼합된 감정을 내보이기도 한다. 장 바니에는 자신의 몸부림을 이렇게 말한다. "사람들이 내 집 문을 두드릴 때면 그들을 들어오게 해 함께 이야기를 나누지만, 나는 수많은 사소한 일들로 바쁘며 다른 할 일들이 있다는 것을 그들에게 분명히 한다. 내 사무실의 문은 열려 있지만, 내 마음의 문은 닫혀 있는 것이다."[16] 크리소스톰이 손대접은 유쾌하고 열정적이며 친절한 것이 되어야 한다고 그토록 일관되게 주장한 것으로 보아, 그 역시 똑같은 문제로 고민하고 있었던 것 같다.[17]

  나중으로 미룰 수 없는 일들이 일부 있기는 하지만, 손대접을 실천함으로써 우리 삶에서 가장 중요한 것이 무엇인지 재평가하게 된다. 일 지향적인 많은 이들은 예상치 않았거나 편치 않은 손님들을 어떻게 대할 것인지 신중하게 재고해 보아야 한다. "계획된" 손대접 시간에는 문제가 크게 불거지지 않지만, 상황이 좋지 않을 때 사람들이 오게 되면 문제는 좀더 곤란해진다.

  우리가 사람들을 영접하는 방식, 그들에게 보이는 관심과 그들을 위해 들이는 시간은 그들을 귀중하게 여기고 있음을 전달한다. 상당히 공개적으로 그리스도인임을 증거하는 사람들(목회자와 교사, 기독교 공동체 및 교회들)의 경우, 예상치 못한 방문객에게 어떤 반응을 보일 것인가 하는 것은, 그 사람이 하나님의 사랑과 영접을 어떻게 경험하는가 하는 문제와 연관돼 있다. 이것은 지혜와 분별력과 기도를 요하는 영역이다. 우리가 지나치게 자주 방해를 받게 되면 일의 초점을 모두 잃어버릴 수 있기 때문이다. 또 어떤 경우는 한번에 수많은 사람들에게 관심과 존중하는 마음을 전달하기 위해 우리의 주의를 분산시켜야만 하는 경우도 있다. 자녀를 서넛 둔 부모들은 이러한 도전을 쉽게 이해할 수 있을 것이다. 한 손대접 종사자는 자녀를 두는 것이 손대접의 성격을 이해하는 데 도움이 된다고 했다. "아이가 있으면 끊임없이 방해받게 되고 어떤 일도 제대로 끝내지 못하는" 것과 같다고 설명한다.

손대접은 이처럼 사람들을 위해 기꺼이 시간과 장소를 내리는 마음에서 생겨난다. 수많은 난민들을 대접한 한 여성에 대해 감사하면서, 그녀의 동료들은 이렇게 말했다. "그녀는 전혀 방해받지 않은 것처럼, 언제나 그들을 만나서 즐거운 것처럼 행동하지요." 그들에게 가장 눈에 띈 것은 이것이 그녀 편에서는 "하나의 행동"이 아니라, 그저 존재하고 살아가는 한 방식이었다는 사실이다. 그녀는 사람들과의 만남을 정말로 즐기면서, 그들을 대접할 기회들을 사랑한다. 그 성향은 인색한 손대접, 곧 사람들을 초청하기는 했지만 그와 동시에 그들과 함께 있음으로 상당한 희생을 감수하고 있다는 듯한 느낌을 전달하는 손대접과는 뚜렷한 대조를 이룬다.

시간과 관심을 함께 나눌 때, 우리는 손님들에게 그들의 은사와 통찰과 공헌들을 나눌 기회를 주는 것이다. 헨리 나우웬은 이렇게 말한다. "받아주는 사람이 없다면 우리에게 뭔가 줄 것이 있다는 사실을 결코 믿지 못할 것이다. 실제로 우리는, 받는 사람의 눈에서 우리의 선물들을 발견한다."[18] 이것은 주인에게나 손님들에게나 중요한 통찰이다. 손대접은 사람들에게 자신의 것들을 줌으로써 자신의 은사들을 발견하는 것이다.

다른 행동과 태도들도 손님에 대한 손대접을 표현한다. 사람들에게 좋은 음식을 제공하는 것은 분명 환영의 마음을 전달한다. 하지만 함께 음식을 먹는 경험 전체—요리, 식사, 그리고 이후의 설거지—가 모두 손대접의 중요한 표현들이다. 사람들에게 허드렛일이나 활동들을 함께하자고 청하는 것도 그들이 편안하게 느끼도록 하는 좋은 방법이다.

손대접과 경축은 밀접하게 연관돼 있다. 주의깊게 계획된 잔치로서의 경축이 아니라, 함께 있음을 즐기기 위해 시간을 따로 떼어 놓았음을 보여주는 경축이다. 종종 손님들이 깊은 상실감과 슬픔을 겪고 있는 공동체에서는 경축이 생존의 일부이다. 훌륭한 주인들은 고난과 낙심을 피해 뒷걸음치지 않는다. 그들은 비극을 안고 살아갈 수 있다. 하지만 그들은 경축이 지닌 중요성 역시 알고 있다.

> 경축은 양분이며 자원이다. 그것은 공동체의 목표를 상징적인 형태로 현재화한다. 그래서 마음을 추스르고 더 많은 사랑으로 일상생활을 다시 시작할 수 있도록 소망과 새로운 힘을 준다. 경축은 우리에게 날마다 십자가를 질 힘을 부여해 주는 부활의 표시다. 경축과 십자가 사이에는 밀접한 연관이 있다.[19]

또 다른 손대접 종사자는 이렇게 설명했다. "경축을 공동체생활의 일부로 삼지 않고는 날마다 해야 하는 일―고향을 떠나 유리하는 사람들이 끊임없이 밀려 들어 올 때 그들을 영접하는 것―을 처리할 수가 없었습니다."[20]

사람들이 자신들이 환영받고 있음을 아는 것은, 주인이 그들이 가진 기술이나 장소만 아니라 그들의 삶을 나눌 때이다. 주인이 손대접을 뭔가 일을 하는 것으로 이해하기보다 자신을 내주는 것으로 이해할 때, 관계는 훨씬 더 풍성해진다. 하지만 주인들이 자신을 내줄 때, 손님들에게도 어느 정도 자유와 숨쉴 여지를 주도록 유의하는 것이 중요하다. 때로 주인들은 너무 세심한 나머지 손님들을 압도하고 숨막히게 할 수 있다. 단순한 돌봄의 표현이 될 수 있지만, 때로는 "권리를 주장"하거나 주인 자신의 필요를 위해 손님들을 이용하려는 것이 될 수도 있다.

좋은 주인은 자원들을 올바른 우선순위에 따라 사용하려고 애쓴다. 손대접을 하다보면 재산과 소유에 대한 태도 때문에 씨름하게 된다. 귀중품 분실이나 파손 위험을 감수하려 하지 않는다면, 손님들을 우리 삶에 영접해 들이기는 어렵다. 재산을 보호하고 보존하려고 끊임없이 안달하다 보면, 손대접은 질식해 버린다. 우리 삶을 손님과 나그네에게 열어 놓으면, 어떤 것은 망가질 것이고 어떤 것들은 사라지거나 닳아 버릴 것이다.

궁핍하거나 괴로움을 겪는 많은 손님들을 영접할 때 기억할 것은, 손대접은 예의 바르고 공손한 태도가 필요하다는 것이다. 전체 분위기는 손님의 가치와 개성을 인정해야 한다. 설령 우리가 도울 수 없을 때라 하더라도, 친절하고 공손하게 반응해야 한다. 좋은 주인은 특히 이러한 상황에서 "친절과 선함과 확고함"[21]을 결합시킨다. 공동체와 공동체 손님의 양식을 책임질 수도사의 자격에 대한 수세기 전 베네딕트의 지혜로운 글은, 손대접에 대한 지금 우리의 생각에도 타당성을 갖는다. 그 책임을 맡은 수도사는 아이와 손님과 가난한 사람들에게 특별한 관심을 보여야 하며, "지혜롭고 행동이 성숙하며 온건하고" 겸손해야 한다고 베네딕트는 썼다(「베네딕트 규율」 31:1, 9).

손님들은 누군가가 자신들을 새로운 장소에 적응하도록 해줄 때 환영을 받는다고 느낀다. 이것은 낯선 예배의식 때 그들을 도와주거나 그들에게 커피포트가 어디 있는지 보여주는 것 등도 포함될 것이다. 손님들은 그 장소에 대한 "느낌"—물리적인 것뿐 아니라 사회적인 것까지—을 알 수 있는 기회를 감사하게 생각한다. 교회와 큰 공동체들은 손님들에게 "편안하게" 느끼도록 하는 손대접 담당자를 임명하는 베네딕트 전통을 따르는 것도 좋을 것이다.

환영하는 마음을 전달하는 가장 간단한 방법 가운데 하나는, 문이나 입구에서 손님을 맞이해 그들을 안으로 데리고 들어오는 것이다. 그들의 이름을 빨리 익히고 몇 가지 안내를 해주는 것도, 손님들을 쉽게 안심시킬 수 있다. 한 손대접 종사자는 손님들이 도착하고 떠날 때 특별히 신경 써주어야 한다고 했다. 최초의 환영과 정중한 작별인사가 그들의 방문을 귀중하게 여긴다는 느낌을 전달하게 되는 것이다.

안식을 취하고 새롭게 되기 위해 준비함

손대접은 아주 힘든 일이기 때문에, 일하고 안식을 취하고 예배를 드리면서 회복 주기를 찾아야 한다. 쉬거나 혼자 있을 시간이 없거나 영적인 양분을 공급받지 않으면, 우리는 순식간에 지쳐 버린다. 손대접에 대한 요구가 긴급하고 압도적일 때는 기도와 연구와 휴식을 지나쳐 버리기 쉽다. 하지만 손대접 종사자의 영적·육체적 필요에 주의를 기울이지 않으면, 손대접을 유지할 수 없다.

장 바니에는 오랜 세월 손대접을 해온 경험에 비추어 이렇게 결론을 내린다. "몇 달 혹은 심지어 몇 년간 관대함을 보이는 것은 쉽다. 하지만 끊임없이 다른 사람들과 함께 있는 것, 함께 있을 뿐 아니라 그들에게 자양분을 공급해 주는 것, 매일 아침 다시 생겨나는 충성됨을 유지하기 위해서는 영육간의 훈련이 필요하다."[22] 바니에는 도시빈민들 사이에서 일하는 한 프란시스 수도원 원장의 말을 인용해 중요한 경고를 한다.

> 우리 몸을 돌보지 않으면, 그리고 생활의 리듬을 발견하지 않으면 앞으로 오랜 세월 동안 지속할 수가 없다…. 우리가 여기에 있는 것만으로는 별 가치가 없다. 우리의 일은 머무르는 것이다. 와서 경험 삼아 가난한 사람들과 살면서 우리 자신의 영적 목적을 위해 그들을 이용하고, 얼마 후에 떠나 버리는 것은 너무나 쉬운 일이다. 우리가 해야 할 일은 머무르는 것이다.[23]

베네딕트 수도원생활에서 독특한 것은 그들의 정주서원(定住誓願, vow of stability)—특정한 장소에 있는 수도원 공동체에 영원히 헌신하는 것—이다. 그들은 특정한 공간과 공동체라는 경계를 삶에 받아들임으로써 강한 장소의식을 확립할 수 있다. 그러한 장소의식 때문에 수도사와 손님들을 영접하고, 그들을 자리잡게 하며 자라게 할 수 있다. 경계와 헌신의 범위가 정해져 있으면 손대접할 수 있는 능력을 높여 주는 쉼과 자유를 누릴 수 있는 환경도 조성된다.

대부분의 공동체와 손대접 종사자들은 고생 끝에 새롭게 되기 위한 시간과 공간이 필요하다는 것을 배우게 된다. 손대접 공동체는 종사자들이 새롭게 원기를 회복할 수 있는 시간을 갖도록 정기적으로 문을 닫는다. 모든 사람은 주중에, 자신이 종사하는 활동을 떠나 어느 정도 시간을 보낼 필요가 있다. 각 사람과 가족들은 작더라도 개인적인 공간이 필요하다. 상당한 주의와 투자를 요하는 나그네들을 꾸준히 손대접하고 있을 때는 이러한 것들이 더 필요하다.

우리 삶은 개인기도와 공동체예배를 통해 자양분을 공급받는다. 성경을 읽고 연구함으로써 양육받으며, 안식일을 진정으로 지킴으로 새롭게 된다. 식사, 예배, 성찬식 모두가 손대접을 베푸는 사람들에게 양분을 제공한다.

손대접하는 삶은 극적인 제스처라기보다는 꾸준히 노력하는 삶이다. 기도로 뒷받침되고 은혜로 유지되는 신실한 노동인 것이다. 주인은 손대접하는 중에도 양분을 공급받아야만 내적 평안을 지니게 된다. 이것은 다른 사람들이 편안하고 안전하며, 환대받는다는 것을 느끼도록 하는 데 반드시 필요한 것이다.

손대접을 활성화하기 위해서는 공동체생활을 장려해야 한다. 이것은 종사자들을 지지해 주고 외부사람들이 들어오고 싶어하는 장소를 만들어 낸다. 아무리 손대접에 능하다 해도, 많은 수의 나그네를 손대접하는 데는 공동체가 중요하다. 그 일은 개인이나 개별 가정이 감수하기에는 너무 많고 고되며 너무 빈번하게 일어난다. 기독교 공동체들—교회, 손대접을 위한 공동체, 가족들로 이루어진 소그룹—은 손대접에 요구되는 것들을 줄이고, 짐을 나누며, 기쁨을 배가시킬 수 있다. 라르쉬에서 오랫동안 일한 사역자에 따르면, 그 누구도 완전히 기진맥진해 버리지 않도록 하는 것이 중요하다. 그것은 스스로 페이스를 유지하고 일을 나눠 하며 휴식을 위해 잠시 일을 중단해야 할 때, 다른 사람들을 의지할 수 있게 하는 것이다.

하나님의 은혜는 손대접이라는 힘든 일 속에서도 주인들을 지탱시켜 준다. 어느 경험 많은 손대접 종사자에 따르면, 계속해서 다음 손님들이 도착하는 것을 기다리고 있을 때는 눌리는 것 같지만, 실제로 사람들이 도착하고 나면 때맞춰 힘과 에너지가 생기는 것을 경험했다고 한다. 그녀는 이렇게 결론을 내렸다. "혜쳐 나가다 보면 그런대로 견딜 만하더라구요." 가톨릭 워커의 한 여성은 이렇게 말한다. "때로 앞장서…고난의 행군을 해야 한다는 것은 대단히 지치는 일입니다. 너무 견디기 힘들어 아주 심해지는 날도 있습니다." 그녀는 계속해서 말한다. "기도로 그 모든 것을 품어야 합니다…. 도저히 견딜 수 없다고 느낄 때, 그때 은혜가 임합니다."

관점 유지: 우리의 작은 일과 하나님의 큰 역사

르 샴봉에서 유대인 난민들을 영접해 들이는 데 중심역할을 했던 교회의 목사인 앙드레 트로끄메는 교인들을 이렇게 격려했다. "파괴성에 대항하는 작은 행동이라도 할 수 있는 방법과 기회를 열심히 찾아 열심히 노력하십시오."[24] 불의하고 무질서한 세상 한가운데서 손대접을 유지할 수 있는 능력은, 우리의 작은 노력을 좀더 넓은 관점에서 보는 데서 온다. 하나님께서 세상에서 일하시며, 우리의 작지만 중요한 행동은 그 일에 참여하는 것이다.

손대접에 종사하는 사람들은 우리에게 가능한 것뿐만 아니라 그 너머를 바라보도록 가리킨다. 그들은 필요한 것이 많은 형편에서 사역할 때가 많다. 그들은 자신이 그 모든 것을 다 할 수는 없다는 것을 알면서도 무엇인가를 행한다. 그들은 우리가 행할 수 있는 것이 무엇인지 볼 수 있도록 해준다. 자신들의 노력이 한계가 있음을 깨닫는 일부 손대접 종사자들은, 손대접을 사회변혁이라는 보다 큰 노력의 일환으로 놓는다. 많은 지도자와 공동체들은 동시에 구조적인 차원에서도 노력한다. 도시가 어떻게 노숙자들을 다루어야 하는지, 또는 국가가 난민들을 어떻게 대해야 하는지에 대해서도. 이같이 개인적 접근과 조직적 접근을 결합시키면 손대접 종사자들은 절망감을 덜 느끼게 된다. 그것은 필요는 엄청난데 개인적 수준에서 자신들이 줄 수 있는 영향력은 한계가 있는 것에서 오는 절망감이다. 어떤 손대접 종사자는 그들이 받아들일 수 없는 수많은 난민들에 대해 질문을 받았을 때 이렇게 설명했다. "나는 더 많은 방을 만들 수 있는 방법, 숙소를 확장할 수 있는 방법들을 끊임없이 찾는다." 그는 그 일을 하되, 공동체에 방을 더 만드는 것이 아니라 북미의 자원들과 다른 곳에 있는 인간의 필요들을 연결시킴으로써 보다 먼 곳에 있는 문들을 여는 것이다. 그는 이렇게 덧붙였다.

> 예수님은 〔우리에게〕 악을 약화시키는 방법은 사랑하는 것, 그리고 악을 선으로 갚는 것이라고 가르치셨다…. 그것은 창의적인 일을 하는 것을 의미한다. 구조들을 개발하는 것, 사람들이 서로 접촉하는 것, 인종과 국제적인 경계들을 넘어서 다리를 놓는 것이다. 그런 식으로 우리는 한번에 손님을 겨우 대여섯 명밖에 숙박시킬 수 없다는 사실을 그런대로 견디고 있다. 우리는 그런 형태의 손대접만 제공할 수 있는 것은 아니기 때문이다.

때로 엄청난 필요가 계속해서 밀어닥치는 가운데 미미한 손대접을 할 때가 있다. 테레사 수녀와 '자선 수녀들'(Sisters of Charity)이 이내 떠오른다. 그런 상황에서 견뎌 내려면 각 사람의 가치를 인정하고 하나님께서 이미 그들의 삶 속에서 역사하시고 계심을 인식해야 한다. 작은 보살핌의 손길이 광대한 사회경제학적 절망이나 만연한 질병을 덜어 주지는 못하더라도 사람들과 삶을 나누고 그들과 함께 있어 줄 때, 반드시 대단한 해결책이 없더라도 계속 일하고 사역해 나갈 자유를 누리게 된다. 더 큰 관점을 가지고 있으면, 문제를 해결하지 못할 때라도 짐을 나누어 질 수 있게 된다.

손대접 관행을 유지할 수 있는 능력은 우리의 수많은 노력 속에 유머와 모호함이 있다는 것을 인식할 수 있을 때 더욱 강화된다. 몇몇 손대접 종사자들은 일을 너무 심각하게 생각하지 않는 것, 우리가 기여한 바를 "너무 자랑하지" 않는 것이 중요하다고 경고했다. 도로시 데이의 한 전기 작가는, 그녀가 "인생의 계속되는 아이러니와 모호성에 대해 건강한 존경심을 가지고 있다"고 기록했다. 그

작가는 데이가 그로 하여금 "삶의 아이러니와 불가피한 모순들 속에서도 기쁨을 기억하도록"²⁵ 해주었다고 썼다. 도로시 데이는 다른 사람을 돌보려는 우리의 노력이 "자기 중심성과 자기 중요성으로 바뀔" 수도 있다는 사실을 깊이 의식했다. 그녀는 손대접의 삶에 내재한 유혹들을 간과할 때, 우리가 직면하게 될 위험에 민감했다. 그녀는 자신의 몸부림을 다음과 같이 묘사했다.

나는 때로 내 자신을 중단시켜야 했다. 이 사람에게서 저 사람에게로, 국그릇과 더 많은 국그릇들, 밥그릇과 더 많은 밥그릇들 사이로, 굶주린 사람들의 감사의 말을 귀가 따갑게 들으면서, 급히 돌아다니는 내 자신을 발견했다. 내 귀가 갈망하는 것, 그런 감사의 표현을 듣는 기쁨은 다른 사람의 배가 느끼는 굶주림만큼이나 강할 수 있다. 나는 우리를 방문했던 한 수녀를 기억한다. 그녀가 우리 일을 돕고 나서 우리는 함께 앉아 커피를 마셨다. 그녀는 몸이 날랜 사람이었다. 그녀는 의자를 정리하고 정말로 도움이 필요한 몇 사람을 도우면서, 이 테이블 저 테이블을 누비고 다녔다. 그녀는 빈틈없고 조심성 있었다. 물론 사람들은 그녀를 마음에 들어했다. 그녀는 누가 스스로 꾸려 나갈 수 있고 누가 자신의 도움을 원하는지를 알았다. 우리가 앉아서 이야기를 나눌 때 그녀가 나에게 속삭였다. "이 일은 위험스러운 일이에요." 나는 그녀의 말을 죽는 날까지 기억할 것이다.

처음 나는 그녀를 이해하지 못했다. 그녀도 알았을 것이다. 나는 미소를 지었지만 아마 그녀는 초점 없이 멍한 내 눈을 보았으리라. 그녀는 계속해서 속삭였다. "심상치 않은 유혹이죠. 사람들을 돕고 싶어하는 것 말이에요."…

[그 수녀가 계속 말한다.] "내가 다른 사람들을 도우면서 나 자신을 돕는 것이 언제인지 하나님은 아신다고 생각해요. 하나님께 기도하는 것 외에는 그 덫을 빠져나갈 방도가 없을 것 같아요. 죄를 인정하고 스스로에 대해 한두 번 웃어 넘기려 애써 보세요." 그녀는 거기서 멈추지 않았다. 나는 그녀의 말을 풀어서 말하고 있지만, 그 메시지는 분명하고 날카로웠다. 무료식당과 손대접의 집에

서 하나님께 충성하려 애쓰면서, 우리를 인류에게 주신 하나님의 선물로 생각할 위험을 안고 있다는 것이다. 어느 누구도 그 메시지를 잊지 않았으면 좋겠다. 하지만 우리는 언제나 그것을 잊어버린다.[26]

작은 죽음과 조그마한 부활들

손대접은 누구에게나 좋은 것이다. 손님에게뿐 아니라 주인에게도. 손대접하는 많은 사람들은 "자신들이 준 것보다 더 많은 것을 받았다"고 간증한다. 십수 세기 전 크리소스톰은 이와 동일한 결론을 표했다. 열심히 손대접을 베푸는 사람은 "무언가를 주기보다는 무언가를 받는다."[27] 몇몇 손대접 종사자들은 손대접 사역이 "자신들에게 생명을 주었다"고 고백했다. 그들은 하나님께서 자신들을 "구속"(救贖)하시기 위해 손대접을 사용하셨다고 확신했다. 다른 사람들은 "손대접이 없으면 우리의 영혼은 시들어 버릴 것"이라고 말했다.

비슷한 경험에서 통찰을 얻은 존 웨슬리는, 교구민들에게 개인적 사역이 얼마나 많은 축복을 가져오는지 상기시켰다. 그는 교구민들에게 사역의 상호성, 곧 모두가 변혁될 수 있다는 것을 깨우치려고 애썼다. 그는 나그네와 가난한 사람들과 직접 관계를 맺고 돌보면서, 믿음이 성장해 은혜 안에서 자라고 싶어하는 그리스도인들을 격려했다. 그러한 사역은 "인내와 영혼의 민감함과, 고난받는 자들에 대한 동정심"[28]을 자라나게 했을 것이다.

손대접에 나타나는 하나님의 임재 때문에, 우리는 손대접을 베풀 때 하나님과의 관계가 깊어진다. 손대접은 우리가 성장하도록 도와준다. 하나님께서는 손님으로 오는 사람들의 삶 속에서, 그리고 그들을 영접하는 사람들의 삶 속에서 이미 역사하고 계시기 때문이다. 한 손대접 종사자는 손대접이 "다른 사람들과 함께 일하는 것일 뿐 아니라 본인 자신을 대상으로 일하는 것"임을 깨닫고 감사하고도 놀라워했다. 또 어떤 사람은 삶의 여러 면에서 손대접하기가 더 쉬워졌다는 것을 발견하고 감사하면서, 손대접을 할 때 하나님께서 "내 안에 들어와 계시며 나를 현재의 나보다 더 큰 존재로 만들고 계신다"고 믿는다. "사랑 안에서 자라난다는 것은 날마다 함께하기가 가장 어려운 사람들을 영접하고 그들에게 주의를 기울이며 그들을 돌보려 애쓰는 것"[29]이라고 바니에는 설명한다.

손대접하는 사람들은 그 일 자체가 풍요롭다는 것을 발견한다. 손대접하는 삶은 우리에게 생명을 가져다 주는 일임을 알게 된다. 우리는 사람들을 영접할 때 신비로운 방식으로 그들에 의해 양분을 공급받으며, 손대접하도록 격려하는 하나님의 은혜와 사랑에 의해서도 영양분을 공급받는다.

생활방식이자 사랑의 행위이며 믿음의 표현인 손대접은, 하나님께서 우리를 영접하시는 것을 반영하고 미리 보여준다. 많은 대가를 요구하는 동시에 놀라운 보상을 주기도 하는 손대접은, 종종 작은 죽음과 조그마한 부활들을 포함한다. 하나님의 은혜로 우리는 궁핍한 이웃에게, 지친 형제자매에게, 곤궁한 나그네에게 점점 더 기꺼이, 점점 더 열심히 문을 열어 줄 수 있다. 더욱 정기적으로 그 문을 열 때, 아마도 우리는 천사들의 조용한 노크소리에 점점 더 민감하게 될 것이다. 생명을 주는 그 일을 행하는 중에, 또한 우리의 영접을 요청하시며 우리를 집으로 영접해 들이시는 예수님을 얼핏 볼 수도 있을 것이다.

부록: 손대접 공동체들

나는 손대접에 종사하는 여덟 곳의 기독교 공동체에서 함께 시간을 보내며 현대의 손대접이 지니고 있는 기쁨, 복잡함, 가능성들을 훨씬 더 분명하게 알게 되었다. 이들 공동체는 나를 그들의 일상활동에 받아들여 주었다. 그래서 그들과 함께 식사하고 대화를 나누고, 함께 일하고 예배를 드렸다. 각 공동체는 독특한 방식으로 자신들의 기독교적 정체성과 헌신을 표현하며, 모든 공동체는 풍성한 영적 활동으로 힘을 공급받는다. 그들의 생활과 활동은 상당 부분 그들이 영접하는 손님들의 종류, 그들이 사는 장소의 형태, 그리고 그들이 의지하는 신학 전통들에 의해 형성되었다. 많은 공동체들은 국제적 조직이기도 하다. 모든 공동체가 한 채 이상의 집을 가지고 있다. 어떤 공동체는 공동체생활을 하면서 가르치는 사역도 행한다. 몇몇 공동체는 사회정의를 고취하는 일에 관여하기도 한다. 각 공동체는 나름의 정기간행물을 발행한다. 몇몇 공동체의 설립자와 회원들은 많은 글을 써왔다. 공동체에 대해 설명할 때 그들이 누구이며 무슨 일을 하는지에 대해서는 그들의 말을 많이 참조했다.

라브리 공동체(L'Abri Fellowship)

라브리는 불어로 "피난처"라는 뜻이다. 그 공동체의 목적은 "[라브리의] 삶과 일 속에서 하나님의 존재를 생생하게 보여주는 것"이다. 전세계 많은 나라에 퍼져 있는 라브리 공동체는 지난 45년 동안 학생과 구도자들을 영접해 왔다. 라브리는 스위스에서 프랜시스 쉐퍼와 이디스 쉐퍼가 자기 집을 개방해 믿음과 인생에 대한 질문을 가지고 있는 사람들이 "만족할 만한 대답"과 "기독교적 보살핌의 실제적 표현"을 발견할 수 있도록 한 것이 그 효시였다. 라브리 집의 가족들은 연구와 토론과 기도와 식사와 노동을 한다.[1]

라브리는 개신교로서 신학과 경건 면에서 복음주의적이다. 사역자들은 기도, 기독교의 객관적 진리, 성경의 권위를 강조한다. 또한 세속문화와 예술에 비판적이면서 동시에 높은 식견을 가지고 참여한다. 쉐퍼 부부와 다른 사역자들이 쓴 수많은 책들 외에도, 여러 명의 라브리 회원들이 기독교 손대접에 대해 특별히 글을 쓰고 강의를 했다.

포고의 집 (Annunciation House)

1978년 이래, 다섯 곳의 포고의 집 자원봉사자들은 "그곳의 정체성과 목적을 가난한 사람들 속에서 그들과 함께 삶으로 나타내려고 했다." 자원봉사자들은 "'가장 가난한 자들', 이러저러한 이유로 기존의 복지기관과 연관되지 않은 사람들"을 돕는 데 헌신하고 있다. 포고의 집은 이민자와 난민들, 곧 집도 나라도 종종 필요한 신분증도 없는 사람들을 맞아들인다.

포고의 집은 가난한 사람들과 결속해 "존재하고 사는 한 가지 방식"이다. 검소한 생활방식, 자신의 가난에 대한 의식, 복음의 "복된 소식"을 삶으로 표현하고자 한다. 활기찬 가톨릭 영성에 뿌리박은 이 공동체는 "손대접과 안식처"를 제공한다. 자원봉사자들은 "인생의 의미와 목적에 대한 자신들의 깊은 갈망이…그들로 하여금 예수님이 임재하시고, 그분을 가장 잘 만질 수 있으며, 가장 활기차게 느껴지는 곳에서 그분을 찾게 만들었다"고 고백한다. 포고의 집의 핵심은 손대접이지만, 그 공동체와 그곳의 자원봉사자들은 "손님들 개개인을 위해 대변인과 증인" 역할을 한다. "그것은 그들의 꿈과 소망뿐 아니라 그들의 삶과 고통, 고난의 진실함에 대한 증거이기도 하다. 그것은 손님들이 이름 없는 존재나 얼굴 없는 존재가 아니라고 말하는 것이다." 손님과 자원봉사자들은 식사를 같이 하고, 같이 묵으며, 예배를 같이 드리고 함께 일을 한다. 오는 사람들은 누구나 이런 말로 환영을 받는다. "*bien venidos, mi casa es su casa*" (환영합니다. 나의 집은 당신의 집입니다).[2]

라르쉬 (L'Arche)

"라르쉬[방주]는 학습장애가 있는 사람들과 함께 자기 삶을 나누고 함께 살며 일하려는 사람들의 국제적인 공동체 연맹이다." 장 바니에와 다른 몇 명이 1964년 프랑스에서 시작한 라르쉬 공동체는, 현재 거의 모든 대륙에 걸쳐 약 100여 곳 정도에 흩어져 있다. 라르쉬 헌장에 규정돼 있는 대로 그곳의 중심목적은 "정신 장애인들의 특별한 은사"를 드러내는 것이다. "이들은 라르쉬 공동체의 중심에 속한 자들이며 다른 이들이 자신들의 삶을 나누도록 부르는 사람들이다." 라르쉬는 공동체생활을 통해 "진정 인간적인 사회는, 약한 자와 학대받는 사람들에 대한 환대와 존중을 기반으로 해야 한다는 것"[3]을 제시하려 한다.

라르쉬는 "가난한 사람들을 위해 뭔가를 하지는 않는다. 다만 그들이 삶의 의미와 목적을 발견하도록 하기 위해 언약—예수님께서 가난한 이들을 성실하게 대하신 것에 뿌리를 둔 신실함의 관계—안에서 그들의 이야기에 귀기울이고, 그들을 영접하며, 그들과 함께 사는 것이다." 비록 가톨릭의 풍성한 영적 전통에서 형성되기는 했지만, 많은 라르쉬 공동체들은 상당히 초교파적이다. 어떤 공동체는 "이중적 정체성"을 갖고서 긴장된 삶을 산다. 라르쉬는 삶을 나누는 것을 포함하는 매우 개인적이고 영적인 사역이지만, 어떤 공동체들은 사회봉사 및 그 요구와 기대와 규정들과도 연관되어 있다. 영접과 공동체는 장 바니에의 많은 글에 면면히 흐르고 있는 강력한 주제다. 그의 통찰은 수많은 다른 손대접 공동체들에게도 중대한 영적 자원을 제시해 준다.[4]

가톨릭 워커 (The Catholic Worker)

"가톨릭 워커 운동의 목적은 예수 그리스도의 정의와 자선에 따라 사는 것이다." 그 운동은 "개인적 변혁과 사회적 변혁" 둘 다를 추구하면서, 그리스도를 "모범"으로 삼아, 기도와 "그분의 몸과 피로 교제하는 것"을 중시한다. 변혁의 수단에는 비폭력적 행동, 육체노동, 자비로운 행위(마 25:31-46), 자발적인 가난 등이 포함된다. 도로시 데이와 피터 마우린이 1938년에 설립한 가톨릭 워커 공동체는, 현재 미국 전역의 도시와 시골지역에 퍼져 있다. 뉴욕에서 발간되는 이 공동체의 소식지 *Catholic Worker*는 그 역사가 66년이 되었다. 하지만 이 운동의 중앙본부나 헌법은 없다.[5]

가톨릭 워커 운동의 주요특징은 "손대접의 집들"(Houses of Hospitality)로, 그곳은 "사랑의 행위를 실천하는 것, 가난한 사람들이 정의 안에서 자신들의 몫을 받을 수 있도록, 사랑의 행동을 하는 법을 배우는 곳이다." 전국의 가톨릭 워커 손대접의 집에는 "셀 수 없이 많은 사람들이 머물렀으며", "수백만 그릇의 식사를 대접받았고", 손님과 종사자들이 함께 삶을 나누었다. 이 운동은 매우 다양한 배경의 사람들—지성인, 급진주의자, 학생, 노숙자 등—의 관심을 끊임없이 끌었다. 가톨릭 워커의 손대접은 깨어진 인간과 제도의 구체적 실상들에 뿌리를 두었으며, 많은 사람들이 "다시 새로운 인생을 살고 인간성을 회복하는" 수단이 되었다.[6]

가톨릭 워커가 풍부한 경험을 통해 얻은 광범위한 지혜와 거기 모인 재능 있는 사람들이, 가톨릭 워커의 손대접 관행과 그 의미에 대해 중대한 문헌들을 많이 만들었다. 사실, "손대접"이라는 용어가 지닌 보다 풍성한 도덕적 의미와 고대 기독교 전통에서 그것이 차지하는 위치는, 주로 가톨릭 워커 운동의 저술과 증거 덕분에 재발견된 것이다.

선행 주식회사(Good Works, Inc)

선행 주식회사의 비전은 노숙자들이 하나님의 사랑을 경험할 수 있는 "사랑이 넘치는 소망의 공동체"를 만들어 내는 것이다. 이 공동체는 1981년 노숙하는 나그네들에게 그들을 노숙자로 만든 문제들을 해결할 수 있는 "안전하고, 깨끗하며, 안정된 장소"를 제공하기 위해 시작되었다. 선행 주식회사는 현재 오하이오 주 남동부 시골의 노숙자들에게 긴급 쉼터, 과도기의 피난처, 공동체 발전 프로그램 등을 제공한다. 긴급한 사안들을 처리하는 것 외에도, 그곳은 사람들이 공동체 안에 다시 자리잡을 수 있도록 좀더 장기적인 관계를 육성하려고 노력한다.[7]

선행 주식회사는 기독교 신자들의 공동체로서, 가족들과 지원망이 무너져 버린 사람들에게 가족이 되어 주려고 노력한다. 그들은 자신들의 삶과 복음을 나눔으로써, 집 없는 사람들이 "자신의 삶에 대해 책임지고 새로운 비전을 얻을 수 있도록" 돕는다.[8]

식사는 그곳에 거주하는 사람들이 준비한다. 자원봉사자, 사역자, 거주자/손님은 함께 식사를 나누며 친밀함 가운데 열심히 일한다. 그 공동체는 두 곳의 집에 거주하고 있고, 결속이 아주 깊으며 거주자들이 일자리와 영구적인 거처를 찾아 나간 후에도 관계가 계속된다. 그 지역 사회봉사 기관 및 고용주와 연계망을 가지고 있는 선행 주식회사 사역자들은, 광범위한 자원봉사자와 후원자들을 의존하고 있다. 이곳은 기도, 성경연구, 서로에 대한 철저한 책임을 통해 사역자들을 양육하는 것을 매우 강조한다.

희년 동역자들(Jubilee Partners)

희년 동역자들은 조지아 주 북동쪽 시골에 자리한 "국제 기독교 봉사 공동체"다. 이들의 목표는 성경의 "희년"—정의와 자비의 해—비전을 그들의 삶에서 실현하는 것이다. 거주하는 동역자들과 자원봉사자들, 방문객들과 난민들이 서로 삶을 나눈다. 그들의 부르심의 핵심은 "가난한 사람들에게 복음을 전하고, 제자들에게 고난받는 이들을 동정할 것을 말씀하신 분, 피난처이신 예수 그리스도"[9]시다.

"희년 동역자들은 1979년 설립되었다…. 최초의 희년 가족들은 남서 조지아의 옛 코이노니아 공동체 출신들이다." 지난 20년간 공동체는 "열두 나라 이상에서 온 2천 명은 족히 넘는 난민들"을 영접했다. 희년 동역자들은 난민들에게 거처와 음식을 주었고 영어교육도 했으며 "그들을 고향에서 내몬 전쟁에서 회복시켜 주는 사랑 가득한 환경"을 제공했다. 난민들을 영접하는 것 외에도 공동체 회원들을 태국, 니카라과, 남아프리카, 보스니아, 이라크 등지에 보내 "세계에서 가장 고통받는 장소에 평화를 전했다." 이 공동체는 사형 반대운동을 펼치며, 중앙 아메리카인들을 위한 교육 프로그램을 제공한다.[10]

약 스물다섯 명의 어른과 아이들로 구성된 희년 직원들은, 한번에 20-25명의 난민들을 머물게 한다. 하지만 희년은 "대학교나 교회 그룹, 며칠에서 몇 시간 동안 머무르는 방문객, 동네 사람…그리고 미국에 와 처음으로 머물렀던 그곳을 방문하러 오는 난민 '졸업생들'"도 꾸준히 맞아들인다. 방문객의 물결은 해마다 약 2천 명에 달한다. 희년 동역자들의 일상활동은 기독교 제자도와 긍휼 생활 방식에 뿌리박고 있다. 그들의 삶은 검소한 소비, 환경에 대한 보살핌, 공동체 삶이 특징이다.[11]

열린문 공동체 (The Open Door Community)

1981년에 설립된 열린문 공동체는 "애틀랜타 시의 노숙자와 조지아 주의 수감자들을 대상으로 사역하는 30명의 남녀로 구성된 기독교 공동체"다. 대 애틀랜타 장로회와 연관되어 있는 그 단체는, "뉴욕의 가톨릭 워커 및 조지아 아메리쿠스의 코이노니아 파트너즈(Koinonia Partners) 같은 더 오래된 공동체의 전통에 굳게 서서 그곳에서 영감을 얻고 있다."[12]

열린문 공동체 회원들은 "일, 연구, 예배, 레크레이션"을 함께 한다. 그들은 수많은 자원봉사자들의 도움을 받아 "매달 수천 그릇의 식사"를 준비한다. 그들은 노숙자들의 몸을 씻기고 옷을 갈아입히며 안전하게 쉴 수 있는 장소를 제공함으로써, "편안함과 안식처"를 제공한다. 또한 그들은 감옥에 갇힌 사랑하는 사람들을 면회하러 가는 가족들에게 매달 교통편을 제공한다. 그 공동체는 노숙자를 돌보는 일과 "예언적 사역"을 함께하고 있는데, "단순히 가난의 증상들만 다루는 것으로는 충분하지 않기 때문이다. 그들은 노숙자와 감옥에 갇힌 사람들이 생겨나도록 하는 상황에 대항해 싸우도록 부름받았다. 권세와 특권을 가진 이들을 찾아가, 그들의 억압받는 이웃들의 곤경에 관심 갖도록 주의를 환기시키는 것이다."[13]

열린문은 교육활동도 병행하여 인턴십과 일/연구를 경험할 수 있는 기회를 제공한다. 열린문 공동체는 소식지 *Hospitality*를 만든다. 하루에 약 25명의 자원봉사자들이 사역의 모든 측면에 관여한다. 열린문에서는 마태복음 25:31-46이 중심말씀이다. 그들은 "친절과 정의에 대한 성경적 명령"에 순종한다. 그 공동체는 결속을 강조하고 존엄성을 인식하면서, "가난한 사람들과 계속, 날마다, 함께하는 일"[14]을 하고 있다.

성 요한 수도원과 성 베네딕트 수도원

미네소타 주 중부에 위치한 이 두 수도원은 예배와 일과 손대접의 장소다. 성 베네딕트 수도원의 수녀들과 성 요한 수도원의 수사들은 「베네딕트 규율」에 따라 산다. 이 특별한 베네딕트 공동체들은 19세기 중반에 설립되었으며, 부설대학을 두고 있다.

사람들은 6세기 이래 「베네딕트 규율」을 따랐다. 베네딕트 수도사들의 정주서원과 이 수도원의 오랜 역사 때문에, 공동체들은 심오한 "장소" 의식을 지니고 있다. 매일 드리는 기도가 그들의 공동생활의 핵심이다. "방문을 하거나 도움이 필요한 모든 사람들에게 열려 있는 환영하는 태도, 곧 손대접이 다른 사람들을 섬기는 기초다." 그들의 풍성한 손대접 역사는 「베네딕트 규율」에서 손대접을 강조하는 것과 관련돼 있다. 53장에서는 "모든 손님은 그리스도를 영접하듯이 영접받아야 한다. 그리스도 자신이 '내가 나그네 되었을 때에 너희가 영접하였고'(마 25:35)라고 말씀하시기 때문이다. 모든 사람, 특히 우리와 같은 믿음을 가지고 있는 사람(갈 6:10)과 순례자들을 적절히 공경해야 한다." 이 장 뒷부분은 베네딕트인들에게 "가난한 사람과 나그네를 영접하는 데 더 큰 주의와 관심을 기울여야 한다. 그들 안에서 특별히 그리스도께서 영접받으시기 때문이다"라고 경고한다. 최근 들어 베네딕트인들은 기독교 손대접에 대해 상당수의 글과 의견들을 내고 있다.[15]

참고도서

Bass, Dorothy, ed. *Practicing Our Faith: A Way of Life for a Searching People.* San Francisco: Jossey-Bass, 1997.

Boswell, John. *The Kindness of Strangers: The Abandonment of Children in Western Europe from Late Antiquity to the Renaissance.* New York: Pantheon Books, 1988.

Bouman, Stephen Paul. "The Kindness of Strangers." *Currents in Theology and Mission* 15 (June 1988): 252-57.

Brueggemann, Walter. *The Land: Place as Gift, Promise and Challenge in Biblical Faith.* Philadelphia: Fortress, 1977.

The Catholic Encyclopedia. New York: The Gilmary Society, 1910, vol.7. S.v. "Hospice," by Michael Ott; "Hospitality," by Herbert Thurston; "Hospitals," by James J. Walsh.

Chittister, Joan, O.S.B. "Hospitality: The Unboundaried Heart." In *Wisdom Distilled from the Daily: Living the Rule of St. Benedict Today.* San Francisco: HarperSanFrancisco, 1990.

Christensen, Michael J. "Practicing Hospitality in the City: Making the Stranger into a Friend." In *City Streets, City People.* Nashville: Abingdon, 1988.

Coles, Robert. *Dorothy Day: A Radical Devotion.* Reading, Mass.: Addison-Wesley, 1987.

Cornell, Thomas, Robert Ellsberg, and Jim Forest, eds. *A Penny a Copy: Readings from "The Catholic Worker."* Maryknoll, N.Y.: Orbis Books, 1995.

Day, Dorothy. *By Little and By Little: The Selected Writings of Dorothy Day.* Edited by Robert Ellsberg. New York: Alfred A. Knopf, 1983.

———. *House of Hospitality.* New York: Sheed & Ward, 1939.

Dodson, Jualynne E., and Cheryl Townsend Gilkes. "'There's Nothing Like Church Food': Food and the U.S. Afro-Christian Tradition: Re-membering Community and Feeding the Embodied S/spirit(s)." *Journal of the American Academy of Religion* 63/3(Fall 1995): 519-38.

Earl, Riggins R., Jr. "Under Their Own Vine and Fig Tree: The Ethics of Social and Spiritual Hospitality in Black Church Worship." *Journal of the Interdenominational Theological Center* 14/1 and 2(Fall 1986-Spring 1987): 181-93.

Elliot, John H. *A Home for the Homeless: A Sociological Exegesis of 1Peter, Its Situation and*

Strategy. Philadelphia: Fortress, 1981.

Gathje, Peter R. *Christ Comes in the Stranger's Guise: A History of the open Door Community*. Atlanta: The Open Door, 1991.

Greer, Rowan A. *Broken Lights and Mended Lives: Theology and Common Life in the Early Church*. University Park, Pa.: Pennsylvania State University Press, 1986.

────. "Hospitality in the First Five Centuries of the Church." *Monastic Studies* [Pine City, N.Y., Mount Saviour Monastery] 10(Easter 1974): 29-48. See entire issue for essays on hospitality.

Hallie, Philip. "From Cruelty to Goodness." *The Hastings Center Report* 11(1981): 26-27.

────. *Lest Innocent Blood Be Shed*. New York: Harper & Row, 1079, 1994.

────. *Tales of Good and Evil, Help and Harm*. New York: HarperCollins, 1997.

Hauerwas, Stanley, and William H. Willimon, *Resident Aliens: Life in the Christian Colony*. Nashville: Abingdon, 1989.

Hawkins, Thomas. *Sharing the Search: A Theology of Christian Hospitality*. Nashville: The Upper Room, 1987.

Heal, Felicity. "The Archbishops of Canterbury and the Practice of Hospitality." *Journal of Ecclesiastical History* 33/4(October 1982): 544-63.

────. "The Idea of Hospitality in Early Modern England." *Past and Present* 102(February 1984): 66-93.

"Hospitality." *Parabola: The Magazine of Myth and Tradition* 15/4(November 1990), entire issue.

"Hospitality." *Weavings* 9/1(January-February 1994), entire issue.

Ignatieff, Michael. *The Needs of Strangers*. London: Chatto and Windus, The Hogarth Press, 1984.

Jones, L. Gregory. "Eucharistic Hospitality: Welcoming the Stranger into the Household of God." *The Reformed Journal* 39/3(March 1989): 12-17.

Kardong, Terrence G. *Benedict's Rule: A Translation and Commentary*, pp.420-35 on Chapter 53 of the Rule. Collegeville, Minn.: The Liturgical Press, 1996.

Keifert, Patrick R. *Welcoming the Stranger: A Public Theology of Worship and Evangelism*. Minneapolis: Fortress, 1992.

Kirk, David. "Hospitality: The Essence of Eastern Christian Lifestyle." *Diakonia* 16/2(1981): 104-17.

Koenig, John. *New Testament Hospitality: Partnership with Strangers as Promise and Mission*. Philadelphia: Fortress, 1985.

Mains, Karen Burton. *Open Heart, Open Home*. Elgin, Ill.: David C. Cook, 1976, 1987.

Malherbe, Abraham J. "Hospitality and Inhospitality in the Church" and "House Churches and Their Problems." In *Social Aspects of Early Christianity*. 2nd edition. Philadelphia: Fortress, 1983.

Matthews, John Bell. "Hospitality and the New Testament Church: An Historical and Exegetical

Study." Th. D. diss., Princeton Theological Seminary, 1965.

McIntyre, Mike. *The Kindness of Strangers: Penniless Across America*. New York: Berkley Books, 1996.

Merrick, Lewis H., ed. *And Show Steadfast Love: A Theological Look at Grace, Hospitality, Disabilities, and the Church*. Louisville: Presbyterian Church(USA), 1993.

Mosley, Don, with Joyce Hollyday. *With Our Own Eyes*. Scottdale, Pa.: Herald Press, 1996.

Mowry, Kathryn. "Do Good Fences Make Good Neighbors? Toward a Theology of Welcome for the Urban Church." In *God So Loves the City*. Edited by Charles Van Engen and Jude Tiersma. World Vision, Monrovia, Calif.: MARC, 1994.

Murray, Harry. *Do Not Neglect Hospitality: The Catholic worker and the Homeless*. Philadelphia: Temple University Press, 1990.

Nichols, Francis W., ed. *Christianity and the Stranger: Historical Essays*. Atlanta: Scholars Press, 1995.

Nouwen, Henri. *Reaching Out: The Three Movements of the Spiriitual Life*. New York: Image Books, 1975. (「영적 발돋음」 두란노서원)

Ogletree, Thomas W. *Hospitality to the Stranger: Dimensions of Moral Understanding*. Philadelphia: Fortress, 1985.

Palmer, Parker J. *A Company of Strangers: Christians and the Renewal of America's Public Life*. New York: Crossroad, 1986.

Pohl, Christine D. "Welcoming Strangers: A Socioethical Study of Hospitality in Selected Expressions of the Christian Tradition." Ph.D. diss., Emory University, 1993.(Ann Arbor, Mich.: University Microfilms, #9323178.)

Riddle, Donald Wayne. "Early Christian Hospitality: A Factor in the Gospel Transmission." *Journal of Biblical Literature* 57(1938): 141-54.

Rouner, Leroy S., ed. *The Longing for Home*. Notre Dame: University of Notre Dam Press, 1996.

Russell, Letty M. *Church in the Round: Feminist Interpretations of the Church*. Louisville: Westminster/John Knox Press, 1993.

―――. *Household of Freedom: Authority in Feminist Theology*. Philadelphia: Westminster, 1987.

Schaeffer, Edith. *L'Abri*. Wheaton, Ill.: Crossway Books, 1969, 1992. (「라브리 이야기」 홍성사)

―――. "A Door That Has Hinges and a Lock." In *What Is a Family?* Grand Rapids: Baker Book House, 1975.

Schutz, Alfred. "The Stranger: An Essay in Social Psychology," and "The Homecomer." In *Collected Papers II, Studies in Social Theory*. Edited by Arvid Broderson. The Hague: Martinus Nijhoff, 1964.

Simmel, Georg. "The Stranger." In *The Sociology of Georg Simmel*. Translated and edited by Kurt H. Wolfe. New York: Free Press, 1950.

Sponheim, Paul R. *Faith and the Other: A Relational Theology*. Minneapolis: Fortress, 1993.

Stählin, Gustav. "*Xenos*." In *Theological Dictionary of the New Testament*, vol.5, pp.1-36. Edited by Gerhard Friedrich. Grand Rapids: Wm. B. Eerdmans, 1967.

Swartley, Willard M., and Donald B. Kraybill, eds. *Building Communities of Compassion: Mennonite Mutual Aid in Theory and Practice.* Scottdale, Pa.: Herald Press, 1998.

Taylor, Charles. *Multiculturalism: Examining the Politics of Recognition.* Edited by Amy Gutmann. Princeton: Princeton University Press, 1994.

UNESCO. "The Art of Hospitality." *Courier.* February 1990, entire issue.

van Houten, Christiana. *The Alien in Israelite Law.* Journal for the Study of the Old Testament Supplement Series 107. Sheffield, England: Sheffield Academic Press, 1991.

Vanier, Jean. *An Ark for the Poor: The Story of L'Arche.* New York: Crossroad, 1995.

———. *Community and Growth.* Revised edition. New York: Paulist Press, 1989. (「공동체와 성장」 성바오로출판사)

———. *From Brokenness to Community.* New York: Paulist Press, 1992. (「희망의 공동체」 두란노서원)

Volf, Miroslav. *Exclusion and Embrace: A Theological Exploration of Identity, Otherness, and Reconciliation.* Nashville: Abingdon, 1996.

Walzer, Michael, *Thick and Thin: Moral Argument at Home and Abroad.* Notre Dame: University of Notre Dame, 1994.

Webb-Mitchell, Brett. *Unexpected Guests at God's Banquet: Welcoming People with Disabilities into the Church.* New York: Crossroad, 1994.

Wiesel, Elie. *The Stranger in the Bible.* Cincinnati: Hebrew Union College, Jewish Institute of Religion, 1981.

주

1장

1. Henri Nouwen, *Reaching Out: The Three Movements of the Spiritual Life*(New York: Image Books, 1975), 66. (「영적 발돋음」 두란노서원) 로마 가톨릭 신부인 나우웬은 저술들을 통해 손대접을 회복하는 데 중대한 기여를 했다. *Reaching Out*에 나오는 손대접에 대한 장들은 현대의 많은 논의의 배경을 이룬다. 나우웬은 토론토의 L'Arche Daybreak 공동체의 사제로서 중증 장애인들에게 손대접의 삶을 실천하며 말년을 보냈다.
2. Ibid.
3. Shepherd of Hermas, *Mandate* 8:8-10, *The Apostolic Fathers*, by Kirsopp Lake, Loeb Classical Library(Cambridge, Mass.: Harvard University Press; London: William Heinemann, 1914; 앞으로는 LCL로 인용함), vol.2 에 번역됨. 또한 John Koenig, *New Testament Hospitality* (Philadelphia: Fortress, 1985), 2를 보라.
4. Martin Luther, *Luther's Works*, vol.3: *Lectures on Genesis, chapters 15-20*(St. Louis: Concordia, 1961), 189. (「루터선집」 컨콜디아사)
5. John Calvin, *Commentary on the Prophet Isaiah*, vol.1(Grand Rapids: Wm. B. Eerdmans, 1948), 484; *Commentary on the Harmony of the Evangelists, Matthew, Mark, and Luke*, 3 vols.(Grand Rapids: Wm. B. Eerdmans, 1949), 1:xxxi.
6. Krister Stendahl, "'When you pray, pray in this manner...' a Bible Study," in *The Kingdom on Its Way: Meditations and Music for Mission*, RISK Book Series(Geneva: World Council of Churches, 1980), 40-41, Letty Russell, *Household of Freedom*(Philadelphia: Westminster, 1987), 76에서 인용.
7. 손대접의 역사와 실천은 복잡하고 다양하며, 여러 문화와 전통에 뿌리박고 있다. 이 책에서는 풍성한 이야기의 일부만을 탐구해 보고, 미국에 있는 교회들에 중대한 영향을 끼친 성경적·역사적 자료 중 일부에만 초점을 맞출 수 있을 뿐이다. 어떤 문화적·종교적 전통들을 충분히 연구하고 발전시키기 위해서는 한 권의 책으로는 부족하다.
8. 부록을 보면 각 공동체에 대한 간략한 묘사가 나와 있다. 연구할 공동체들을 선정할 때, 서너 가지 판단기준을 더 적용했다. 첫째는 일관되게 손대접 언어들—영접, 쉼터, 방을 마련함, 피난처, 집, 문 열기, 나그네—을 사용하는 공동체, 둘째는 손대접 전통에 중요한 성경본문들을 명확하게 따르며 생활하고 사역하는 공동체를 찾았다. 또 손님들과 주인들이 정기적으로 같은 상에서 같이 먹는 공동체들을 찾았다. 각 공

동체에서 중요한 사회적 경계들은 줄곧 초월되며, "주인들"은 여러 면에서 나그네 되었던 사람들과 함께 삶과 집과 일상생활을 나눈다. 모든 공동체는 시간이라는 테스트를 견뎌 왔고, 몇몇은 아주 오래 되었다. 모든 공동체가 최소한 15-20년간 나그네들을 손대접해 왔다. 모든 공동체들은 가르치는 사역과 대의를 주창하는 사역들을 별도로 행하고 있다.

9. Peter Maurin, *Easy Essays*(New York: Sheed & Ward, 1936), 46.
10. Jean Vanier, *An Ark for the Poor*(New York: Crossroad, 1995), 110.
11. Ken Weinkauf, "Contradictions," *The Good Newsletter*, 17/2(Summer 1997): 3.
12. Vanier, *An Ark for the Poor*, 57.
13. Jean Vanier, *Community and Growth*, rev. ed.(New York: Paulist Press, 1989), 312. (「공동체와 성장」 성바오로출판사)
14. Philip Hallie, "From Cruelty to Goodness," *The Hastings Center Report* 11(1981): 26-27.
15. Philip Hallie, *Lest Innocent Blood Be Shed*(New York: Harper & Row, 1979), 85.
16. Ibid., 72.
17. Dorothy Day, Robert Coles, *Dorothy Day: A Radical Devotion*(Reading, Mass.: Addison-Wesley Publishing Co., 1987), 40에서 인용.
18. Philip Hallie, *Tales of Good and Evil, Help and Harm*(New York: HarperCollins, 1997), 42.

2장

1. 마태복음 25:40, 45.
2. Lactantius, *The Divine Institutes*, bk.6, ch.12, The Ante-Nicene Fathers, ed. Alexander Roberts and James Donaldson(Edinburgh: T.&T. Clark, 1867-72; 앞으로는 ANF로 인용함), vol.7, p.176.
3. Stephen C. Mott, "The Power of Giving and Receiving: Reciprocity in Hellenistic Benevolence," in *Current Issues in Biblical and Patristic Interpretation*, ed. Gerald F. Hawthorne(Grand Rapids: Wm. B. Eerdmans, 1975), 60-72.
4. Lantantius, *Divine Institutes*, 176.
5. John Chrysostom, Homily 20 on 1 Corinthians, A Select Library of the Nicene and Post-Nicene Fathers of the Christian Church, First Series, ed. Philip Schaff(Buffalo and New York: Christian Literature Company, 1886-90; 앞으로는 NPNF1로 인용함), vol.12, p.117.
6. Jerome, Letter 52: "To Nepotian," in *Select Letters of Jerome*, LCL, pp.217-19.
7. Lactantius, *Divine Institutes*, 176-77.
8. Ibid.
9. Chrysostom, Homily 45 on Acts, NPNF1. vol.11, p.276.
10. Augustine, Sermon 10, NPNF1, vol.6, p.294; 또한 Sermon 210, "For the Lenten Season," in *Sermons on the Liturgical Seasons*, trans. Sr. Mary Sarah Muldowney, The Fathers of the Church, vol.17(New York: Fathers of the Church, 1959), 107를 보라.
11. 다른 표시가 없으면 모든 성경 인용문은 *The Holy Bible: Revised Standard Version*에서 인용한 것이다.
12. 이 본문은 육체적인 자선행위의 기초를 제공한다. 주린 자를 먹이는 것, 목마른 자에게 물을 주는 것, 벗은

자에게 옷 입히는 것, 집 없는 자에게 머물 곳을 제공하는 것, 병든 자를 방문하는 것, 갇힌 자를 몸값을 치르고 석방시키는 것, 죽은 자를 매장하는 것 등. 기독교 전통에서 손대접에는 이러한 일들이 종종 포함되었다.

13. Robert Coles, *Dorothy Day: A Radical Devotion*(Reading, Mass.: Addison-Wesley Publishing Co., 1987), 69.
14. Mother Teresa, Eileen Egan, "Dorothy Day, Pilgrim of Peace," in *A Revolution of the Heart: Essays on the Catholic Worker*, ed, Patrick G. Coy(Philadelphia: Temple University Press, 1988), 105에서 인용.
15. John Wesley, *The Works of John Wesley*, vol.1: *Sermons 1:1-33*(Nashville: Abingdon, 1984), Sermon 24: "Sermon on the Mont 4," pp.545-46.
16. T. Desmond Alexander, "Lot's Hospitality: A Clue to His Righteousness," *Journal of Biblical Literature* 104/2(1985): 289-91을 보라.
17. 예수님은 누가복음 4:25-26에서 엘리야가 이방 과부의 집에서 묵고 기적들을 행한 것의 중요성을 특별히 언급하신다.
18. 여호수아 2장에 나오는 라합이 이스라엘 정탐꾼들을 영접한 이야기를 보라.
19. 이스라엘과 땅의 관계가 지닌 의의에 대한 광범위한 논의로는 Walter Brueggemann, *The Land: Place as Gift, Promise, and Challenge in Biblical Faith*(Philadelphia: Fortress, 1977)를 보라.
20. 신명기 26:1-15도 보라.
21. 신명기 24:14-22; 27:19; 욥기 31:13-32; 시편 94:5-7; 146:9를 보라.
22. Hans Walther Wolff, A*nthropology of the Old Testament*(Philadelphia: Fortress, 1975), 188.
23. 신명기 10:17-20; 24:14-15; 출애굽기 22:21-27.
24. 신명기 29:10-14; 민수기 9:14; 15:14-16; 출애굽기 12:43-49를 보라. 이스라엘의 삶의 언약적 구조 때문에 또한 특정한 나그네들—이스라엘의 정체성 혹은 단일성을 위협할 만한 사람들—은 배제해야 한다. 이것은 7장에서 논의할 것이다.
25. 신명기 27:19; 14:28-29; 24:19를 보라.
26. 마태복음 26:26-29; 마가복음 14:22-25; 누가복음 22:19-20.
27. Eugene LaVerdiere, *Dining in the Kingdom of God*(Chicago: Liturgy Training Publications, 1994), viii, 9.
28. Sheila Durkin Dierks and Patricia Powers Ladley, *Catholic Worker Houses: Ordinary Miracles*(Kansas City, Mo.: Sheed & Ward, 1988), 56.
29. 사도행전 10-11; 갈라디아서 2:11-14; 고린도전서 11:17-34; 야고보서 2:1-13을 보라.
30. 사도행전 16:14-15, 29-34; 18:1-3, 11; 28:30. Donald Wayne Riddle, "Early Christian Hospitality: A Factor in the Gospel Transmission," *Journal of Biblical Literature* 57(1938): 141-54를 보라.
31. Wayne A. Meeks, *The First Urban Christians*(New Haven: Yale University Press, 1983), 75-77과 Abraham J. Malherbe, "Hospitality and Inhospitality in the Church," in *Social Aspects of Early Christianity*(Philadelphia: Fortress, 1983), 96-101을 보라.
32. 이러한 이미지들은 베드로전서에 축약되어 있다. John Elliott, *A Home for the Homeless* (Philadelphia: Fortress, 1981, 1990), 127, 145-48을 보라.

33. Rowan A. Greer, *Broken Lights and Mended Lives*(University Park: Pennsylvania State University Press, 1986), 140. Greer의 책 119-40에 나오는 초대교회의 손대접에 대한 장 전체를 보라.
34. Gregory Nazianzen, "Oration on Holy Baptism," NPNF2, vol.7, p.371.
35. "1 Apology of Justin," ch.14, p.167과 ch.67, p.186, ANF, vol.1.을 보라. 또한 Aristedes, "Apology," ch.15, ANF, vol.9, p.227도 보라. 또한 Tertullian, "The Prescription Against Heretics," ch.20, ANF, vol.3, p.252를 보라.
36. David Kirk, "Hospitality: Essence of Eastern Christian Lifestyle," *Diakonia* 16/2(1981):112.

3장

1. John Calvin, *Commentaries on the Epistle of Paul the Apostle to the Hebrews*(Grand Rapids: Wm. B. Eerdmans, 1948), 340.
2. "Greevous Grones for the Poore,"(London, 1621; Ann Arbor, Mich.: University Microfilms), 14. Thomas Dekker와 Michael Sparke 저작으로 여겨짐.
3. John Owen, *The Works of John Owen*, ed. William H. Goold and Charles W. Quick(Philadelphia: Leighton Publications, 1869), "An Exposition of the Epistle to the Hebrews," vol.7, pp.386-87.
4. James Boswell, *The Life of Samuel Johnston, L.L.D.*(New York: The Modern Library, 1931), 408. 이 인용문의 일부는 Christopher Hill, *Society and Puritanism in Pre-Revolutionary England*(New York: Schocken Books, 1964), 273에 나온다.
5. Wesley, *Works of John Wesley*, vol.4: *Sermons 4:115-151*(Nashville: Abingdon, 1987), Sermon 115: "Dives and Lazarus," p.12.
6. Hill, *Society and Puritanism*, 273을 보라.
7. 창세기 18-19장; 여호수아 2장; 사무엘상 25장; 열왕기상 17:-24; 열왕기하 4:8-37.
8. 이삭줍기와 3년마다 하는 십일조에 대해서는 레위기 19:9-10; 23:22; 신명기 14:28-29; 24:19-22; 26:12를 보라. 공정한 재판에 대해서는 신명기 1:16-17; 24:17을 보라. 안식일에 휴식을 취하는 것에 대해서는 출애굽기 20:10; 23:12; 신명기 5:14-15를 보라. 외국인 일꾼들을 착취하지 않는 것에 대해서는 신명기 24:14-15를 보라. 또한 출애굽기 22:21; 23:9를 보라.
9. 신명기 26:1-15.
10. 예를 들면 사도행전 2:43-47; 9:42-10:48; 16:14-15; 18:1-11을 보라.
11. John Elliot, *A Home for the Homeless*(Philadelphia: Fortress, 1981, 1990), 182, 188, 221을 보라. 또한 Wayne A. Meeks, *The First Urban Christians*(New Haven: Yale University Press, 1983), 75-76도 보라.
12. Igino Giordani, *The Social Message of the Early Church Fathers*(Paterson, N.J.: St. Anthony Guild Press, 1944), 205, 325를 보라. John Bell Matthews, "Hospitality and the New Testament Church: An Historical and Exegetical Study," Th.D. dissertation(Princeton Theological Seminary, 1965), 285.
13. William L. Lane, "Unexpected Light on Hebrews 13:1-6 from a Second Century Source," *Perspectives in Religious Studies* 9/3(Fall 1982): 267-74를 보라.
14. *The Works of the Emperor Julian*, LCL, vol.3, pp.67-71.

15. 더 자세히 알려면 Rowan A. Greer, *Broken Lights and Mended Lives*(University Park: Pennsylvania State University Press, 1986), 132를 보라.
16. Gerhard Uhlhorn, *Christian Charity in the Ancient Church*. trans. Sophia Taylor (Edinburgh: T.&T. Clark, 1883), 323-29.
17. Gregory Nazianzen, *Panegyric on St. Basil*, NPNF2, vol.7, p.407.
18. George W. Forell, *History of Christian Ethics*, vol.1(Minneapolis: Augsburg, 1979), 125-26을 보라.
19. Gregory Nazianzen, *Panegyric on St. Basil*, 416.
20. Chrysostom, Homily 45 on Acts, NPNF1, vol.11, p.277. 또한 *Broken Lights*, 129-30에 나오는 Greer의 논의를 보라.
21. Chrysostom, Homily 14 on 1 Timothy, NPNF1, vol.13, p.455.
22. Chrysostom, Homily 66 on Matthew, NPNF 1, vol.10, p.407.
23. *Encyclopedia of Religion and Ethics*, ed. James Hastings(New York: Scribner's, 1913), s.v. "Hospitality: Christian," by G. Bonet-Maury, vol.6, p.805.
24. *The Rule of Benedict*, chap.53 in *Western Asceticism*, The Library of Christian Classics, vol.12(Philadelphia: Westminster Press, 1958)을 보라.
25. *The Catholic Encyclopedia*, vol.7(New York: The Gilmary Society, 1910), s.v. "Hospitals," by James J. Walsh, pp.481-83, and *Encyclopedia of Religion and Ethics*, s.v. "Hospitality: Christian," p.805.
26. *Patrologia Latina* 83.786, Sherman W. Gray, *The Least of My Brothers: Matthew 25:31-46: A History of Interpretation*(Atlanta: Scholars Press, 1989), 120에서 인용.
27. *Decretum Gratiani. Distinctio* 82 *ante* c.I, *Dist.* 87 *ante* c.I, *Dist* 84 *ante* c.I, *Dist* 85 *ante* c.I, Brian Tierney, *Medieval Poor Law: A Sketch of Canonical Theory and Its Application in England*(Berkeley: University of California Press, 1959), 68에서 인용.
28. Tierney, *Medieval Poor Law*, 68.
29. Ibid., 93, 97, 126. 98-101면에서 Tierney는 손대접과 구제를 제공하도록 권면하는 예들과 목회에는 주린 자를 먹이고 손님들을 영접하는 것이 포함된다는 것을 말하는 예들을 제시한다.
30. Ibid., 71-72, 107.
31. Ibid., 111-14.
32. Bridget Ann Henisch, *Fast and Feast: Food in Medieval Society*(University Park: Pennsylvania State University Press, 1976), 11.
33. Ibid., 12.
34. Felicity Heal, "The Archbishops of Canterbury and the Practice of Hospitality," *Journal of Ecclesiastical History* 33(Oct. 1982): 551. Heal의 글은 영국의 손대접에 대해 아는 데 대단히 도움이 된다. 또한 "The Idea of Hospitality in Early Modern England," *Past and Present* 102(Feb. 1984): 66-93을 보라.
35. Heal, "The Archbishops," 547.
36. Henisch, *Fast and Feast*, 12, 157-59, 194. 또한 "John Russell's Book of Nurture"(ca 1460)는 성직자와 계층이 다른 귀족들에게 저녁을 대접하는 것이 매우 복잡한 것이었음을 잘 보여준다. 거기에 보

면 안내인들과 의전관들이 나그네들, 성직자들, 계층은 높지만 재산이 없는 사람들, 그리고 그 반대 사람들의 자리를 어떻게 배열해야 하는지에 대한 설명이 나와 있다. "John Russell's Book of Nurture"와 "The Book of Courtesy" in *The Babee's Book: Medieval Manners for the Young Done into Modern English from Dr. Furnivall's Texts*, ed. Edith Rickert(New York: Coopers Square Publishers, 1966), 특히 70-73을 보라.

37. Calvin, *Commentary on the Gospel According to John*, vol.1(Grand Rapids: Wm. B. Eerdmnas, 1949), 15-16과 *Commentary on the Harmony of the Evangelists, Matthew, Mark, and Luke*(Grand Rapids: Wm. B. Eerdmans, 1949), 1:xxix-xxx.

38. 재침례파 저자들은 일반적으로 손대접을 서로 돕는 것으로 본다. 예를 들어 Jeni Hiett Umble, "Mutual Aid Among the Augsburg Anabaptists, 1526-1528," in *Building Communities of Compassion: Mennonite Mutual Aid in Theory and Practice*, ed. Willard M. Swartley and Donald B. Kraybill(Scottdale, Pa.: Herald Press, 1998)을 보라.

39. 캘빈은 *Commentaries on the Catholic Epistles*(Grand Rapids: Wm. B. Eerdmans, 1948), 130에서 손대접을 "신성한 자선행위"라고 썼다.

40. Wesley, *Works of John Wesley*, vol.9: *The Methodist Societies*(Nashville: Abingdon, 1989), "General Rules of the Societies, 1743," 70; "A Plain Account of the People Called Methodists," 256, 258을 보라.

41. Wesley, "Plain Account of the People Called Methodist," 267-68.

42. Ibid., 277.

43. Victor Turner, *The Ritual Process*(Ithaca, N.Y. Cornell University Press, 1969), 94-130.

4장

1. Bernard Connaughton, *Catholic Worker*, June/July 1996, p.2.

2. Charles Taylor, *Multiculturalism: Examining the Politics of Recognition*(Princeton, N.J.: Princeton University Press, 1994)를 보라.

3. Michael Walzer, *Spheres of Justice*(New York: Basic Books, 1983), 251.

4. 나는 "끈끈한" 의미를 갖고 도덕적 실천을 하며 보편적 헌신은 최소한만 하는 특정한 공동체들과, "보다 부드럽"지만 똑같이 필요한 공통적인 도덕과 실천을 하는 보편적 공동체 간에 상호작용이 필요하다는 Michael Walzer의 논의에서 큰 도움을 받았다. *Thick and Thin: Moral Argument at Home and Abroad*(Notre Dame: University of Norte Dame Press, 1994)와 *Spheres of Justice*를 보라.

5. Calvin, *Institutes of the Christian Religion*, 2 vols., ed. John T. McNeill(Philadelphia: Westminster Press, 1960), 3.7.6.

6. *Corpus Reformatorum: Joannis Calvini Opera Quae Supersunt Omnia*, ed. Guilielmus Baum, Eduardus Cunitz, and Eduardus Reuss(Brunswick: C.A. Schwetschke et Filium, 1863-1897), vol.51, column 105. John H. Leith, *John Calvin's Doctrine of the Christian Life* (Louisville: Westminster/John Knox Press, 1989), 186에서 인용.

7. Calvin, *John Calvin's Sermons on the Ten Commandments*(Grand Rapids: Baker Book House, 1980), 127. 또한 그의 *Commentaries on the Epistle of Paul the Apostle to the Hebrews* (Grand Rapids: Wm. B. Eerdmans, 1948), 340-41과 *Commentaries on the Four Last Books of*

Moses(Grand Rapids: Wm. B. Eerdmans, 1950), 3:125를 보라.

8. Wesley, *Works of John Wesley*, vol.3: *Sermons 3: 71-114*(Nashville: Abingdon, 1986), Sermon 100: "On Pleasing All Men," pp.424-25.

9. Gathje, *Christ Comes in the Stranger's Guise: A History of the Open Door Community* (Atlanta: The Open Door, 1991), p.59에서 인용돼 Open Door Community 식당에 붙어 있는 작자 미상의 시(켈트족의 시가)에서. 그것은 또한 Larry L. Rasmussen, *Moral Fragments and Moral Community*(Minneapolis: Fortress, 1993), 155에도 인용되어 있다.

10. Chrysostom, Homily 45 on Acts, NPNF1, vol.11, pp.275-76.

11. Chrysostom, Homily 45 on Acts, NPNF1, vol.11, p.276.

12. Chrysostom, Homily 14 on 1 Timothy, NPNE1, vol.13, p.455.

13. Chrysostom, Homily 41 on Genesis, in *Homilies on Genesis 18-45*, trans. Robert C. Hill, The Fathers of the Church, vol.82(Washington, D.C.: Catholic University of America Press, 1990), 413.

14. Chrysostom, Homily 41 on Genesis, pp.416-17. 또한 Homily 21 on Romans, NPNF1, vol.11, p.506을 보라.

15. Chrysostom, Homily 21 on Romans, NPNE1, vol.11, p.505.

16. Ibid., 504.

17. Calvin, *Commentaries on the Four Last Books of Moses*, 3:118.

18. Calvin, *Commentary on the Prophet Isaiah*(Grand Rapids: Wm. B. Eerdmans, 1948), 4:237.

19. Calvin, *Institutes*, 3.7.7.

20. Wesley, *Works of John Wesley*, vol.12: *Letters*(Grand Rapids: Baker Book House, 1978), "Directions to the Stewards of the Methodist Society in London," p.516.

21. Mary Douglas, "Deciphering a Meal," in *Myth, Symbol and Culture*, ed. C, Geertz(New York: W.W. Norton, 1971), 61-81을 보라.

22. John Koenig, *New Testament Hospitality*(Philadelphia: Fortress, 1985), 65-71을 보라.

23. Jean Vanier, *The Heart of L'Arche: A Spirituality for Every Day*(New York Crossroad, 1995), 29. (「라르슈의 정신」 성바오로출판사)

24. Murphy Davis, "Dorothy Day: The Only Solution Is Love," *Hospitality* 17/1(January 1988): 8.

25. Riggins R. Earl, Jr.는 약간 다른 어조로 흑인교회 전통에서 이 주제와 그것이 지닌 의미에 대해 개진한다. "Under Their Own Vine and Fig Tree: The Ethics of Social and Spiritual Hospitality in Black Church Worship," *Journal of the Interdenominational Theological Center* 14/1-2(Fall 86-Spring 87): 181-93.

26. Calvin, *John Calvin's Sermons on the Ten Commandments*, 126.

27. Calvin, *Institutes*, 2.8.54. 또한 *Commentaries on the Four Last Books of Moses*, 3:118을 보라.

28. Calvin, *Commentary on the Harmony of the Evangelists, Matthew, Mark, and Luke*(Grand Rapids: Wm. B. Eerdmans, 1949), 3:61-62.

29. Wesley, *Works of John Wesley*, vol.10: *Letters, Essays, Dialogs, Addresses*(Grand Rapids: Baker Book House, 1978), "Letter to the Rev. Dr. Middleton," p.68. 웨슬리는 "A Letter to the

Right Reverend the Lord Bishop of Gloucester," vol.11, p.528에서 이 말을 반복한다.

30. Wesley, *Works of John Wesley*, vol.3: *Sermons 3: 71-114*(Nashville: Abingdon, 1986), Sermon 98: "On Visiting the Sick," pp.387-88.
31. 권리, 인정, 차이에 대한 더 충분한 논의로는 Charles Taylor, *Multiculturalism*을 보라.
32. Helen Fein, *Congregational Sponsors of Indochinese Refugees in the United States, 1979-1981*(Rutherford, N.J.: Fairleigh Dickinson University Press, 1987), 20.
33. John Boswell, *The Kindness of Strangers*(New York: Pantheon Books, 1988).
34. *Luther's Works*, vol.47: *The Christian and Society IV*(Philadelphia: Fortress, 1971), "On the Jews and Their Lies," pp.275-76. (「루터선집」 컨콜디아사)
35. Ibid., 269-75, 285-92.
36. Ibid., 278.
37. 기독교 손대접의 옹호자인 크리소스톰은 그 당시의 유대인들과 유대화된 그리스도인들에 대해 가혹하고 야박하게 썼다. John Chrysostom, *Discourses Against Judaizing Christians*, trans. Paul W. Harkins, The Fathers of the Church, vol.68(Washington, D.C.: Catholic University of America Press, 1977)을 보라.
38. Wesley, *Works of John Wesley*, vol.10: *Letters, Essays, Dialogs, Addresses*(Grand Rapids: Baker Book House, 1978), "Popery Calmly Considered," p.156.
39. Philip Hallie, *Lest Innocent Blood Be Shed*(New York: Harper & Row, 1979), 170.
40. Ibid., 103, 160.
41. Michael Ignatieff, *The Needs of Strangers*(London: Chatto & Windus/The Hogarth Press, 1984), 136-42에 나오는 논의를 보라.
42. Gustavo Gutiérrez, *A Theology of Liberation*, rev. ed.(Maryknoll, N.Y.: Orbis, 1988), xxxviii. (「해방신학」 분도출판사)
43. William Booth, *In Darkest England and the Way Out*(Chicago: H. Seigel and Co., 1890), 271.
44. Ed Loring, "Bandaids and Beyond," *Hospitality* 8/2(March 1989): 2.

5장

1. Brother Jeremiah는 이집트인 수도사다. Alan Jones, *Soul Making: The Desert Way of Spirituality*(San Francisco: HarperSanFrancisco, 1985), 13에서 인용.
2. *Works of John Owen*, ed. William H. Goold and Charles W. Quick(Philadelphia: Leighton Publications, 1869), "An Exposition of the Epistle to the Hebrews," vol.7, pp.386-87.
3. Walter Brueggemann, *Interpretation and Obedience*(Minneapolis: Fortress, 1991), 294.
4. Calvin, *Commentaries on the Epistle of Paul the Apostle to the Romans*(Grand Rapids: Wm. B. Eerdmans, 1948), 467.
5. Calvin, *Commentaries on the Four Last Books of Moses, Arranged in the Form of a Harmony* (Grand Rapids: Wm. B. Eerdmans, 1950), 3:116.
6. Calvin, *Commentary on the Book of Psalms*(Grand Rapids: Wm. B. Eerdmans, 1949), 5:290. 또한 *Commentaries on the Twelve Minor Prophets*(Grand Rapids: Wm. B. Eeremans, 1950),

5:179를 보라.
7. Wesley, *Works of John Wesley*, vol.4: *Journals*(Grand Rapids: Baker Book House, repr. 1979), 481.
8. Wesley, *Works of John Wesley*, vol.13: *Letters*(Grand Rapids: Baker Book House, repr. 1979), Letter 823, p.105.
9. Adam Clarke, *The Nature, Design, Rules and Regulations of Charitable Institution Termed the Strangers's Friend: Begun in Dublin, in 1971*(London, 1798), 5를 보라.
10. Jon P. Gunnemann, "Justice with Strangers: The Ethics of Exchange," *Prism* 2/2(Fall 1987): 74-88을 보라.
11. 예를 들어 Parker J. Palmer, *The Company of Strangers*(New York Crossroad, 1986)와 John Koenig, *New Testament Hospitality*(Philadelphia: Fortress, 1985)를 보라.
12. *Habits of the Heart*, by Robert N. Bellah, Richard Madsen, William M. Sullivan, Ann Swidler, and Steven M. Tipton(New York: Harper & Row, 1985), 71-75, 335를 보라. 저자들은 "생활양식 집단거주지"와 같은 장소들을 묘사한다.
13. Chrysostom, Homily 21 on Romans, NPNF1, vol.11, p.504, and Wesley, *Works of John Wesley*, vol.3(Nashville: Abingdon, 1986), Sermon 98: "On Visiting the Sick," pp.387-88.
14. Owen, *Works*, 7:387-88.
15. *Luther's Works*(Philadlephia: Fortress, 1955), vol.4, "Lectures on Genesis Chapters 21-25," p.282: vol.3, "Lectures on Genesis Chapters 15-20," 245. (「루터선집」 컨콜디아사)
16. Calvin, *Commentaries on the First Book of Moses Called Genesis*, vol.1(Grand Rapids: Wm. B. Eerdmans, 1948), 470.
17. *The Rule of the Master*, 78:1-9, trans. Luke Eberle(Kalamazoo: Cistercian Publications, 1977), 240.
18. 사도행전 18:27; 로마서 16:1-2; 고린도전서 16:3; 빌립보서 2:29-30; 빌레몬서 8-17; 요한삼서 12을 보라.
19. *Didache* 11:1-6; 12:2-5; Shepherd of Hermas, *Mandate* 11:12-13을 보라.
20. Gerhard Uhlhorn, *Christian Charity in the Early Church*, trans. Sophia Taylor(Edinburgh: T. &. T. 1883), 160.
21. *Rule of Benedict*, chaps. 53 and 61을 보라.
22. Christopher Hill, *Society and Puritanism in Pre-Revolutionary England*(New York: Schocken Books, 1964), 274.
23. A. L. Beier, "Vagrants in Elizabethan England," *Past and Present* 64(August 1974): 27을 보라.
24. *The New Catholic Encyclopedia*(New York: McGraw-Hill, 1967), vol.13, s.v. "Subsidiarity," by R.E. Mulcahy, p.762를 보라.
25. Philip Hallie, *Tales of Good and Evil, Help and Harm*(New York: HarperCollins, 1997), 204.
26. Jean Vanier, *Community and Growth*, rev. ed.(New York: Paulist Press, 1989), 272를 보라. (「공동체와 성장」 성바오로출판사)
27. *Rule of Benedict* 53:16.

6장

1. Victor Turner, *The Ritual Process*(Ithaca, N.Y.: Cornell University Press, 1969), 95.
2. Ibid., 125, 128, 130.
3. Jerome, Letter 77, "On the Death of Fabiola," in *Select Letters*, LCL, pp.311, 323-25.
4. Ibid., 325.
5. Ibid., 333. *Christian Charity in the Early Church*, trans. Sophia Taylor(Edinburgh: T.&T. Clark, 1883)에서 Gerhard Uhlhorn은 제롬과 연관된 사람들은 제도적 손대접을 원래의 발원지인 동부로부터 서부로 전달하는 도구였다고 주장한다(pp.328-29).
6. Elizabeth A. Clark, *Jerome, Chrysostom, and Friends: Essays and Translations*, Studies in Women and Religion, vol.2(New York: Edwin Mellen Press, 1979), 68, 127, 130, 137. 또한 *Encyclopedia of Early Christianity*, 2nd ed., ed. Everett Ferguson(New York: Garland Publishing, 1997), vol.2, s.v. "Olympias," by William Babcock, 830을 보라.
7. Diane H. Lobody, "A Wren Just Bursting Its Shell: Catherine Livingston Garrettson's Ministry of Public Domesticity," in *Spirituality and Social Responsibility*, ed. Rosemary Skinner Keller(Nashville: Abingdon, 1993), 29.
8. Wesley, *Works of John Wesley*, vol.12: *Letters*(Grand Rapids: Baker Book House, 1978), Letters 269, 270, 271; pp.300-302를 보라. 또한 *Works*, vol.9: *The Methodist Societies: History, Nature and Design*(Nashville: Abingdon, 1989), "A Plain Account of the People Called Methodist," 271을 보라.
9. Maude Booth, *Beneath Two Flags*(New York: Funk & Wagnalls, 1890), 260; William Booth, *In Darkest England and the Way Out*(Chicago: H. Siegel and Co., 1890), 271.
10. 예를 들어 자선에 대한 어거스틴의 설교들과 재물이 지닌 위험들에 대한 웨슬리의 설교들을 보라. "Aims and Means of the Catholic Worker Movmement"에도 이와 비슷한 태도가 분명하게 나타나는데, 거기에서는 "손대접의 집은 사랑의 행위를 실천하는 것, 그래서 가난한 사람들이 정의가 시행된다면 자신들의 몫이 되는 것을 받을 수 있도록 하는 것을 배우는 곳이다. 그 몫이란 우리의 옷장에 있는 두번째 겉옷, 우리의 집에 있는 남는 방, 우리 식탁의 한 자리 등이다. 우리에게 당장 필요한 것 외에는 무엇이든 그것이 없는 사람들의 것이다"라고 말한다(*The Catholic Worker* 65/3 [May 1998]: 3).
11. Shepherd of Hermas, *Similitudes, The Apostolic Fathers*, vol.2, LCL.
12. Chrysostom, Homily 2: "Concerning the Statutes," NPNF1, vol.9, p.350; Homily 12 on Matt. 3:13, NPNF1, vol.10, pp.78-79; Homily 16 on 2 Corinthians, NPNF1, vol.12, pp.358-59; Homily 42 and Homily 45 on Genesis, in Homilies on *Genesis 18-45*, trans. Robert C. Hill, The Fathers of the Church, vol.82(Washington, D.C.: Catholic University of America Pres, 1990), pp.432-33, 471을 보라. 또한 *Broken Lights and Mended Lives*(University Park: Pennsylvania State University Press, 1986), 141-61에 나오는 외국인으로서 갖는 시민권이 지닌 역설에 대한 Rowan Greer의 탁월한 논의를 보라.
13. Mike McIntyre, *The Kindness of Strangers: Penniless Across America*(New York: Berkeley Books, 1996), 42, 51, 183.
14. Dorothy Day, *House of Hospitality*(New York: Sheed & Ward, 1939), 236-37.
15. Anthony J. Gittins, "Beyond Hospitality? The Missionary Status and Role Revisited,"

International Review of Mission 83/330(July 1994): 399.
16. Allan Aubrey Boesak, *Farewell to Innocence*(Maryknoll, N.Y.: Orbis, 1977), 5.
17. Philip Hallie, *Tales of Good and Evil, Help and Harm*(New York: HarperCollins, 1997), 207.
18. Michael Garvey는 *Confessions of a Catholic Worker*(Chicago: Thomas More Press, 1978), 96에서 이러한 차이점들이 지닌 의의에 대해 논한다.
19. 예를 들어 Thomas Ogletree는 *Hospitality to the Stranger*(Philadelphia: Fortress, 1985)에서 이렇게 쓴다. "억압받는 사람들의 도덕적 의무는 나그네들을 손대접하지 말아야 한다는 것이다. 억압받는 사람들은 그들의 의지와는 상당히 상반되는 이방세계에 날마다 종속되어 있다…. 그들에게 주어진 도전은 억압에 저항하면서, 대안적 의미의 세계를 확립하고 키워 나가는 사회적 공간을 확보하는 것이다" (p.4). 나는 Ogletree의 요점은 이해하지만, 많은 가난한 사람들은 대안이 되는 세계를 이미 가지고 있으며, 그것을 인정하면 그 세계가 더 커져 나갈 수 있다는 사실을 강조하고자 한다. 이러한 인정의 한 형태는 그들이 주인이 되어 손대접을 제공할 수 있는 능력이 있음을 존중하는 것이다.
20. 나는 흑인교회의 손대접에 대해 아틀랜타에 있는 Interdenominational Theological Center의 Riggins R. Earl, Jr. 박사와 깊은 대화를 나누게 된 것을 감사한다. 이 분야에 대한 그의 통찰 중 일부는 "Under Their Own Vine and Fig Tree: The Ethics of Social and Spiritual Hospitality in Black Church Worship," *Journal of the Interdenominational Theological Center* 14/1-2(Fall 1986-Spring 1987): 181-93에 나와 있다.
21. Stanley Hauerwas와 William H. Willimon은 *Resident Aliens*(Nashville: Abingdon, 1989)에서 이 주제를 다룬다.

7장

1. Martha C. Nussbaum, *The Fragility of Goodness*(Cambridge: Cambridge University Press, 1986), 2.
2. Edith Schaeffer, *What Is a Family?*(Grand Rapids: Baker Book House, 1975, 1994), 201.
3. 예를 들어 "손님 근로자"(guest worker, 독일 통일 전에 다른 나라에서 독일로 돈벌이하러 온 노동자를 일컫던 말—옮긴이) 혹은 이민 노동자가 사는 대단히 열악한 환경들을 생각해 보라.
4. Fr. Richard McSorley, *Voices from the Catholic Worker*, ed. Rosalie Riegle Troester (Philadelphia: Temple University Press, 1993), 164에서 인용.
5. Ed. Loring, "Community Self-Portrait: The Open Door," in *Fire, Salt, and Peace: Intentional Christian Communities Alive in North America*, by David Janzen(Evanston, Ill.: Shalom Mission Communities/Reba Place Fellowship, 1996), 121.
6. Henri Nouwen, *Reaching Out: The Three Movements of the Spiritual Life*(New York: Image Books, 1975), 72. (「영적 발돋움」 두란노서원)
7. Walter Brueggemann, *The Land: Place as Gift, Promise and Challenge in Biblical Faith* (Philadelphia: Fortress, 1977), 5를 보라.
8. Paul. D. Hanson, *The People Called: The Growth of Community in the Bible*(San Francisco: Harper & Row, 1987), 425-26을 보라.
9. Norman Porteous는 이렇게 쓴다. "이스라엘이 고대사회에서 독특한 존재였던 이유는 이스라엘의 가장 심오한 사상가들이 자신들을 하나님의 적극적이고 다정한 관심의 대상으로 생각했기 때문이다. 그 하나

님은 사람들이 서로 올바른 관계를 맺지 않은 채 예배드리면 그 예배를 받지 않으시는 분이시다"("The Care of the Poor in the Old Testament," in *Living the Mystery*[Oxford: Blackwell, 1967], 144).

10. 예를 들어 신명기 18:9-16. 이러한 구분은 나그네가 되는 것과 일반적으로 관련되어 있는 히브리어 원문의 네 단어에서 분명히 나타난다. 게르와 토샤브는 보통 체류자 혹은 거주 외국인이 되는 것과 연관되어 있다. 네카르/노크리와 차르는 자기 고국과의 유대를 유지하는 외국인 혹은 외국에 있다는 개념과 더 관련되어 있다.

11. Dale Patrick, *Old Testament Law*(Atlanta: John Knox Press, 1985), 258을 보라.

12. 예를 들어 출애굽기 12:48-49; 민수기 15:14-16을 보라.

13. *The First Urban Christians*(New Haven: Yale University Press, 1983), 84-107에 나오는 초대교회와 그 경계들에 대한 Wayne Meeks의 탁월한 논의를 보라.

14. 이 본문에 대한 충분한 논의로는 Abraham Malherbe, "Hospitality and Inhospitality in the Church," in *Social Aspects of Early Christianity*(Philadelphia: Fortress, 1983)를 보라.

15. Adalbert deVogüé, *The Rule of Saint Benedict: A Doctrinal and Spiritual Commentary*, trans. J.B. Hasbrouck(Kalamazoo: Cistercian Publications, 1983), 261-62.

16. Aquinata Böckmann, "Openness to the World and Separation from the World According to RB," *American Benedictine Review* 37/3(September 1986): 319-20.

17. 이 주제 전체에 대한 탁월한 논의로는 Miroslav Volf의 책 *Exclusion and Embrace: A Theological Exploration of Identity, Otherness, and Reconciliation*(Nashville: Abingdon, 1996), 특히 1-3장을 보라.

18. Jean Vanier, *An Ark for the Poor*(New York: Crossroad, 1995), 14.

19. Jean Vanier, *Community and Growth*, rev. ed.(New York: Paulist Press, 1989), 275; Kathryn Mowry, "Do Good Fences Make Good Neighbor?" in *God So Loves the City*, ed. Charles Van Engen and Jude Tiersma(World Vision: MARC, 1994), 120.

20. Harry Murray, *Do Not Neglect Hospitality: The Catholic Worker and the Homeless* (Philadelphia: Temple University Press, 1990), 208-9.

21. *After Virtue*(Notre Dame: University of Notre Dame Press, 1981, 1984), 187-203에 나오는 내적·외적 실천사항들에 대한 Alasdair MacIntyre의 논의를 보라.

22. Chrysostom, Homily 20 on 1 Corinthians, NPNE1, vol.12, p.117.

23. Basil, *The Long Rules*, The Fathers of the Church(New York: Fathers of the Church, 1950), 277-78.

24. Calvin, *Commentary on a Harmony of the Evangelists, Matthew, Mark, and Luke*(Grand Rapids: Wm. B. Eerdmans, 1949), 2:166.

25. 그리스도인과 그의 주인들이 나누었던 "덕을 세우는 담화"에 대한 수많은 예로는 John Bunyan, *The Pilgrims Progress from this World to that which is to Come*, ed. James Blanton Wharey(Oxford: Clarendon Press, 1960), pp.47, 52-53을 보라.

26. Richard Baxter, *The Practical Works of the Rev. Richard Baxter*, ed. William Orme, vol.6 (London: Duncan, 1830), "The Christian Directory," pt.4, chap.21, pp.367-68.

27. James Boswell, *The Life of Samuel Johnson, L.L.D.*(New York: Modern Library, 1931), 408.

28. Henri Nouwen, *Reaching Out: The Three Movements of the Spiritual Life*(New York: Image Books, 1975), 26. (「영적 발돋음」 두란노서원)
29. Donald Wayne Riddle, "Early Chrisian Hospitality: A Factor in the Gospel Transmission," *Journal of Biblical Literature* 57(1938): 146-48을 보라.
30. Malherbe, "Hospitality and Inhospitality," 101-3을 보라. 또한 사도행전 18:27; 로마서 16:1-2; 고린도전서 16:3; 빌립보서 2:29-30; 빌레몬서 8-17; 요한삼서 12도 보라. 또한 고린도후서 2:17-3:1.
31. 또한 데살로니가후서 3:6-10도 보라.
32. *The Oxford Dictionary of the Christian Church*, ed. Frank L. Cross(London: Oxford University Press, 1983), s.v. "Didache," p.401.
33. John Calvin, *Sermons from Job*(Grand Rapids: Wm. B. Eerdmans, 1952), 202, 204-6.
34. Nussbaum, *Fragility of Goodness*, 420.
35. Ibid., 2.
36. Volf, *Exclusion and Embrace*, 29.

8장
1. Philip Hallie, *Tales of Good and Evil, Help and Harm*(New York: HarperCollins, 1997), 54에서 인용.
2. Tim Cresswell, *In Place/Out of Place*(Minneapolis: University of Minnesota Press, 1996), 157. 또한 기독교 전통에 나타난 공간과 장소에 대한 탁월한 논의로는 F.W. Dillistone, *Traditional Symbols and the Contemporary World*(London: Epworth Press, 1973), 85-102를 보라.
3. Elie Wiesel, "Longing for Home," in *The Longing for Home*, ed. Leroy S. Rouner(Notre Dame: University of Notre Dame Press, 1996), 19.
4. Kathleen Norris, *Dakota*(Boston: Houghton Mifflin Company, 1993), 198.
5. Jean Vanier, *From Brokenness to Community*(New York: Paulist Press, 1992), 15. (「희망의 공동체」 두란노서원)
6. John Cogley, "House of Hospitality," October 1947, in *A Penny a Copy: Readings from "The Catholic Worker,"* ed. Thomas C. Cornell, Robert Ellsberg, and Jim Forest(Maryknoll, N.Y.: Orbis Books, 1995), 56.
7. John Chrysostom, Homily 45 on Acts, NPNF1, vol.11, p.277.
8. Dorothy Day, *House of Hospitality*(New York: Sheed & Ward, 1939), xxvi.
9. Edith Schaeffer, *Dear Family: The L'Abri Family Letters: 1961-1986*(New York: Harper & Row, 1989), p.187.
10. Luther, *Works*, vol.3: *Lectures on Genesis Chapters 15-20*(St. Louis: Concordia: 1961), p.200. (「루터선집」 컨콜디아사)
11. Joetta Handrich Schlabach, *Extending the Table...A World Community Cookbook*(Scottdale, Pa.: Herald Press, 1991), 74.
12. Jualynne Dodson and Cheryl Townsend Gilkes, "There's Nothing Like Church Food," *Journal of the American Academy of Religion* 63/3(Fall 1995), 520-21.
13. Ibid., 535.

14. Ibid., 536.
15. Kathryn Mowry, "Do Good Fences Make Good Neighbors?" in *God So Loves the City*, ed. Charles Van Engen and Jude Tiersma(World Vision: MARC, 1994), 117. 모우리는 때때로 회중들은 "주는 것을 그들이 자기 것을 받는 장소와 완전히 분리시킨다"는 것에 주목한다. 그녀는 이러한 구분을 "'교회'와 '선교'를 분리"시키는 Charles Van Engen에게서 배웠다고 말한다(Charles Van Engen, *God's Missionary People*(Grand Rapids: Baker Book House, 1991]).
16. Mowry, "Do Good Fences Make Good Neighbors?" 107.
17. Ibid., 108-9.
18. Jean Vanier, *Community and Growth*, rev. ed.(New York: Paulist Press, 1989), 266-67. (「공동체와 성장」 성바오로출판사)
19. Harry Murray, *Do Not Neglect Hospitality: The Catholic Worker and the Homeless* (Philadelphia: Temple University Press, 1990), 47-48.
20. Mary O'Connell, *The Gift of Hospitality: Opening the Doors of Community Life to People with Disabilities*(Center for Urban Affairs and Research, Northwestern University & Dept. of Rehabilitation Services, State of Illinois, Feb. 1988), 10, 17, 27-28을 보라.
21. Murray, *Do Not Neglect Hospitality*, 22.
22. Ibid., 23.
23. Peter R. Gathje, *Christ Comes in the Stranger's Guise: A History of the Open Door Community*(Atlanta: The Open Door, 1991), 27.
24. Robert N. Bellah, Richard Madsen, William M. Sullivan, Ann Swidler, and Steven M. Tipton, *The Good Society*(New York: Random House, 1991), 31. 또한 Gathje, *Christ Comes in Stranger's Guise*, 35를 보라.
25. O'Connell, *The Gift of Hospitality* 19. 재산을 근거로 한 접근에 대해 더 알려면 Northwestern University, Evanston, Illinois에 있는 Center for Urban Affairs and Policy Research의 자료들을 보라.
26. Ibid., 15.
27. Hallie, *Tales of Good and Evil*, 206.
28. Murray, *Do Not Negect Hospitality*, 5.
29. Robert Wuthnow, *Meaning and Moral Order: Explorations in Cultural Analysis*(Berkeley: University of California Press, 1987), 77을 보라.
30. Michael Ignatieff, *The Needs of Strangers*(London: Chatto & Windus/The Hogarth Press, 1984), 9-19에 나오는 논의를 보라.
31. Kathryn Spink, *Jean Vanier and L'Arche: A Communion of Love*(New York: Crossroad, 1991), 128, 189.
32. 예를 들어 Lactantius, *The Divine Institutes*, bk.6, ch.12, ANF, vol.7, p.177.
33. "Building Hospitable Community" Project(Ecumenical Networks-NCC, 475 Riverside Drive, N.Y., N.Y. 10015)에서 출판된 자료들에 기술되어 있음.
34. Vanier, *Community and Growth*, 283. (「공동체와 성장」 성바오로출판사)
35. Mary Pipher, *The Shelter of Each Other*(New York: Ballantine Books, 1996)에서 인용.

9장

1. Augustine, Sermon 31, NPNF1, vol.6, p.357.
2. Chrysostom, 1 Homily on the Greeting to Priscilla and Aquila, *Migne, Patrologia Graeca* 51.187, trans. Catherine Kroeger, in *Priscilla Papers* 5/3(Summer 1991): 18.
3. Esther de Waal, *Seeking God: The Way of St. Benedict*(Collegeville, Minn.: The Liturgical Press, 1984), 121. (「성 베네딕트의 길」 분도출판사)
4. Barry Lopez, *Crow and Weasel*(San Francisco: North Point Press, 1990), 48.
5. Charles Taylor, *Sources of the Self: The Makings of the Modern Identity*(Cambridge, Mass.: Harvard University Press, 1989), 96.
6. 내게는 도로시 데이, 이디스 쉐퍼, 장 바니에의 책들이 특별히 도움이 되었다. 가톨릭 워커, 열린문 공동체, 포고의 집에서 발간하는 신문들에 실린 글들은 종종 현대적 상황에서 손대접을 실천하는 것과 그 의미에 대해 성찰한다. 필립 할리의 책 *Lest Innocent Blood Be Shed*(New York: Harper & Row, 1979, 1994)는 한 공동체의 손대접 활동을 자세히 묘사한다. Karen Burton Mains는 *Open Heart, Open Home*(Elgin, Ill.: David C. Cook, 1976, 1987)에서 가정 중심의 손대접에 대해 매우 실제적인 통찰들을 제공한다.
7. Philip Hallie, *Tales of Good and Evil, Help and Harm*(New York: HarperCollins, 1997), 43.
8. Ibid., 40.
9. Mains, *Open Heart, Open Home*, 19.
10. Joan Chittister, *Wisdom Distilled from the Daily*(San Francisco: HarperSanFrancisco, 1991), 132.
11. Philip Hallie, *Lest Innocent Blood Be Shed*, 284.
12. Ibid., 286.
13. Mike McIntyre, *The Kindness of Strangers: Penniless Across America*(New York: Berkley Books, 1996), 105.
14. Karl Meyer, "What Is to Be Done?" in *A Penny a Copy: Readings from "The Catholic Worker,"* ed. Thomas C. Cornell, Robert Ellsberg, and Jim Forrest(Maryknoll. N.Y.: Orbis Books, 1995), 124.
15. Edith Schaeffer, *L'Abri*(Wheaton, Ill.: Crossway Books, 1969, 1992), 28. (「라브리 이야기」 홍성사)
16. Jean Vanier, *Community and Growth*, rev. ed.(New York: Paulist Press, 1989), 267. (「공동체와 성장」 성바오로출판사)
17. Chrysostom, Homily 45 on Acts, NPNF1, vol.11, p.276. 또한 Homily 14 on 1 Timothy, NPNF1, vol.13, pp.454-55를 보라.
18. Henri Nouwen, *Reaching Out: The Three Movements of the Spiritual life*(New York: Image Books, 1975), 87. (「영적 발돋움」 두란노서원)
19. Vanier, *Community and Growth*, 315.
20. Don Mosley with Joyce Hollyday, *With Our Own Eyes*(Scottdale, Pa.: Herald Press, 1996), 224.
21. Vanier, *Community and Growth*, 275.

22. Ibid., 180-81.
23. Ibid., 179.
24. Hallie, *Lest Innocent Blood Shed*, 85.
25. Robert Coles, *Dorothy Day: A Radical Devotion*(Reading, Mass.: Addison-Wesley Publishing Co., 1987), 155, 159.
26. Ibid., 115-16.
27. Chrysostom, Homily 41 on Genesis, in *Homilies on Genesis 18-45*, trans. Robert C. Hill, The Fathers of the Church, vol.82(Washington, D.C.: Catholic University of America Press, 1990), 409.
28. Wesley, *Works of John Wesley*, vol.3: *Journals*(Grand Rapids: Baker Book House, 1978), Dec. 24, 1769, p.28; vol.12: *Letters*(Grand Rapids: Baker Bookd House, 1978), Letters 269-71, pp.300-302.
29. Vanier, *Community and Growth*, 40-41.

부록

1. L'Abri Fellowship 팸플릿, Southborough, Massachusetts; 1998 International L'Abri Conference 팸플릿, Baltimore, Maryland. 라브리 이야기에 대한 좀더 자세한 기사로는 Edith Schaeffer, *L'Abri*(Wheaton, Ill.: Crossway Books, 1969, 1992)를 보라. (「라브리 이야기」 홍성사)
2. Annunciation House, "Come and See" 안내 팸플릿, El Paso, Texas.
3. *Letters of L'Arche* 88(June 1996): 2; Jean Vanier, *An Ark for the Poor: The Story of L'Arche* (New York: Crossroad, 1995), 117.
4. Jean Vanier, *The Heart of L'Arche: A Spirituality for Every Day*(New York: Crossroad, 1995), 50; Kathryn Spink, *Jean Vanier and L'Arche*(New York: Crossroad, 1991), 128. (「라르슈의 정신」 성바오로출판사)
5. "Aims and Means of the Catholic Worker Movement," *The Catholic Worker* 65/3(May 1998): 3.
6. Ibid. Dorothy Day, *By Little and By Little: Selected Writings of Dorothy Day*, ed. Robert Ellsberg et al.(New York: Alfred A. Knopf, 1983); 또한 John Cogley, "House of Hospitality," in *A Penny a Copy: Readings from "The Catholic Worker"*(Maryknoll, N.Y.: Orbis, 1995), 57.
7. Good Works, Inc., "A Community of Hope" 팸플릿.
8. *Good Newsletter* 18/1(Winter 1997): 3을 보라.
9. Jubilee Partners, "Volunteer Program" 팸플릿; 안내 팸플릿; Don Mosley with Joyce Hollydays, *With Our Own Eyes*(Scottdale, Pa.: Herald Press, 1996), 14-15.
10. Jubilee Partners, 안내 팸플릿; Mosley, *With Our Own Eyes*, 16.
11. Jubilee Partners, 안내 팸플릿; "Volunteer Program" 팸플릿.
12. The Open Door Community, 안내 팸플릿.
13. Ibid.
14. Ibid.; Peter Gathje, *Christ Comes in the Stranger's Guise; A History of the Open Door Community*(Atlanta: The Open Door, 1991), 27.

15. Colman J. Barry, O.S.B., and Robert L. Spaneth, eds., *A Sense of Place: Saint John's of Collegeville*(Collegeville, Minn.: Saint John's University Press, 1987); Sisters of Saint Benedict, St, Joseph, Minnesota, 안내 팸플릿.